イングランド銀行公式

# 経済がよくわかる10章

イングランド銀行｜著
ルパル・パテル＆ジャック・ミーニング
村井章子｜訳

Can't We Just Print More Money?
: Economics in Ten Simple Questions

The Bank of England
Rupal Patel & Jack Meaning

Subarusya

ずっと見守り励ましてくれた家族へ、
そしてこの世界を理解しよりよくしようと志す
意欲的なすべての経済学者へ

# 日本の読者の皆さまへ

日本は長年にわたり、経済学思想のさまざまな面で
世界の先頭を走ってきました。
今回、この本が日本語に翻訳されることを
たいへんうれしく思います。
経済学を学ぶ新しい世代の日本の人々がこの本を読み、
経済学の旅を続けてくださることを願っています。

# イングランド銀行総裁による序文

私が中学生だった一九七〇年代には、世界の経済は不調に陥っていた。平日はロウソクを灯して宿題をしたこと、二〇％以上のインフレに苦しめられたことを覚えている。当時の印象が強烈だったため、**経済が人々の生活にいかに重大な影響をおよぼすか**ということが心に焼きつけられた。

そんな私が経済学の学習を熱心に推奨するのは当然のなりゆきと言えるだろう。経済学の基本的な知識を身につけるだけでも役に立つ。身近なところで言えば、GDP（国内総生産）やQE（量的緩和）といった略語の意味を理解できるようになるし、経済が成長する理由や停滞する理由を説明できるようになる。

もっと一般的に言えば、経済学を理解すると自分のお金の使い途をはじめ、さまざまなことについてよりよい判断が下せるようになる。経済学をさらに深く理解すれば、じつに魅力的で勉強する価値のある学問であることがきっとわかるだろう（それについて語り出すとキリがないのでやめておこう）。

このへんで、本書に話を移そう。この本はイングランド銀行としては前例のないタイプの書籍であり、過去三世紀の間に出版してきたものとはまったくちがう。

早い話が、数式はごく初歩的なもの一つしか出てこない。とはいえ本書は突然の思いつきで誕生したわけではない。**私たちイングランド銀行は、中央銀行の仕事、さらには広く経済のしくみを多くの人にわかりやすく説明する努力を続けており、本書はその一環と位置づけられる。**

たとえば、イングランド銀行はイギリス経済の四半期の実績をまとめた報告書を定期的に発表しているが、今日ではその簡易版も刊行している。簡易版ではできるだけふつうの言葉を使い、わかりやすい図表を掲載する。

またイングランド銀行のウェブサイトには「ナレッジバンク」というページを用意し、通貨、銀行、インフレ、金利などについてわかりやすく解説している。なかなか人気のコンテンツで、イングランド銀行のウェブサイトでは最もページビューが多い。本書を読んだ読者はぜひウェブサイトものぞいてみてほしい。

とはいえ残念ながら、イングランド銀行のウェブサイトをこまめにチェックしてくれる人はそう多くはないし、四半期報告を心待ちにしてくれる人はもっと少ない。

そこで私たちは大勢の人と接するために別の方法も試みている。それが市民パネルだ。イングランド銀行の総裁と副総裁は、全国各地で開催されるパネルにほぼ毎回出席している。市民パネルには誰でも参加できる。このような会を開くのは、生活費から失業・転職にいたるまで、経済のさまざまな面についての市民の皆さんの体験をじかに聞くことが目的だ。また、私たちのほうからイングランド銀行の決定について説明したり、中央銀行の仕事についての質問に答えたりもする。

このほかに、各地の慈善団体と協力してコミュニティ・フォーラムも開催している。フォーラムは、各団体が支援する人々の生活に経済がどんな影響をおよぼすか、知ることができる点で意義深い。

多くの人々に経済学を知ってもらおうと続けてきた努力の最新の試みが、本書である。ここ数年ほど、イングランド銀行は若い人たちに資産管理の基本と基礎的な経済学の考え方を解説する広範な教育プログラムを開発してきた。

また、イングランド銀行から全国の公立学校に五〇〇人以上を派遣し、中央銀行はどんな仕事をしているか、どんな経歴のどんな人が働いているか、などさまざまなトピックについてお話しする活動も行っている。

こうした教育プログラムの経験を活かして、**「これ一冊読めば十分」**と言えるような読みやすくわかりやすい経済学の入門書の出版をめざすことになった。

学校での講演は私自身もできるだけひんぱんに担当するようにしており、次回はぜひとも本書を持参したいと考えている。私たちは国内のすべての公立学校に一冊ずつ本書を送る予定にしており、あらかじめ読んでくれる生徒がいたらとてもうれしい。

そして、経済学は自分のまわりの出来事を理解する手がかりを与えてくれるだけでなく、貧困から気候変動にいたるまでさまざまな重大な課題に取り組むうえで頼もしい相棒となる学問だと気づいてくれることを願っている。

もしかしたら、経済学をもっと深く勉強したいと考える生徒が一人か二人はいるかもしれない。そしていつの日かルパルやジャックや私と机を並べて仕事をしているかもしれない。そうならないと誰が断言できるだろう。

イングランド銀行で働くことは、経済学を活用して**「イギリス国民の幸福に資する」**特別な機会を与えられることだと私は長い間考えてきた。「イギリス国民の幸福に資する」とはやや大仰だが、これはイングランド銀行の基本理念である。人々の幸福に役立つことがイングランド銀行固有の使命であり、それに伴う責任であることを踏まえると、本書を世に出すことはなおいっそうよろこばしい。

ルパルとジャック、そして読んで楽しい経済学入門書の出版プロジェクトに協力してくれた同僚たち全員に感謝する。経済学は、期待どおりの結果が得られなかったときなどにしばしば批判され嘲笑されるけれども、世界をよりよい場所にすることに貢献できる学問だと信じている。本書を読んで、私がそう信じる理由をわかっていただければ幸いである。

アンドリュー・ベイリー

目次

第2章

経済学は気候変動問題を解決できる？

## 第8章 タンス預金が好ましくない理由は？ ―― 291

## 第9章 どうして危機が起きると誰もわからなかったのですか？

第10章

## 中央銀行がどんどんお金を刷ることはできないの？ —— 361

終章

# あなたも経済学者 ── 407

序　章

# 経済学はどこにでも

# エコノミストの日常

## ランチの時間がやってきた

イングランド銀行は、人を寄せつけないような厳《いかめ》しい印象を与えるらしい。本店はロンドンの商業と金融の中心地であるシティの、そのまたさらに中心部を通るスレッドニードル・ストリートに面している。

古典様式の列柱、精巧な石細工、みごとな彫像の装飾を施された重厚な建物で、正面から見ると銀行というより要塞のようだ。巨大なブロンズ製の扉の横にはいつも警備員が立っていて、気軽に中に入ってみたくなる雰囲気ではない。

イングランド銀行は三世紀以上にわたって、イングランド経済、のちにはイギリス経済の象徴としてこの場所に建っている。そうは言っても、イングランド銀行本店はごくふつうのオフィスと変わらない。

平日の朝は、生真面目そうなエコノミストや大勢のスタッフがあの巨大な扉を通って入っていく。そしてお昼時になると、世界中のオフィスワーカーと同じように仕事に一区切りをつけてこわばった体を伸ばし、コンピュータのスクリーンに背を向けて食事をしに外へ出る。

## 選択肢は、よりどりみどり

空きっ腹のエコノミストの後をつけてみたら、経済学が銀行の壁の中にとどまってはいないことにすぐに気づくだろう。**経済学はどこにでも転がっている。**まずは食事に注目してみよう。

「スクエア・マイル」（二・六平方キロメートル）とも呼ばれるシティの中には五〇〇以上のカフェやレストランや惣菜屋があり、日本の寿司からイタリアの前菜《アンティパスト》、トルコ風オードブル、そしてもちろんイギリス名物フィッシュ＆チップスまで、驚くほどバラエティゆたかな食事を楽しむことができる。[1]

それにしても、あれを売ろうとかこのメニューにしようとか、いったい誰がどうやって決めるのだろう？　ドーナッツとカップケーキのどちらがよく売れるか、お店のオーナーはどうやって知るのだろう？　どの通りにも一〇軒はカフェがあるのに、ロンドン名物ジェリード・イール（ウナギのゼリー寄せ）を出すのが一軒だけなのはなぜだろう？

答えは選択から始まる。お腹を空かせた人たち**一人ひとりの選択**だ。たとえばわれらが腹ぺこエコノミストは、おしゃれだがすこし高めの手作りパンのお店ではなく、スーパーマーケットでランチを調達することに決めたとしよう。

ありふれた選択にみえるかもしれないが、そこに至るまでには経済学的な判断が下されている。懐具合を考え、もちろん自分の好みも勘案して、自分の時間とお金をどう使うのがベストか決めるわけだ。

## それはどうやって手元に届く？

サンドイッチとフライドポテトをカゴに入れてレジの列に並びながら（経済学では第一のルールとして「タダで手に入るものはない」ということになっている。これを比喩的に「フリーランチはない」と言ったりする）、われらがエコノミストはカゴの中の食べ物がどこから来たのかすこしばかり思案する。

まずは誰かがパンを作る小麦を育てなければならない。次に小麦は工場に運ばれ、製粉されて小麦粉になる。続いてパン工場で焼かれてパンになる。そこでようやくハムや卵や野菜が挟まれてサンドイッチになるという段取りだ。

小麦をはじめ、いろいろなものが外国から輸入されている。できあがったサンドイッチは、まったく別の工場で作られたランチボックスに入れられてスーパーマーケットに運ばれてくる。

つまり、サンドイッチが棚に並ぶまでには何百人、いや何千人もの人が関わっているのだ。この人たちの誰かが、あるいは製粉会社や製パン会社が、エコノミストにおいしいサンドイッチを食べさせたいと考えた可能性はまずない。それなのに、なぜ食べたいときにそこにサンドイッチがあるのだろうか。

それを可能にするのが、**市場の力**だ。市場は何百何千万人の個人の選択をうまくすり合わせて、すくなくとも理論上はすべての人を満足させる結果を出すことができる。だからエコノミストが買いに行ったときにちゃんと棚にサンドイッチが並んでいるわけだ。

## テムズ川の水位が上がり続ける理由

スーパーマーケットを出たエコノミストは、どこで食べようかとまわりを見回す。そうだ、川岸のベンチがいい。南にすこし歩くとテムズ川に出る。ベンチに腰を落ち着け、流れる水を見ながらランチタイムとしゃれこむ。水位はずいぶん高い。満潮なのかもしれない。

だがわれらがエコノミストは、原因が満潮だけではないこと、テムズ川の水位が昔よりだいぶ上がっていることを知っている。イングランド銀行が一六九四年に設立されてから、テムズ川の満潮時の最高水位は一・五メートルも上がった。[2] 海面上昇が地球規模の現象であることを考えると、テムズ川の水位上昇はこの先も続くだろう。

ここには、**市場の悪い面**が働いている。人々の選択が積み重なった末に、良い結果（食べたいときにサンドイッチを売っている）につながらずに、悪い結果（気候変動）を導いたのだ。経済学は、なぜそうした結果になるのかを教えてくれるし、どうすればいいのかも提案できる。

## ドックランズ地区の再開発と産業構造の変化

サンドイッチを食べ終えたエコノミストは、川岸をすこし散歩しようと決める。東へ向かうと、ロンドン塔とタワーブリッジを通り過ぎてドックランズ地区に入る。

ほんの数十年前までは、ここがイギリスの海運を担うロンドン港の心臓部だった。埠頭《ドック》はとても活気があり、次々に船が入港しては出港し、大勢の人が貨物を下ろしたり積み込んだり忙しく働き、たくさんの木箱を運ぶフォークリフトが行き交っていたものだ。

二〇世紀の大半を通じて港と埠頭は経済成長を牽引する重要な役割を果たし、イギリスの生産はどんどん増えていった。港で働く人々の仕事、そこで使われる技術、そして港そのもの――この組み合わせによって経済の規模は拡大し続けた。経済成長は、経済学の重要なテーマの一つである。

ロンドンのほかにもリバプール、ベルファスト、カーディフなどにも大きな港と埠頭があって、かつて世界の経済大国だったイギリスを支えていた。港からは鉄鋼や石炭、自動車や機械部品が世界中の都市へと積み出されていった。インドのムンバイへ、あるいはオーストラリアのキャンベラへ。

けれど、今日の港にかつての喧騒はない。立ち並んでいた倉庫の大半はモダンなレストランやオフィスに改造されてしまった。昔のイギリスはなぜあんなにたくさんのものを世界に輸出することができたのだろう？

いまではイギリスから輸出する製品はだいぶ少なくなっていて、Tシャツや果物のほとんどを外国から輸入するのはなぜなのか？　これはなかなかの難問だが、経済学の**貿易理論**や「**比較優位**」**の原理**で説明することができる。

## コーヒーを一杯。支払いはタップ一つで

そろそろ仕事に戻る時間だ。その前にコーヒーを買おう、とわれらがエコノミストは思いつく。

街角のキオスクで買うときに小銭を探してポケットを探る必要は、もうない。スマートフォンにタップするだけ。これまで時間と労力をかけて作られてきた物理的なお金の代わりに、スワイプ一つで済むこんな便利なしくみを誰が考えたのだろう、とエコノミストはしばし感慨にふける。

この魔法のようなデジタル技術は、昔ながらのお札や硬貨と、いやイングランド銀行の金庫に眠っている金塊と、どう結びついているのだろうか？ **お金とは何か**ということは日々の暮らしではあまり気にしないが、経済学においてはきわめて重要なテーマの一つだ。

## 立ち並ぶ多くの銀行の役割

テムズ川に背を向けてオフィスに戻る前に、エコノミストは東のほうを眺める。イーストロンドンのウォーターフロント再開発地域、カナリーワーフの高層ビル群が見えた。世界最大級の銀行の名前が刻まれた真新しいビルが立ち並ぶ。銀行口座を持っている人なら誰でも知っているような、それどころか口座を持っていなくても知っているような銀行ばかりだ。国中のどの都市でも、目抜き通りには大手銀行の支店がある。

がんばって稼いだお金を安心して預けられるのも、住宅ローンを申し込みに行くのも、事業のための資金を借りに行くのも、銀行だ。ほとんどの人は気づいていないが、毎日使っているお金の大半を生み出しているのも、じつは銀行なのである。

ぶらぶらオフィスに戻りながら、エコノミストは午後のことを考え始める。今日はイングランド銀行の幹部が金融政策会合という会議で金利を決めることになっている。毎月会合を開き、状況に応じて上げたり、下げたり、据え置きにしたりするわけだ。

この会合の決定は、エコノミストが今日すれちがったすべての人に影響をおよぼす。金利が変更されれば銀行預金の金利や住宅ローンの金利が変わるし、為替レートも変わって、次の海外旅行で気づくかもしれない。だが多くの人は、いつどうやって金利が決められるのかよく知らないし、金利が自分たちの生活にどう関わってくるのかもあまり理解していない。

イングランド銀行の玄関まで戻ってきたとき、われらがエコノミストは学校時代の友人にばったり出くわした。なんと彼女はすぐ近くで働いているという。久しぶりに顔を合わせた二人は天気のことなどを遠慮がちに話し、やがて共通の友達の話題で盛り上がり、それから仕事の話になった。

エコノミストがイングランド銀行で働いているとわかると、彼女はこう質問した。**「どうしてイングランド銀行がどんどんお金を刷ることはできないの？」**。その説明をするには時間が足りないと判断したエコノミストは、また次のときにね、と答える。誰かがこの質問に答える本を書いてくれるといいのだが、と考えながら。

# 経済学とは？

## 何を扱う学問なのか

なぜ際限なくお金を印刷するわけにはいかないのか、エコノミストの友人が理由を知らないのも無理はない。

経済学はすべての人の日々の暮らしに関わっている。今日は店を開こうか休もうか、このお金を使おうか将来のために貯金しようか、外食しようか家で食べようか……これらはどれも経済的選択だ。

もっと大きな経済の問題、たとえば世界の貿易だとか税金と政府支出といったことも、人々の生活の多くの面に関わってくる。それでもたいていの人は、経済学が何をする学問なのかわかっていない。

経済学を狭く定義すると、**希少性を扱う学問**、ということになる。希少性とは、誰もが欲しいだけ使ったらなくなってしまうもの、という意味だと考えてほしい。だから経済学は、この限りある資源をどう使うのが最適かを考える学問だ。土地も人間も時間も、限りがあるから経済学の対象になる。

しかし広く定義すると、経済学は**すべてを扱う学問**だということになる。世界中の人々が毎日下している何十億何百億もの選択の積み重ねや、一つひとつの選択と他の選択との関わり合いがすべて経済学の対象になるというのだ。これはいささか極端だろう。たぶん正解は二つの間のどこかにある。

## 経済学の誕生と発展

古代ギリシャに遡ると、哲学者たちは世界が何からできているかを考えることを通じて世界を理解しようとしていた。経済学が誕生したのはその古代ギリシャ時代である。

経済学は英語で economics だが、この言葉は「家・家庭・家計」などを表すギリシャ語〝oikos〟(オイコス)と「法則・秩序」を表す〝nomos〟(ノモス)に由来する。二つ合わせて**家計の管理運営術**というわけだ。

古代の人々は、人間の毎日の暮らしは何から成り立っているか、それらはどのように関係づけられるかが経済の中心にあると考えたのだろう。つまり、時間や労力やお金は互いにどういう関係があるか、世界とどうつながっているか、それらをどう使うかを解き明かす学問が経済学だ、と。

　このように誕生のときから経済学という学問は、限られた資源をどう割り当てるかということと、社会はどういうしくみになっているか、もっと言えば、どういうしくみであるべきかを考えることとの間の細い道を歩んできた。

　アリストテレスは社会が何から成り立っているかという観点から経済学について書く一方で、倫理学の観点からも論じている。たとえば、交換は「公正な価格」で行われなければならないとした。また、交換に使うためではなくお金そのものを増やそうとするのは、悪いことだとも語っている。アリストテレスの考えでは、自然に適《かな》った善き生活の必要のために富を求めることが経済学の領分だった。

　それから約二〇〇〇年後に登場したアダム・スミスは、経済学の基礎となる書物『国富論』を書き、近代的な経済学の父と呼ばれるようになる。スミスはこの本の中で、人々がそれぞれに自己の利益を追い求めれば、結果として資源を有効に使うことができ、社会全体の利益になると論じた。

　その一方でスミスは経済の道徳的な面にも注意を払い、じつは『国富論』より先に『道徳感情論』という本を書いている。[3]『国富論』ほど有名ではないが、『国富論』に劣らず重要な本だ。この本では、スミスが経済学の中心に位置づけた倫理や社会の問題が取り上げられている。

## より広く政治や社会に関わる科学

このように、経済学には二つの相反する考え方が存在する。一つは限りある資源の配分という狭い範囲に注目し、もう一つは社会のあり方という広い範囲を対象にする。長い歴史を通じて経済学者はこの二つを論じてきた。

二〇世紀の偉大な経済学者ジョン・メイナード・ケインズは、経済学の大家は**「人間の性質や制度のどんな部分も……関心の外にあってはならない」**と言っている。[4] もっと最近ではケンブリッジ大学の経済学者ダイアン・コイルが、経済学は暗黙の倫理の枠組みに支えられていると述べ、とくに経済政策を立てるときに倫理的な視点を無視することはできないと主張した。[5]

こうした広い枠組みで経済学を捉えるのは、経済が他のことと無関係に営まれているわけではないという事実を踏まえているからだ。たとえばある国の資源をできるだけうまく配分するためには、何が社会にとって大切か、どんな社会にしたいのか、といった価値判断が入り込んでくる。つまり、広く政治や社会の問題が関わってくる。経済学が社会科学の一分野と位置づけられるのはこのためだ。

経済学の歴史を紐解くと、経済学のこの「科学」の部分を前面に押し出そうとした経済学者がいたことがわかる。たとえば一九世紀後半のアルフレッド・マーシャル（ケインズに経済学を教えた人だ）は、経済学の基礎的な理論の形成を試みた。経済学を哲学や道徳から引き離して自然科学に引き寄せようとしたのだ。[6]

その後の経済学者たちは、数式だらけの数学的モデルを構築して人々の選択や相互作用の分析を試みるようになる。これは、哲学や社会学より物理学に近いやり方だと言えるだろう。もともとは発射体の誘導システムに使われていたモデル構築の手法を借用し、経済学が文字どおりロケット科学に近づいたこともあった。[7]

だがマーシャルは退官前にすでに経済学において数学は道具に過ぎないと考えるようになり、数学は控えめに使わなければいけない、使い方を誤ると数学は経済学者の理解を妨げると述べている。それでもマーシャルの始めた経済学の定式化は彼の死後も続けられ、一世紀近くにわたって経済学の主流となった。

近年では経済学は守備範囲を広げ、また多様化もしている。たとえば行動経済学は他の学問分野の知見を取り入れ、**人間は必ずしも合理的ではなく計算高くもないのだから、人間の経済的行動を理解するためには心理の動きを理解しなければならない**と主張する。

今日の経済学者は社会学や心理学さらには生物学の考え方を取り入れ、よりバランスのとれた経済学をめざすようになった。言い換えれば、マーシャルが追求した科学的正確性とアリストテレスやスミスが示した多元的な価値観の共存を試みている。

その結果、経済学はどう変わっただろうか。現代の経済学はじつにさまざまな分野に枝分かれしている。金融市場が専門の研究者もいれば、貧困、あるいは企業活動、あるいは厚生や幸福が専門の研究者もいる。

彼らの研究テーマは、人間はなぜどのように働くのか、お金を何に使うのか、何を作るのか、他の国とどう関わるのか、天然資源をどう活用するのか、などじつに広い範囲におよぶ。

# なぜ経済学は大事なのか

## 日々の生活に役立つ経済学

よって、経済学は大いに役に立つ。経済学は、暗い部屋で数字と格闘する気むずかしい経済学者だけのものではない。この本を読んでいるあなたにとっても、あなたのまわりの人にとっても有用だ。

日々の生活に関わる大きな問題の大半は、経済学で理解することができる。ゆたかな国であれ貧しい国であれ、その生活水準は経済的要因によって決まる。経済成長も、経済成長と気候変動との関係も、経済学の問題だ。年々深刻化する気候変動にどう対処すれば限りある資源を効率的かつ持続可能な方法で使うことができるか、経済学はたくさんのヒントを与えることができる。[8]

とはいえ、経済学が力を発揮するのはこうした大きい問題だけではない。もっと身近な小さい問題にも経済学は役に立つ。

賃金水準はどうやって決まるのだろうか？　毎月いくらまで支出しても大丈夫だろうか？　いま使うか、それとも貯金するか、どちらにすべきだろう？　こんな疑問にも経済学は答えのヒントを与えてくれる。

だから、経済学を理解するとあなたの人生はずいぶん変わるはずだ。**経済学の知識はあなたをより幸福に、健康に、ゆたかにすることができる。**ほんの一例を挙げると、寿命が延び、精神的に安定し、生涯年収も増えることがわかっている。

経済学の知識が重要だということは、直観的にも理解できると思う。イギリスでは、八〇%以上の人が経済学は日々の生活にとって重要、または非常に重要だと答えている。[9]

そう、わかってはいるのだ。そもそもそうでなかったら、あなたもこの本を手に取りはしなかっただろう。

## それでも経済学が敬遠される理由

だが言うは易く行うは難し。経済学を理解しておくほうがいいと考え、理解したいと思ってはいても、なかなか実行に結びつかない。

二〇二〇年に行われたある調査によると、平均的な人は基本的な経済指標、たとえば失業率やインフレ率がどのように集計され正確に何を意味するのか、ほとんど知らないという。[10]グローバル・フィナンシャル・リテラシー・エクセレンス・センターの調査によると、基本的な金融知識を持ち合わせている人は成人の三分の一程度に過ぎず、好ましくない結果を招いているという。

金融包摂《ほうせつ》が進まないのはその一例である。金融包摂とは、どんな人も金融サービスにアクセスでき、その恩恵を受けられるようにすることだ。[11]また**大多数の人は、経済学はとっつきにくいと考えている**という調査結果もある。ジャーナリストや政治家などによるわかりやすい説明も効果がないらしい。[12]

この点に関して経済学者は全然役に立たない。奇妙な前提に基づく抽象的なモデル、それも多くは複雑な数式で記述されたモデルを多用するせいで、経済学は異世界のことのように受け取られている。これでは、アリストテレスが興味を抱いた日々の家計運営術からかけ離れていると言わねばなるまい。

そのうえ、経済学者はコミュニケーションの達人とは言えない。イングランド銀行の元チーフ・エコノミストのアンディ・ハルダンは、「社交的な経済学者がもしいるとしても、礼儀正しい会話をするときに自分の靴ではなく相手の靴を見て話す、という程度だ」とジョークを飛ばした。[13]

## 私たちイングランド銀行の役割

イングランド銀行で働く私たちはこのことに責任を感じている。一六九四年にこの銀行が設立されたときの目的は「**イギリス国民の幸福と便益に資する**」ことだった。国民というのは、当時はイングランドの人々を指す。[14]

この高邁な理想はイングランド銀行の基本憲章にも盛り込まれている。たしかにこのほうが、「国王のために対仏戦争の戦費調達を助ける」と正直に書くよりだいぶ響きがよい。[15]「イギリス国民の幸福と便益に資する」という理念は、今日でも銀行の存在意義の中心をなしている。

とはいえイングランド銀行は、その歴史の大半を通じてイギリス経済そのものの一部をなしつつも、多くの人の日常生活とはだいぶ縁遠い存在になっていたことも事実だ。

かつて総裁を務めたある人物は、「イングランド銀行はけっして謝罪せず釈明もしない」と言ったとして悪名高い。たしかにこれでは、一般の人々に経済学の理解を深めてもらう理想的な方法とは言えない[16]。

一握りの事情通にだけ情報を発信していた時代もあったし、暗号のような不可解なメッセージを発していた時代もあった。シティで働く金融マンは総裁の眉毛の動きから今後の動きを読み取った、というエピソードもあるほどだ。

こうした時代には、イングランド銀行は設立当初からの義務の遂行を怠っていたと言わざるを得ない。設立当初の目的を達成するためには、私たちは眉毛の動きを読み取らせるのではなく、一般の人々との接点をもっと持たなければならない。靴ばかり見ていないで、日々の暮らしの役に立つようなことをふつうの言葉で話さなければならない。

## この本は何の役に立つのか？

近年になって、イングランド銀行は政策決定について以前よりわかりやすく説明するようになった。また、一般の人々に経済学を知ってもらうための試みも続けている。

経済に関するたくさんのオンライン教材を用意したり、子供向けコミック誌『ビーノ』と協力して子供たち（大人たちも）がゲーム感覚で経済学に親しめるような楽しい教材を開発するなどして、教育支援プログラムを提供してきた。

さらにイギリス全土を巡回して市民パネルを開催し、経済についての人々の意見や疑問に耳を傾けてきた。銀行の殻に閉じこもらず、ふつうの人々の経済体験から学び、日々の生活において経済のどんな動きが重要な意味を持つのかを再確認するためだ。[17]

この本もその延長線上にある。**読者の身近なことを取り上げ、経済学の主な概念に親しめるようにすることがこの本の目的だ。**

各章は、筆者であるイングランド銀行のエコノミストが何かの折に友人や家族や市民から聞かれた質問に答える形をとっている。「私の服の大半がアジア製なのはなぜ？」という質問から、「そもそもお金って何？」という質問まで、さまざまだ。

## 本書の構成

まずは**「ミクロ経済学」**と呼ばれる領域から始める。ミクロ経済学は、個人や個々の企業が下す選択に関わっている。

第1章では、市場とは何か、毎日売り買いされるモノの値段はどうやって決まるかを説明する。

続く第2章では、市場がうまく機能せず、その結果として独占や気候変動などさまざまな問題が起きる状況を扱う。

第3章では労働を取り上げ、経済学では労働をどのように考えるか、労働市場にはどんな要因が作用するか、成長中の繁栄する経済でもなぜ失業が発生するのかを説明する。

ここから先は、**「マクロ経済学」**へと話を進める。マクロ経済学では、個々の選択が積み重なった結果としてのシステムとして経済を捉える。

第4章では、経済成長に注目する。経済は天然資源、労働者、機械・設備、ノウハウを組み合わせて生産を行い、長い間に生活水準を押し上げていく。

続く第5章では、なぜ他の国と貿易をするのか、貿易が世界全体をよりゆたかにできるのはなぜかを論じる。

第6章ではインフレーションに注意を向ける。インフレとはお金の価値が目減りすることにほかならない。だがそれが必ずしも悪いことではない理由も説明する。

第7章では、お金について学ぶ。ポケットの中のお金は単なる金属やプラスチックの物体（イギリスの紙幣は紙製ではなくてプラスチック製だ）ではなく、人類の歴史の中で最も長く続いてきた社会的信用システムの一端を担っていることを理解してほしい。

お金の話と関連して、次の第8章では、銀行の役割を説明する。イングランド銀行のような中央銀行も、もちろん銀行に含まれる。銀行は経済の円滑な運営を助ける役割を担っているが、残念ながらいつもそれがうまくいくとは限らない。

第9章では、これまでに起きた主な経済危機をいくつか取り上げ、なぜどのように起きたのかを考える。

最後の第10章では、中央銀行と政府が経済の円滑な運営のために何をするのか、どのような方法があるのかを説明する。

本書の終わりには、読者が経済について具体的な疑問が思い浮かんだ（そしてすぐに答えが欲しくなった）ときのために、どのページを見ればよいか、リストを掲げておいた。

## 読者の皆さんへ

さて、読者がこの本を選んだのは私たちを信頼してくださったからだと思うが、それはなぜだろうか。たぶん、執筆者である私たちがイングランド銀行のエコノミストだからだろう。

私たちは何十年も経済学を研究してきたし、その成果を最近起きた大問題、たとえばイギリスの欧州連合（EU）離脱や新型コロナ（Covid-19）危機などに応用してもきた。[18] また、経済学の知識をできるだけ多くの人に伝えるにはどうすればいいかを長年考え、工夫してきた。教育支援プログラムやイングランド銀行のブログなどはその一例だ。

とはいえ、私たちは二人だけでこの本を書いたわけではない。イングランド銀行で働く大勢の同僚の知恵も拝借したし、一つひとつの章は専門の政策担当者と話し合いながら練り上げた。また、インフレから成長、失業、金融政策にいたるまで、専門家に読んでもらって誤りを指摘してもらった。その成果であるこの本が、信頼できると同時に楽しく読んでいただけることを祈っている。

**この本を読み終えたとき、経済の世界について読者の理解が深まっていたらとてもうれしい。パブでの会話でインフレや金利について自信を持って話せるようになったり、上司に対して自分は昇給にふさわしいと主張できるようになったり、気候変動やGDPをめぐる議論に参加してしっかりと意見を言えるようになったりしたら、最高だ。**

経済学がすべてを解決できるわけではないが、正しく使えばかなりの問題を解決できる。だから、この世界に住んでいる人がすこしでも多く経済学を理解すれば、世界はきっともっとよくなるにちがいない。

# 第 1 章

# 食べたい朝ごはんを選べるのはなぜ？

需要と供給について、（ときに）魔法のような市場のしくみについて、そしてウールワースのピック＆ミックスが経済学の第一歩になる理由について。

# 世界中からやってくる食材

## 土曜の朝食、何にする？

土曜日の朝。あなたはこれから友人と会って遅めの朝ごはんを一緒に食べる予定になっている。何を食べようか、魅力的な選択肢がどっさりある。

びっくりするほど安い英国式の定食を街角の食堂で食べるのもよし、大人気のベーカリーチェーン、グレッグスでサンドイッチやパイを買って公園のベンチで食べるのもよし。都会のミレニアル世代で大流行のアボカドディップトーストをおしゃれなコーヒーショップで注文するのも悪くない。

**これほどバラエティゆたかな朝ごはんをここイギリスで食べられるのはどうしてだろう**。「経済」という抽象的な名前で呼ばれるものは、いろいろな食材、たとえば卵やパンやアボカドがどうしてこれほどかんたんに手に入るようにしてくれるのだろうか？

さあ朝ごはんを食べようというまさにそのときに、世界中からやってくる品々が自分の住む町にこれだけたくさん都合よく用意されているのはなぜだろう？　しかもこんなに安く、気軽に払える値段で。

これらは経済学の基本的な問題だと言えるだろう。資源に限りがある世界で、必要なものや欲しいものが必要なとき欲しいときに確実に手に入るのはなぜかという問いに対して、それこそが市場の力だと経済学者は答える。人々と企業などの組織の相互作用の結果として、いつもそこにある「財（goods つまりモノ）」や「サービス（service）」がその価格で用意されるのだ、と。

このプロセスの中心にいるのは、朝ごはんを食べようとするあなたと、フライやパンやアボカドだ。だからあなたも経済を構成する立派な一要素である。朝ごはんがどうやってここへ来たかを理解するには、**まずはあなたの「選択」から経済学を始めよう。**

# 一人ひとりの選択が「市場」を作る

# 日々膨大な数の選択をする私たち

来る日も来る日も私たちはたくさんの選択をしている。ランチにベーグルを買おうか家でサラダを作ろうか、バスで行こうか自分で運転して行こうか、といった小さい選択もあれば、転職しようかやめておこうか、家を買うために貯金しようかぱあっと使ってしまおうか、といったもうすこし大きい選択もある。[1]

**なぜこんなにたくさんのことを決めなければならないのだろうか。それは、ほとんどのものが有限なので、なんでも好きなだけ手に入れることはできないからだ。**

これが必要だと思っても、あれを欲しいと思っても、のべつ何かに邪魔だてされる。だいたいは使えるお金が限られている。これを「予算制約」という。あるいは、品不足だったり自然資源が枯渇していたりするかもしれない。これを「資源制約」という。あるいは、単に時間が足りないせいかもしれない。これは「時間制約」という。

選択肢は複雑に絡み合っていることが多い。労働者としてのあなたの選択を考えてみよう。仕事と遊びとどちらを優先したいだろうか？　仕事を優先させれば収入が増えるから、予算制約は緩和され、欲しいものをたくさん買えるようになる。だがそうなると、時間制約はいっそう厳しくなってしまう。仕事にとられる時間が増えれば、せっかく収入が増えてもそれを楽しむ時間は減ってしまうことになる。

消費者としてのあなたの選択はどうだろうか。手元のお金を気前よく使ってしまうか、それとも万一のときに備えて、あるいは家を買うために、一部を貯金に回すだろうか？　貯金に回すとして、いくらぐらい、そして何年ぐらいだろう？　貯めずに使うとして、新車を買うのか、それとも中古車だろうか？　安い定食、それともおしゃれなカフェ？　ベーグル、それともサラダ？　どちらを選ぶかによって、場合によってはもっと働かなければならないかもしれないし、転職も考えなければならないかもしれない。

## 「お菓子の計り売り」の店頭で起きていること

選択がどんなふうに行われるかを知るために、二〇〇九年に遡ってみることにしよう。二〇〇九年一月六日に、イギリスでは一つの時代が終わった。約一〇〇年の歴史を持ち「ウーリーズ」の愛称で親しまれてきた小売店チェーン、ウールワースの最後の店舗が閉店したのだ。そして大人気だった駄菓子の計り売り「ピック＆ミックス」も姿を消してしまった。

週末に目抜き通りのウールワースへ行って甘いキャンディやチョコバーを買い込むのが楽しみだった人にとっては、じつに悲しい出来事である。ピック＆ミックスは一世紀にわたってイギリス文化のアイコンだった。

いろいろな大きさや形のカラフルなお菓子、たとえばコーラボトルの形をしたグミやジェリービーンズやボタン状の小さなチョコがぎっしり並んでいる様子をイギリス人なら一度は見たことがあるだろう。まるで「ヘンゼルとグレーテル」に出てくるお菓子の家が本の外に飛び出したようだった。

ピック&ミックスの前で夢中で悩んでいる子供たちは、それとは知らずに消費行動の完璧な小宇宙を体験している。

まず、予算制約がある。お手伝いやおねだりをしてパパやママからもらったお小遣いには限りがあるからだ。ただし、そのお小遣いの範囲でならどのお菓子を選んでもいい。つまりたくさんの選択肢がある。

それからもちろん、好みがある。グミが大好きだからお小遣いを全部グミに使ってしまうという子もいれば、チョコレーズンばかり買う子もいるかもしれない。でもたいていの子は、自分の好きなお菓子を中心に、ほかのいろいろなお菓子を取り混ぜて買うだろう。

**お小遣いの額が限られているので、「トレードオフ(trade-off)」すなわち一方を得たら他方を失うという選択を迫られる。**

ピック&ミックスは計り売りだから、大きくて重いお菓子を選ぶときには注意が必要だ。大きいお菓子を一個にするか、小さいのを三個か、決めなければならない。袋が重くなりすぎたら、どれか一つあきらめなければならない。たぶん袋の中に一つしかないお菓子を戻すより、たくさん取ったお菓子のうちの一つを戻すほうがいいだろう。

こんな具合に、ピック＆ミックスでは誰もが同じ難題に直面する。好みと制約の折り合いをつけることだ。

## 誰もが最大限満足のいく選択をしたい

私たちは毎日こうしたトレードオフに直面しながら、お金や時間や労力を何に使うかを決めている。このとき、どんなふうに決めているだろうか。何か方針のようなものがあるだろうか。制約の大半を逃れられたらいいのに、そうすれば最高の生活が送れるのに、とつい考えたくなることだろう。多くの経済学者は、消費者は手持ちの資源《リソース》（お金や時間や労力など）を最大限に活かせるような選択をすると考える。

この考え方は、「**効用**（utility）」といういくらか抽象的な概念を使って説明される。効用は、何かから得られる喜びとか、満足感とか、利益と定義されることもあるが、要するにあなたが価値を認めるものには何にでも効用がある。

新しい服を着たときに気分がうきうきするのも効用だし、ハンバーガーを食べて満腹しご機嫌になるのも効用だ。**経済学では、どんな人も効用をできるだけ大きくしようとする**

**と考える**。たしかに、ピック&ミックスで何を選ぼうか頭を悩ますときは、お菓子のいろいろな組み合わせを考えてどれがいちばん価値が大きいかを決めようとしていた。まさに効用をできるだけ大きくしようとしたわけだ。

この考え方を経済学では「効用最大化(utility maximization)」という。なんだか現実離れしているように感じられるかもしれない。具体的に考えてみよう。

たとえば仕事から得られる効用は、お金だけではない。もちろんお金も効用の一部ではあるにしても、働く喜びや、刺激や、自分は役に立っているという誇りなども、仕事の効用だと考えられる。その証拠に、もっと収入の多い仕事があってもあえてそれを選ばない人も少なからずいる。

だからと言って基本的な経済モデルがまちがっているわけではない。お金以外の幅広い要素にも多くの効用が見出せるということだ。だからこの経済モデルは、誰もが制約の中で妥協しながら自分なりの効用を最大化するという前提に基づいている、と言えばわかりやすいだろう。

## 何かを選択すれば「コスト」が発生する

実際にはあることの効用を考えるときには、それがいくらかかるか、どれほどの時間や労力を要するかを考える。

何かを買う場合には、金銭的なコスト、つまり価格が効用に直結する。そのものから得られる効用が大きいほど、たくさん払ってもいいと考えるからだ。よって、これなら払ってもいいと考えた価格は、得られる効用の大きさを表すシグナルだと言うことができる。

**だが、コストはこれだけではない。経済学者はコストについて一風変わった考え方をする。あるものを選んだとき、他のものを選んでいたら得られたはずの価値が失われたと考えるのだ。**経済学者がよく口にする「機会費用（opportunity cost）」がこれである。つまり機会費用とは、他の選択肢から得られたはずの価値を意味する。

たとえば美容院で髪を切ってもらうと、自分で切るより高くつく。だが、カットにかかる時間はどうだろう。自分で切ったら腕のいい美容師の二倍ぐらい時間がかかるにちがいない。その時間があったら、もっとほかの有意義なことができたはずだ。

それに、自分でカットして倹約しようという心意気は立派だとしても、整っていない髪型では面接で好印象を与えられず、そのせいで望んでいた会社に就職できないかもしれない。美容院でびしっとしたスタイルに仕上げてもらっていたら、みごと内定を勝ち取れたかもしれないのに。そう考えたら自分で髪を切る機会費用は膨大であり、そんな危険を冒すのはばかげているだろう。

## わかりやすい「機会費用」の考え方

ジャーナリストのティム・ハーフォードは、機会費用をどんなふうに考えれば日々よりよい選択ができるかについて、うまい説明をしている。何事によらずノーと言えない気の弱いタイプにはとくによく当てはまる説明だ。[2]

ハーフォードによれば、**直面した選択肢の逆を考えるといい**という。何かに「イエス」と言うとしたら、何に「ノー」と言っているのかを考える。これはまさに機会費用だ。

残業してほしいと言われて「イエス」と答えたら、娘に寝る前のご本を読んであげる約束に「ノー」と言ったことになる。パブでもう一杯追加することに「イエス」と言ったら、明日の朝のジョギングとクリアな頭での出社に「ノー」と言ったことになる。

機会費用は経済のどこにでも存在する。たとえば「安物買いの銭失い」とか「元が取れる」といった表現は、機会費用の考え方を踏まえている。

こうした身近な機会費用は、本書を通じてさまざまな場面で何度も出てくることになるだろう。たとえば大学へ行くこと（または行かないこと）の機会費用、別の仕事のほうが得意なのに不得意な仕事をやらされていることの機会費用、等々。

# 経済学の基本「需要の法則」

## 価格が上がれば需要が減る、価格が下がれば需要が増える

こうした選択やトレードオフすべての結果は、要するに、あなたがそれをどれだけ欲しいか、つまりそのものに対するあなたの「需要（demand）」はどれほど大きいかを表す。

今朝何を食べるか、あるいは朝ごはんは抜こうと決めるとき、あなたは自分の需要に従っている。需要は経済学を成り立たせる重要な要素の一つだ。経済における需要を理解する出発点としては、ありきたりの名前だが需要の法則から始めるのがいいだろう。

需要の法則は、経済学における万有引力の法則のようなものだ。**「需要の法則」は、価格が上がるとその財の需要は小さくなり、下がると需要は大きくなる**と教えている。売れ残りの品物を値下げして売ろうとするのはこのためだ。こんなふうに直観的に理解できて、

しかも豊富なデータや理論研究でも裏付けられている法則は、経済学ではかなりめずらしい。

地元のパブのハッピーアワー（割引タイム）を考えてみよう。ハッピーアワーは、夜の早い時間に設定されるのがふつうだ。つまり、みんなが一杯やりに行きたくなる時間よりだいぶ早い。にもかかわらず、パブでの酒類の売上はハッピーアワーが六割以上を占める。[3]なぜだろうか。出されるドリンクはまったく同じだし、客の好みが変わるわけでもない。唯一ちがうのは値段だ。ハッピーアワーでは同じ飲み物を安く飲むことができる。だから需要の法則のとおり、お客はどんどん飲もうという気になる。

アマゾンのプライムデーに大幅値引きされたスマートスピーカー、エコードットが飛ぶように売れるのも同じ理屈からだ。他の日とまったく同じ品物も、価格が下がると需要が増える。

## 値下げで生じる二つの効果

経済学者はこの現象を二つの要素に分けて分析する。第一に、**価格が下がれば買える量が増える**。つまり、一〇ポンドでビール二杯ではなくビール三杯買うことができる。[4]これは、あなたの所得が増えたのと同じことだ。そこで、これを「**所得効果**（**income effect**）」

と呼ぶ。

第二に、**価格の下がった品物は、他のものより魅力的になる**。そこであなたは他のものを買うのをやめて、安いほうに切り替える。ハッピーアワーの例で言えば、割引対象でないドリンクから割引になるドリンクに、たとえばワインからカクテルに切り替える。あるいは、将来の一杯から今の一杯に切り替える。

どういうことかというと、ハッピーアワー終了二分前にパブに駆け込んで、割引価格でぐいぐい飲むのだ（これはあまり体に良いとは言えない）。こうして将来の高い一杯を現在の安い一杯に置き換える。というわけでこれを「**代替効果**（**substitution effect**）」と呼ぶ。

## 価格の変化に敏感な財、鈍感な財

需要の法則はだいたいにおいて正しいが、この法則が成り立たないケースもある。価格がすこし変化しただけで需要が大きく反応する財もあれば、価格が大幅に変化しても需要がほとんど反応しない財もある。このように、**価格の変化によって買いたいかどうかが変わる度合いを**「**需要の価格弾力性**（**price elasticity of demand**）」**という**。

ポリエチレン製のレジ袋を考えてみよう。二〇一〇年にウェールズ自治政府は、それまで無料で提供されていたレジ袋の有料化を宣言した。北アイルランド、スコットランド、最後はイングランドがこれに続く。目的は市民がレジ袋を使わないようにして、使い捨てポリ袋の環境への悪影響を減らすことだった。

とはいえ有料化といってもレジ袋の値段はごくわずかなもので、せいぜい五ペンスに過ぎない。政府は、レジ袋は需要の価格弾力性が大きいから、わずか五ペンスでも需要は大幅に減ると期待したのだった。そのとおりだった。使い捨てのレジ袋に五ペンスの値札をつけただけで、需要を九〇％以上減らすことができたのである。使い捨てでないタイプの袋の需要も二〇％以上減った。[5]

では今度は、おそろしい寄生虫感染症を想像してほしい。寄生虫が脳の中に入り込み、視力を失わせ全身を麻痺させ、最後は死に追いやる病気だ。だが幸いにも、寄生虫を無力化しあなたを守ってくれる治療薬がある。この薬に、あなたならいくら払うだろうか？

おそらくかなりの額を払ってもいいと考えるだろう。すくなくとも、製薬会社チューリング・ファーマシューティカルズの最高経営責任者（CEO）だったマーティン・シュクレリはそう期待した。そして、免疫機能が低下した患者をトキソプラズマ感染症から守る治療薬ダラプリムの価格を一錠一三ドルから一気に七五〇ドルに引き上げる。[6]需要の価格弾力性は小さく、たとえ大幅値上げをしても患者はこの薬を欲しがるだろうと見込んだのだ。

だがシュクレリは市場を読み誤っていた。消費者は憤慨し、安価な後発薬の開発が急ピッチで進められた結果、数年後にはチューリングの売上も利益も落ち込んでしまった。
これほどドラマチックでなくとも、**価格の変化に対して需要がさほど反応しない非弾力的需要の例は少なくない。**たとえばガソリン価格が上がったとき、すぐに車通勤をやめようと考える人は少ないのではないか。

この種の非弾力的需要は、中毒性を備えたものにも見られることがある。古典的な例で言えば、タバコだ。軽い禁断症状を味わっている人はみな、次の一本を吸うためなら余計に五〇ペンス払うことなど気にしないだろう。

二〇一三年に行われた調査によると、タバコの価格が一%上昇するたびに需要は三分の一%しか減らないという。[7] つまり、イギリスのタバコ一箱（二〇本入）の平均価格が一〇%（およそ一ポンド）上がっても、需要は三%しか減らない。これを本数で言えば、一箱当たり一本未満しか減らないことになる。

## 通常の「需要の法則」が当てはまらないケース

## 価値観の変化

需要の法則は万能ではない。価格とは無関係の要因が作用して、需要を増やしたり減らしたりすることがある。

ここでもタバコの例がわかりやすい。アメリカでは一九六〇年代半ばにタバコの需要がピークに達した。一九六三年にはアメリカの成人の四〇％がタバコを吸っていたものだ。しかも相当な量を吸っており、均《なら》せば成人全員が毎日タバコを半箱吸っていた計算になる。[8]

喫煙はカッコいいと思われており、当時のスターたちは人前ですぱすぱ吸っていた。ジョン・ウェインはどの映画でもタバコをくわえているし、フランク・シナトラ、サミー・デービス・ジュニア、ディーン・マーティンはそろってヘビースモーカーだった。だからタバコの需要は大きかった。

一九六〇年代になると、人々は喫煙の健康リスクに気づき始める。公共政策でもタバコの害が強調されるようになり、タバコに対する世間の風当たりが強くなった。いまでもタバコをカッコいいと考える集団が一部にはあるものの、社会全体の認識はそうではない。

イギリスの中学生（一一〜一六歳）を対象に最近行われたある調査によると、タバコを吸ってみたことのある生徒は全体の一九％だった。

この数字に驚いた読者もいるかもしれないが、じつは三〇年前には五〇％近かったのである。この傾向は、習慣的な喫煙にも当てはまる。二〇一六年に中学生で習慣的に喫煙する生徒はわずか三％だが、三〇年前には一〇％もいた。[9]

こんなふうに嗜好や流行の変化が原因で、タバコの需要は半世紀にわたって減り続けている。イギリスでは二〇一一〜一八年に需要が二五％減少した。量で言うと、タバコの消費量は二五〇億本減ったことになる。[10]

こうしたわけだから、価格がすべてではない。[11] **世間の風潮や好みや流行はうつろいやすく、それが需要を左右する。**セレブが絶賛した製品の需要は拡大し、SNSでけなされた商品の需要は落ち込む。同様に、人々の人権意識や環境意識が高まると、人権を脅かしているとか環境に悪影響を与えていると判断されたメーカーの製品需要は落ち込む。

## 所得の変化

所得の変化も需要を変化させる。このことは、まず絶対的な意味で成り立つ。つまり、**所得が増えれば予算制約が緩和されるので、支出を増やせるようになる。**するときっとあなたは、以前より多く買うだろう。以前は高すぎると思ったものも買うかもしれない。

だが所得の変化は、相対的な意味でも需要を変化させる。国がゆたかになると、国民の肉の消費量は増える傾向がある。一九六一年の時点では、中国の国民一人当たりの肉の消費量は年間四キロ以下だった。つまり多くの人にとって肉はめったに食べられないものだった。[12] だが今日では年間六三キロ近い。平均的な中国人の食事に占める肉の比率は高まり、アメリカやイギリスに近づいている。[13]

## 代替財・補完財の価格変化

ある財の需要が、その財自体とは無関係の原因で変化することもある。世界中で飲まれている炭酸飲料を考えてみよう。

コカコーラが値上がりすると、ペプシコーラの需要はどうなるだろうか。熱烈なコーク・ファンは値上げなど関係なくコークを飲み続けるだろう。だがそうでない人は、コークからペプシにスイッチする。ハッピーアワーの代替効果を思い出してほしい。

コークとペプシは「**代替財**（**substitutes**）」だ。**だから一方が値上げしたら、消費者は他方で代替する**。このように、ある財の価格の変化が他の財の需要に影響をおよぼす度合いを価格の「交差弾力性（cross-elasticity）」という。

コーラとペプシのような代替財の場合、交差弾力性は正の数になる。これは、一方が値上がりすれば他方の需要が増えることを意味する。だが、交差弾力性が負の数になるケースもある。

たとえばXbox《エックスボックス》が値上がりしたときのXbox用ゲームソフトの需要、コーヒーが値上がりしたときのドーナツの需要がそうだ。**これらは互いに相手を必要とする「補完財（complements）」に当たる**。だからコーヒーが値上がりすると、コーヒーを買い控えるだけでなくドーナツも買わなくなる。

とはいえここまでに挙げた例では、需要の法則がなお成り立つと言うことができる。インフルエンサー推奨のシャンプーがどれほどすてきに見えても、あまりに値上がりしたら消費者は他の製品を探すだろう。どれほど収入が増えても、品質の同じ牛乳が並んでいたら、あなたはたぶん安いほうを買うだろう。コークが値上がりしたら、大勢がペプシを飲むだろう。となれば、需要はやはり価格に影響されるのだし、おおむね安い財ほど需要が大きいと言ってよい。

## 高価だから需要のある「ヴェブレン財」

ところが、需要の法則がまったく成り立たないケースがある。そう多くはないが、**ある財の価格が高いほど、その財を欲しがる人が増えるケースだ**。その理由の一つは、単に見せびらかしたい、ということにある。

デートの相手とレストランに行ったときのことを思い出してほしい。相手は向かい側に座り、ウェイターがやってきてあなたにワインリストを渡す。さあ、どれを注文しようか。今日のメニューにいちばんふさわしいワインはどれかと考えをめぐらせ、産地やブドウの品種や収穫年の作柄に思いを致すだろうか。

それとも、無造作にリストで二番目に安いワインを選ぶだろうか。じつは二一%の人はそうしている。ケチだと思われたくはないが、高いワインにそれほどの価値があるとは思わない人たちだ。[14]

この場合、需要の法則は成り立っていない。もし二番目に安いワインが値下げして一番安くなったら、その需要は減ることになるからだ。一番安いワインより値段が高いからこそ、二番目に安いワインは欲しがられる。

もっとも、二番目に安いワインを注文するのはさほど贅沢なこととは言えまい。だが価格が高いほど需要が増えるという現象は、スポーツカーからアート作品にいたる贅沢品全般に認められる。「こんな高価なものを買った」というシグナルを発信することに人は価値を見出す。だから、高いほどよいわけだ。

アメリカの経済学者ソースタイン・ヴェブレンは、一八九九年にこの現象を「衒示的《げんじてき》消費（conspicuous consumption）」と名づけた。そして、高いほど需要が増えるというルールに従う財はヴェブレン財と呼ばれるようになる。

## 値上がりすると需要が増える「ギッフェン財」

需要の法則に従わない財はほかにもある。ヴェブレンより数年前にスコットランドの経済学者ロバート・ギッフェンが発見した。[15]

ギッフェンはヴィクトリア朝時代のイギリスを観察して、パンが値上がりすると、スラム街に住む貧しい家族のパンの消費が増えることに気づく。

これは理解に苦しむ現象だ。国中でいちばん貧しい人々が、値上がりしている品物をもっと欲しがるとはどういうことだろう。これが見せびらかしのためでないことはあきらかだから、ヴェブレンのプロセスとは無関係だ。

実際には、貧しい家庭では所得の使い途を必需品（たとえばパン）と贅沢品（たとえば肉）に分けている。**パンが値上がりすると、必需品（パン）を買ってからさらに贅沢品（肉）を買うほどのお金は残らない。そこで肉はあきらめ、パンを余計に買うことになる。**

このルールに従う財はギッフェン財と呼ばれる。ギッフェン財はいまも存在するが、一九世紀ほどではない。二〇〇八年にアメリカの経済学者ロバート・ジェンセンとノーラン・ミラーは、中国における米の需要をくわしく調査した結果、ギッフェン財の特徴を備えているとの結論に達した[16]。

以上のように、消費者として、また労働者として、数々のトレードオフに頭を悩ませたあなたの選択の結果が経済全体に拡大されたものを需要という。だが経済の中にいるのは消費者と労働者だけではない。人々が欲しがるものを供給する役割を担うプレーヤーがいる。それが企業だ。

# 企業が市場において果たす役割

## 商品を作って市場に供給する

経済学では、企業とは何かを作って売るために一緒に働く人たちの集団を意味する。作るためには、原料、機械、労働者などさまざまな「インプット」を投入することが必要だ。たとえば大規模な鉱山会社は、土地、掘削機械、技術者を投入して鉄鉱石を産出する。

小さなパン工房は、アボカド、パン、パン職人を投入してあのアボカドディップトーストを提供する。個人事業もある。たとえば編み物作家は編棒と毛糸を投入して手編みのセーターをネットで販売する。

企業も消費者と同じく、たくさんの意思決定を行う。何を作るか、どれだけ作るか、いくらで売るか、等々。経済学では、どんな企業の目的もできるだけ儲けること、つまり利益を最大化することであるとの前提を立てている。

売上高からかかった費用をすべて差し引いた残りが利益になるわけだが、企業はどうやって利益を最大化するのだろうか。この問題には多くの企業経営者が頭を悩ませてきた。

これに対する経済学者の答えは、こうだ。**もう一個追加して作るときのコストが、その一個を売って得られる追加的な収入を下回っている間は作り続け、上回ったところでやめなさい**、と。

## 利益を最大化するにはどれだけ作ればいいか

もう一個追加して作るコストのことを**「限界費用（marginal cost）」**という。限界費用というコンセプトは、経済学でも企業経営でも有用だ。

この概念を理解するために、自分がTシャツを作って売ると想像してほしい。Tシャツを一〇〇枚作って売るコストは一枚当たり一五ポンドだとする。それに二〇ポンドの値札をつけて全部売れれば、売上は二〇〇〇ポンド、コスト合計は一五〇〇ポンドとなり、五〇〇ポンドの利益を得ることができる。

ではここで、もう一枚Tシャツを作ることに決めたとしよう。Tシャツ一〇一号だ。一〇一号を売るためには、これまであなたのTシャツに関心を示さなかった人の注意を引かなければならない。そこであなたは一九・九九ポンドに値下げしようと決める。

ここで注意しなければならないのは、一〇一号だけでなく、最初の一〇〇枚も全部一九・九九ポンドにしなければならないことだ。よって、全部売れた場合の売上はおよそ二〇一九ポンド（正確には二〇一八・九九ポンド）になる。

したがって、追加の一枚（一〇一号）の**「限界収入（marginal revenue）」**は一九ポンドだ。一枚当たりのコストは変わらないとすれば、追加の一枚の限界費用は一五ポンドとなり、差し引きで四ポンドの利益が上がる。このように一枚追加して作ったときの収入は費用を上回るので、作ったほうがいいと判断できる。

たいへん結構。では、さらにもう一枚作るとしたらどうだろう。一〇二号を売るためには、全部のTシャツを一九・九〇ポンドに値下げしなければなるまい。すると一〇二号の限界収入は一一ポンドとなり、限界費用の一五ポンドを下回ってしまう。販売価格の一九・九〇ポンド自体は限界費用を上回っていても、一〇一号の場合とは異なり一〇二号は売っても利益は得られない。だから、やめたほうがいいと判断できる。
**よって企業が完全に合理的に行動するとしたら、限界収入が限界費用に等しくなるまで生産を続けるはずだ。このとき、利益は最大になる。**生産がこれより少ないと、みすみす利益を逃すことになる。これより多いと、利益を無駄に減らすことになる。

## 企業の社会的責任をめぐる議論

中には、そんなに利益ばかり追求するのは見苦しいと考える人もいるだろう。だが経済学では、消費者が欲しがるものを生産することは企業にやる気を起こさせる効率的な方法だと考えられている。

一部の経済学者は、企業の利益追求は単に効率的であるだけでなく、むしろ企業の義務だと考えたほどだ。二〇世紀の卓越した経済学者ミルトン・フリードマンは、「**企業の社会的責任とは利益を増やすことだ**」というセンセーショナルなタイトルの論文を一九七〇年にニューヨーク・タイムズ紙に発表している。[17]

フリードマンの主張は、こうだ。社会を構成する個人が社会的責任に価値を認めるなら、社会的に責任のある方法で生産されたものにお金を使うことを選ぶだろう。多くの人が環境保護運動に価値を認めるなら、その運動にお金を投じることを選ぶだろう。

では個人がそれらに自分のお金を投じるだけの価値を認めなかったとしたら、企業にはそれを強いるどんな権利があるというのか。個人の価値観への干渉は企業のすべきことではないし、むしろ社会のためにならない、とフリードマンは主張した。

「倫理的」だからという理由で利益を減らすような行動を選ぶのは、結局は株主と社員のポケットからお金を奪うことだ。そうなれば、彼らが個人として価値を認めるものに使うお金は減ってしまう。この分析は、**フリードマン・ドクトリン**として知られるようになった。

この主張は、ご想像のとおり、強い批判を招いた。フリードマン・ドクトリンはさまざまな視点から反論されたが、とくに批判の的になったのは、個人は何を買うのが「倫理的」に正しいか判断できるだけの情報と力を持ち合わせている、というフリードマンの見解だった。

そのうえフリードマンの主張は、企業に社会的責任を果たすことを求める当時の風潮に真っ向から逆らっていた。現実の世界では、企業はけっしてひたすら利益ばかりを追い求めるわけではない。すくなくとも、すべての企業がそうだとは言えない。

今日では多くの企業が倫理や環境への配慮を意思決定の中心に据え、利益拡大に劣らず重要だと位置づけている（もちろん皮肉な読者なら、それもまた利益最大化作戦の一部だと冷笑することだろう。企業は自社を競合相手より倫理的に見せかけることで意識の高い顧客の信頼を勝ち取ろうとしているのだ、と）。

そうは言っても、企業は第一義的に利益拡大をめざすとするフリードマン・ドクトリンは、いまなお経済学者が構築するモデルの大多数に共通する要素となっている。**企業は利益が得られなくなるまでは生産を続ける。その結果として社会のすべての人に恩恵をもたらす**というのが経済学の基本的な考え方である。

## 需要の法則の裏返し「供給の法則」

### 価格が上がれば供給が増える、価格が下がれば供給が減る

企業の動機が何であれ、私たちが欲しいものを売ってくれることはまちがいない。企業は財やサービスを経済に供給する組織だと言える。そして需要と同じく供給にも法則がある。

供給の法則は、需要の法則のまさに裏返しになっている。**ある財の価格が上がると企業は供給を増やそうとし、下がると減らそうとする。**需要の法則と同じく、こちらも直観的に理解しやすい。安い売値で大きな利益を出すのはむずかしく、いくらがんばってもコスト倒れになるかもしれない。だが高い売値を確保できれば、一転して利益が出るようになる。

シェールオイル／ガス市場では、まさにそのとおりのことが起きている。地下深部の頁《けつ》岩《がん》と呼ばれる岩の中に石油と天然ガスが存在することはかなり前からわかっていたが、最近になるまで掘削方法が確立されていなかった。

一九九〇～二〇〇〇年代にこの状況が激変する。技術革新により、砂と化学物質を混ぜた水を高圧で注入してシェールオイル／ガスを抽出する水圧破砕技術が開発されたのだ。ただしこの掘削方法はコストがかさむため、原油価格が一バレル四〇～五〇ドル以下だと太刀打ちできない[18]。

最近では原油価格が上昇してこれを上回る水準になったため、シェールオイル／ガスの掘削が活発に行われ、供給量が増えている。まさしく供給の法則のとおりになったわけだ。

## やはり「供給の法則」も万能ではない

需要と同じく供給でも、価格感応度すなわち価格弾力性の高い財とそうでない財がある。ここでは、ロンドンで開催されたサッカーの試合の例を紹介しよう。

二〇二一年七月一一日日曜日にウェンブリー・スタジアムで、二〇二〇年欧州選手権決勝（イタリア対イングランド）が行われた。新型コロナの感染拡大で一年延期された試合である。イングランドが主要大会で決勝に進むのは一九六六年以来のことだった。

出場チームが決まる前にチケットを買った人は、標準的なシートだと二五〇ポンド払ったはずだ。ところがイングランドの決勝進出が決まると、チケットの需要はうなぎのぼりになる。なにしろイングランドが決勝に進むことはめったにない。これが生涯一度のチャンスかもしれないのだ。

**問題は、需要が増えても供給がそれに応じられないことだった。**ウェンブリー・スタジアムの平時の最大収容人数は九万人だが、二〇二〇年の決勝は新型コロナのために六万七〇〇〇人に制限されていた。だからどれほど需要が急増したところで、それ以上チケットを発行することはできない。

つまりこの試合のシートは価格弾力性がほぼゼロで、どれほど値上がりしてもおかまいなしにみなが欲しがった。チケットは途方もなく高騰し、ダフ屋（彼らは供給の非弾力的な性質を抜け目なく理解している）は最終的にはチケット一枚を三万五〇〇〇ポンドで売り捌《さば》いたという。元の値段のなんと一四〇倍だった。[19]

これは極端な例にしても、供給が価格に応じて増えない例は身近に目にすることができる。アメリカの偉大なユーモア作家マーク・トウェインは、「土地を買え。これ以上増やせないのだから」と語った。実際、土地は過去一〇〇年間で他の品物の五〇倍以上値上がりしたが、それを聞いてもトウェインなら驚かないだろう。

需要の法則と同じく、ある財の供給は価格だけで決まるわけではない。企業がどれだけ生産し供給するかを決定づける要因はほかにもたくさんある。

生産に必要なインプットが値下がりした場合、たとえば安い賃金の労働者を雇えるようになった場合に、販売価格を据え置いたまま供給を増やせば利益が増えることになる。居酒屋の店主が賞味期限の近いビールを安く仕入れることができたら、なんとか客にたくさん飲ませようと工夫を凝らすだろう。

# 需要と供給が出会う場、それが「市場」

## 「何を・いくつ・いくらで」やりとりするか

需要と供給、消費者と企業について説明してきたわけだが、ここまでの説明にはじつはある重要なものが欠けていた。**供給と需要が出会う場のことである。そこは、価格が決まる場でもある。**この魔法のようなことが起きる場所こそが「**市場（market）**」であり、ここからは市場についてお話ししよう。

市場という言葉は、広場で威勢よく声を張り上げながら商売をする屋台や露店を思い起こさせることだろう。もちろん、そうした店も市場の一部だ。だが経済学では市場とは売り手と買い手が出会う場所であって、それ以上の意味はない。

古物や不用品を売り買いするフリーマーケットも、美術品の競売をするオークションハウスも市場なら、かつては大勢の仲買人が活発に株を売り買いし現在ではコンピュータのスクリーンが並ぶ証券取引所も、ホームメイドのクッキーやクラフト作品を販売するウェブサイトも市場だ。贅沢品の市場もあれば労働者と雇用主を結びつける市場もあり、恋愛を取り持つ市場まで存在する。[20]

つまり市場とは、買い手と売り手が出会って何をいくついくらでやりとりするかを取り決める場、一言で言えば需要と供給が出会う場、ということができる。

## 配車アプリ、ウーバーの料金

実際には市場はどんなふうに機能するのだろうか。ここではいささか極端で痛ましい例を紹介しよう。

事件はオーストラリアのシドニーで、二〇一四年一二月一五日に起きた。市の中心部のオフィス街にあるカフェに銃を持った男が押し入り、一七人の客を人質にとって立てこもったのだ。カフェ周辺はパニック状態になり、そこから逃げ出そうと大勢の人がスマートフォンを取り出して配車アプリのウーバーで車を呼ぼうとした。

ところがシドニー中心部の配車料金だけがとんでもない水準に跳ね上がっていることがわかる。人々は大いに憤慨し、緊急事態につけこんで儲けるとは何事かとウーバーを非難した。

ウーバーは最終的にその時間帯に中心部から乗った人全員に返金している。この事件は、市場がその働きをこのうえなく明確な、しかし腹立たしい形で示してくれたと言える。**ウーバーの一件は、需要と供給の法則の必然の結果だった。**

ウーバーの料金体系はアルゴリズムに基づいている。アルゴリズムは、ある地区にいるドライバーの供給とその地区の配車の需要に関する情報を常時収集し、両者をうまく釣り合わせる料金を計算する。

暇なドライバーがたくさんいるときは、大勢の人がウーバーを利用したいと考える水準まで料金を引き下げる。あの人質立てこもり事件のときのようにウーバーを利用したがる人のほうが仕事待ちのドライバーより多い場合は、多くのドライバーがその地区に流れてくるように料金を引き上げる。

このことは、二つの効果をもたらす。第一に、ドライバーにとっては料金の上がった地区は魅力的になるので、その地区ではドライバーの供給が増える。そろそろ休憩にしようかと考えていたドライバーも、その前に一仕事しようという気になるかもしれない。

第二に、料金が上がると利用をためらう人が出てくるので、需要は減る。料金が上がり続ければ、もっと多くの人が利用をやめて歩くことにする一方で、より多くのドライバーがその地区に流れ込んでくる。こうして最終的には、ドライバーの数と利用したい客の数は釣り合う。

## 需要と供給が「均衡」するよう価格が決まる

事件当時に料金を大幅に引き上げたウーバーのアルゴリズムは、市場が需要と供給を釣り合わせるしくみそのものだ。**市場は本来的に釣り合いを好み、需要と供給の釣り**

**合いを実現するしくみが組み込まれている。経済学ではこの釣り合いのことを「均衡（equilibrium）」と呼ぶ。**

ある価格のときに、企業が売りたい量以上に消費者が買いたがったらどうなるだろうか。この場合、需要が供給より多いわけだ。よって買えない人がどうしても出てくる。この状況でお金にゆとりのある人が、もうすこし余計に払ってもいいからどうしても買いたいと言い出したとしよう。

こうして価格が上がると、それでは予算オーバーだから買うのをやめるという人やそんなに払う価値はないと考える人が出てきて、需要は減る。その一方で、これは一儲けするチャンスだと見て供給を増やす企業が現れる。このプロセスを通じて需要と供給が釣り合うまで価格は上昇し、釣り合ったところで落ち着く。

うまくいっているときのこのしくみはなかなか感動的だ。需要と供給が互いに作用し合って、最終的には全員が、自分にとって最も必要だと考えるものを手に入れることができる。すくなくとも理論上はそうなる。

このとき価格はシグナルの役割を果たし、企業にもっと供給を増やしなさい、または減らしなさいと伝える。価格が上昇したら、需要が供給を上回ったのだから、企業はもっと供給を増やすほうがいい。逆に価格が下落したら、供給が需要を上回ったのだから、企業は供給を減らすほうがいい。

こうしたシグナルの効果には驚くほかはない。私たちみんなが毎日行っている数え切れないほどの選択から発信されるシグナルの集合が、市場の力を解き放つ。**市場の力は、世界の歴史の中でも最も強い力の一つ**と言っても誇張ではないだろう。

まとめ

## 市場の「見えざる手」で世界が動く

さて、あなたは今朝何を食べただろうか？　イギリス伝統のフル・ブレックファースト？　サンドイッチ？　それとも時間がなくてブラックコーヒーだけだっただろうか？

ここでは、あの大人気のアボカドディップトーストを食べたことにしよう。食べたいときにアボカドディップトーストが提供されるためには何が必要か、ちょっと考えてみてほしい。

あなたがコーヒーショップに座って注文する何カ月も前に、地球の反対側にいる誰かがアボカドの種を植えて育てると決めなければならない。それから、別の反対側にいる誰かが小麦を栽培する必要もある。アボカドを運ぶトラックの運転手、小麦粉からパンを焼くパン職人も忘れてはいけない。**あなたの朝ごはん一つのために行われる作業や関わる人の数は、信じられないほど多い**。

もっと信じがたいのは、全体の指揮をとる人が一人もいないことだ。アボカドをいくつ植えなさいとか、いくつ売りなさいと命令する人はいない。あなたの朝ごはんに関わった人たちの大半はお互いに会ったことすらないのだ。

さらに、誰もあなたの朝ごはんなど気にかけていないことにも驚かされる。アボカドを育てたりパンを焼いたりするのは、あくまでもそれが自分の利益になるからだ。

近代的な経済学の父アダム・スミスは『国富論』の有名な一節で「われわれが食事ができるのは、肉屋や酒屋やパン屋の主人が博愛心を発揮するからではなく、自分の利益を追求するからである」と述べた[21]。そしてこのプロセスを「見えざる手(invisible hand)」と呼んでいる。

スミスの論旨を総合すると、**個人はこの見えざる手に導かれて、まさに求められているものを生産し、結果として社会にとって最もよいことを効率的に行う**、ということになる。

アボカドの生産者は、別にあなたのためを思ってアボカドを栽培しているわけではない。そもそもあなたに会ったこともないし、これからも会うことはないだろう。アボカドを栽培するのは、金銭的利益などの効用を得られるからだ。他の作物を栽培するほうが得られる効用が大きいなら、そちらに切り替えるだろう。

これまでに見てきたように、大勢が欲しいものが十分に供給されない場合、供給が十分に増えるまで価格は上昇する。こうして市場はまるで魔法にかけられたように、求められるものを求められるだけ生産するわけだ。

今日では、グローバル経済はほぼすべて市場のメカニズムを介して運営されている。他の方法が試みられたことがなかったわけではない。中でも有名なのは旧ソ連や東ドイツなどが採用した共産主義経済で、市場を通さず国家が資源を配分する。だがこのやり方では、何百何十億の個人が行う選択を市場のように自然に反映させることができない。

**時が経つにつれて、市場を活用するほうがよいというコンセンサスが醸成されていった。**すくなくとも社会のいくつかの部門については、然るべき監視や規制を整備する限りにおいて、市場のほうが好ましいと考えられている。

市場は、ある経済におけるすべての人の選択を集約した意思に、より効率的に近づくことができるとされている。あなたの朝ごはんが欲しいとき欲しい場所で買いたい値段で提供されるのは、まさにそのおかげなのだ。

すくなくとも理論上はそういうことになっている。しかし市場がパーフェクトに程遠い例はあちこちに見受けられる。たとえば、市場は持続不能な化石燃料の需要に応じている。圧倒的なシェアを持つ大企業が強大な支配力を持てるようにしている。また内情に通じた人間が得をし、情報に疎い多くの人が損をするようにできている。

経済学者はこうした現象をよく承知しており、アダム・スミスでさえ市場は公共の利益に反することがあると認めている。そこで次章では、市場のさまざまな失敗に目を向けることにしたい。

# 第 2 章

# 経済学は気候変動問題を解決できる？

完全競争の理論について、なぜ市場は失敗するのかについて、
そしてエコノミストがフライドポテトを取りすぎる理由について。

# 市場はしょっちゅう失敗する

## 「ポテトの取り放題」で何が起こる？

イングランド銀行の最上階には社員食堂がある。昔はそこにワインバー、レストラン、パブまであった。

だがそんなおおらかな時代はもうずっと昔のことだ。今日ではイングランド銀行の社員食堂も世界中で見かけるものと変わらない。いかにもそれらしいメニューが並んでいるだけだ。サンドイッチ、サラダ、それからもちろんフライドポテト。セルフサービス方式で、各自が好きなものを選んで皿にのせる。

毎日、お腹を空かせたエコノミストの行列が熱々のフライドポテトの大皿の前を通り、たっぷりすくって自分の皿に盛りつける。ポテトは仕事に忙殺される長い午後のエネルギー源だ。ランチの楽しいひととき、エコノミストたちは頭のスイッチをオフにし、経済学のことをしばし忘れる。

だがスイッチをオフにしていなかったら、ここでも経済学が活用されていることに気づいたはずだ。ごく最近までイングランド銀行の社員食堂では、フライドポテトが均一価格で取り放題だった。つまり、少ししか取らなくてもたくさん取っても同じ値段だった。

だがこのやり方の問題点に食堂のスタッフはだいぶ前から気づいていた。みんな、食べられる量よりずっとたくさん取ってしまって食べ残すため、廃棄する量がとても多かったのだ。それに、遅い時間に食堂に来た人はポテトが売り切れでがっかりする。

原因は、銀行のエコノミストの食い意地が張っていることだけではない——誰とは言わないが中にはそういうエコノミストもいるが。

取り放題サービスにおける取りすぎ現象は世界中で見られ、ちゃんと分析されている。この問題はつまるところ、**共有資源が存在し、それをできるだけたくさん取ろうとする人が大勢いること**にある。この状況ではどの人も過剰に消費しがちになり、結果的に意図せずその資源を傷つけたり、使い尽くしたり、破壊したりすることになる。

## 失敗の代表例「コモンズの悲劇」

一九六〇年代に経済学者でもあったアメリカの生態学者ギャレット・ハーディンがこの

現象に「共有地《コモンズ》の悲劇」と名づけた。

ハーディンは、村人全員で共有する牧草地を例にとる。村人は自分の羊を牧草地で放牧して育て、大きくなったら売るので、放牧する羊の数を増やして利益を増やしたいと考える。だが全員が同じことをしたら、牧草地は荒れ果てて草が生えなくなってしまう。ハーディンの言うとおり「資源は有限だというのに、村人一人ひとりは自分の羊を無限に増やしたいという考えに取り憑かれていた」[1]。

イングランド銀行の社員食堂で言えば、フライドポテトは有限なのに、エコノミスト一人ひとりはできるだけ多くポテトを取りたがるわけだ。

コモンズの悲劇は、第1章で説明した魔法のような市場の力に反するように見える。市場の力は無数の人々の選択を反映して資源をうまいこと配分してくれた。個人と企業が合理的に行動し、効用と利益を最大化しようとすれば、全員がよりよい暮らしに必要なものを手に入れられるはずだ。

だがコモンズの悲劇のようなことが起きるとすれば、ときに市場はうまくいかないということだ。つまり**市場には限界がある**。たとえばイングランド銀行の社員食堂で各自がそれぞれ合理的に行動し、ポテトから得られる効用を最大化しようとしたら、全体としては好ましくない結果に終わる。経済学者はこうしたケースを**「市場の失敗（market failure）」**と呼ぶ。

市場の失敗はどこにでもある。SNSはたくさんあるのに、圧倒的多数がフェイスブックを使うのも、教育を市場で買わずに国家に無料で提供してもらいたいと考えるのも、市場の失敗で説明がつく。

これからみていくように、世界が気候変動という大問題に直面している理由も市場の失敗と関係がある。この点を踏まえれば、解決策も見えてくるはずだ。

# 「完全競争市場」とはどういうことか

## モデルを使って経済を理解する

経済学者はモデルを使って説明するのが大好きだ。経済学者にとってモデルとは、研究対象である複雑な現実を扱いやすい形で抽出・表現したもので、グラフで表現されることもあれば、一連の数式で記述されることもあり、一続きの論理展開だけという場合もある。

かつて統計学者のジョージ・ボックスは、**「すべてのモデルはまちがっているが、そのうちのいくつかは役に立つ」**と語った。ボックスが言わんとしたのは、すべてのモデルは現実の世界を単純化するための前提あるいは仮定のセットだということである。そうでないモデルがあるとすれば、それは現実の世界そのものになってしまうだろう。それでは現実の世界を理解する役には立たない。

となれば重要なのは、単純化のために立てた前提あるいは仮定が、解決したい問題の答えに影響を与えないことだ。再びボックスの言葉を借りるなら、「そのモデルは正しいか?」と問うのは意味がない（正しくないに決まっているからだ）。「そのモデルはこの問題の説明として適切か、と問うべきである」[2]。

ボックスの鋭い指摘は、経済学者もその批判者も忘れていたことを思い出させてくれる。モデルが正しくないことを一部の経済学者は忘れているし、それでもモデルが有用であることを一部の批判者は忘れているか無視している。

ボックスの指摘は、市場を考えるときにはとりわけ有意義だ。駆け出しの経済学者は市場プロセスをモデル化するときに「完全競争（perfect competition）」という前提から始めようとする。完全競争が成り立つための条件はいくつもあり、それらを総合すると、あまり現実的とは思えない。

だがモデルというものは、いくつか限られた例外を除き、現実の世界が実際にどう動くかを表すわけではない。**モデルは、経済を理解する最初のとっかかりなのである。**もちろんモデルは完全ではない。だがシュルレアリスムの著名な画家サルバドール・ダリもこう言ったと伝えられる。「完全を恐れる必要はない、完全に到達することはけっしてないのだから」。

だから、不完全なモデルでも十分に役に立つ。なぜ現実の世界は完全ではないのかと考えることは、現実の世界を理解するうえで有効だ。

## 完全競争市場が成り立つ条件

さてさきほど述べたように、完全競争市場が成り立つ条件はいくつもある。

**第一に、すべての売り手がまったく同じものを売っていること。**このような財を経済学では「同質財」という。要するにA社の製品とB社の製品に顕著なちがいはなく、品質にも差がないし、有名ブランドも存在しない。

**第二に、売り手と買い手が非常に多く存在すること。また、売り手・買い手いずれも自由に参入・退出できること。**

**第三に、売り手も買い手も市場で取引される財について完全な情報を持っていること。**つまり売り手だけでなく買い手も、財の品質、おおよその需給状況、競合品や類似品の価格などを知っており、一部の市場参加者だけが有利な立場であってはならない。

　これらの条件がすべて満たされた市場は、興味深い性質を備えている。まず、一人の売り手または買い手が価格に影響を与えることはできない。したがって市場で決定される価格を受け入れるほかない。

　このことを、「プライステイカー（価格受容者）である」という。価格は、すべての売り手にとって許容最小限の利益を確保できる水準に落ち着く。つまり売り手は利益を得られるものの、さほど大きい利益ではない。

具体例で考えてみよう。ある菓子メーカーが、ビスケットの値上げを決めたとする。市場の消費者はみな、まったく遜色ないビスケットを他の無数のメーカーが売っていることを知っている。

　また他のメーカーもみな、価格を据え置けば値上げしたメーカーから客を奪い取れることを知っている。そのうえ既存メーカーが一斉に値上げを決めたとしても、抜け目のない起業家が市場に参入してきて元の価格でビスケットを販売し、すべての客を奪ってしまうことになる。この市場には参入障壁がないことを忘れてはいけない。

　**よって完全競争市場では企業はつねに誠実でなければならず、存続に必要な利益以上の儲けを手にすることはできない。**

# はたして、市場は「効率的」になりうるのか？

市場が完全競争状態にあるとき、その市場は**「効率的（efficient）」**であるという。ただし経済学者が何かを「効率的」と言うときには、対象によって異なる意味が含まれることがあるから注意が必要だ。完全競争に関しては、「生産の効率」と「配分の効率」が含まれる。

ある財が入手可能な資源をすべて使って可能な限り少ないコストで生産されるとき、生産は効率的だという。この状況で追加的に一個生産するには他の財の生産を一個減らさなければならない。

一方、消費者がある財を買ったときに得られる効用の合計が、生産者がその財の生産に要したコストに等しいとき、配分は効率的だという。これはつまり、その財の生産にちょうど必要なだけのインプットが投入されたということだ。このちょうどのインプットは、その財がどれだけ欲しがられているかを忠実に反映している。このことはまた、社会の資源が効率的に配分されたことも意味する。

このかんたんな説明を読んだだけでも、賢明な読者は問題点に気づいたことだろう。そう、**現実の世界では完全競争市場はほとんど存在しない**ということだ。

完全競争に近い市場はないわけではない。たとえば牛乳がそうだ。植物由来や乳糖ゼロといった特殊な製品を別にすれば、この牛乳とあの牛乳にさしたるちがいはない。どれも牛乳だ。

精製された砂糖も、どのメーカーの製品でも基本的に変わりはないと言えるだろう。そして牛乳も砂糖も売り手がたくさんおり、買い手の側は売り手をほとんど区別しない。おかげでどちらの市場も健全な競争が展開され、価格は低めになっている。

だがだいたいの市場は完全ではない。参入障壁があったり、同質財でなかったりする。それに、売り手と買い手がすべての情報を知っているということはまずない。

もうすでに読者はそうした不完全競争市場を五つか六つは思いついたことだろう。だから、完全競争モデルはあくまでモデルに過ぎない。ジョージ・ボックスの言うとおり、たとえ最高のモデルでもまちがっているのだ。

# 「不完全競争市場」とはどういうことか

## 一社が世界シェアの大半を占めるケースも

ではここで、あなたのコートかバッグのファスナーを見てほしい。そこに三つの文字が刻まれている可能性は高い。ＹＫＫという文字だ。二〇一〇年代末時点で、世界のファスナーの大半はＹＫＫという日本企業が製造していた。

これは、最も強力な**独占**の一例と言えるだろう。ＹＫＫが供給するファスナーの用途は、服やバッグをはじめ、アウトドア用品から宇宙服までじつに多岐にわたる。近年では中国メーカーが台頭してきたものの、いまもＹＫＫというたった一つの企業が世界市場で半分近いシェアを占めている。

完全競争モデルが現実の世界からかけ離れていることを示す例は、枚挙にいとまがない。まず、品目によっては多数の売り手が存在しない。たとえばテニスのラケットのような比較的ニッチな市場には売り手が少ない。また、同質財の市場もめったにない。似たような製品を供給する企業が多数存在するような市場が仮にあっても、どの企業もブランド戦略を打ち出し、他社との差別化を図ることに必死だ。

テニスファンなら、ダンロップのラケットとテクニファイバーのラケットを取りちがえるようなことはあるまい。たとえ両者が実際にはたいして差がないとしても（テニスファンの皆さん、ごめんなさい）。

往々にして、市場には限られた数の売り手しかいない。その最も極端な形が、売り手が一社だけという**独占**である（独占を意味する**monopoly**は、ギリシャ語で「一」を意味するmonoと「売る」を意味するpoleinから成る）。売り手が二社なら**複占**（**duopoly**）、数社なら**寡占**（**oligopoly**）となる。

## 売り手は自由に価格を決められる

独占も複占・寡占も、無数の売り手が競い合う完全競争市場には程遠い「不完全競争」市場である。不完全競争では、市場のしくみは機能しない。

ライバル企業からの競争圧力がないため、独占（または寡占）企業はプライステイカーになる必要はない。どれだけ作るかを決めて市場価格に影響をおよぼすことができる。彼らの市場での地位が強くなるほど、価格への影響力も大きくなる。

**独占市場ともなれば、一社しかない売り手が好きなように価格を決めることができる。**売り手が何社か存在する寡占市場でさえ、彼らが結託すれば独占に近い価格決定力を持つことが可能だ。

一八世紀のアダム・スミスでさえ、「同業者が集まると、楽しみと気晴らしのための集まりであっても、最後にはまず確実に社会に対する陰謀、つまり価格を引き上げる策略の話になるものだ」と指摘している。[3]

このような市場支配力を手に入れれば、利益を増やすことができるので、企業にとっては好都合だ。競争のない市場では、企業は作る量を減らして価格を吊り上げることができる。競争相手はいないし、新たに参入する企業もないからだ。競争市場では最低限の利益しか得られないが、独占や寡占市場の売り手はそれを大幅に上回る利益を手にできる。

## 買い手は高い値段で買わされがち

これは、独占や寡占を実現した企業にとっては結構なことだが、消費者にとってはうれしい話ではない。企業が余計に手にする利益は、結局のところ買い手の財布から出ている。競争的な市場ではそうはならなかったはずだ。

完全競争が社会にとって最適な量の財を供給するのに対し、独占はその定義からして供給量を減らす。すると、安かったときの値段（それでも売り手に妥当な利益は出ていたはずだ）でなら買おうと考えていた人たちの一部は、もう買うことをあきらめる。高い値段で買った人は、同じものを買うのによぶんに払ったことになる。

その結果、経済は非効率になる。不適切な資源配分による無駄（これを「死荷重

deadweight loss」という）が出る。独占企業はできるだけ多くの利益を手にしようとして、他の市場参加者の利益を減らす。独占企業は得をし、世界は損をする。

**独占の悪しき影響は、供給量が減って価格が上昇するという形で短期的に現れるだけではない。中長期的には、イノベーションや進歩にブレーキをかけるという形で経済の停滞につながる。**

独占企業にしてみれば、競争者が現れて挑んでくる心配はまったくない。となれば、新しいアイデアを開発する必要など感じないだろう。市場のしくみがうまく働いている場合には、企業は競争の脅威にさらされているので、絶えず改善の努力をしなければならない。さもないと脱落してしまう。いったん独占になるとイノベーションが不活発になり、やがて途絶えてしまうことを歴史は教えている。

## 政府が取り締まる「独占」の事例

その代表例がマイクロソフトだ。一九九八年にアメリカ司法省はマイクロソフトを反トラスト法違反として提訴した。ブラウザソフトのインターネット・エクスプローラーをオペレーティングシステム（OS）に組み込むのは抱き合わせ販売に該当し、独占を狙った行為だとみなしたためだ。これではユーザーが自分好みの他のソフトをインストールすることがむずかしくなる。

司法省は、マイクロソフトが人為的な参入障壁を築いたと主張した。その後の証人喚問で判明したのは、マイクロソフトが一貫して競合他社のイノベーションを阻止する行動をとってきたことだった。イノベーションは消費者には恩恵をもたらすとしても、独占企業であるマイクロソフトの利益には反するからだ。

**こうした理由から、独占は「市場の失敗」の古典的な例となっている。そして市場の失敗には政策当局が介入する。**この場合で言えば、独占禁止法や反トラスト法などを根拠に市場の失敗を正す。

イギリスでは競争市場庁がこの任に当たり、反競争的な行為を取り締まる。企業の買収合併も対象だ。買収や合併によって企業が大きくなりすぎると判断した場合に介入する。アメリカでは連邦取引委員会と司法省が同じような役割を担っており、巨大企業の市場支配力を監視し、一社が影響力を持ちすぎて濫用しかねない状況を阻止しようと乗り出す。

## 「不完全競争市場」が容認される場合

## 競争がないのはそんなに悪いことか

独占が価格の上昇と経済の非効率を招くなら、なぜ世の中にはこうもたくさんの独占企業が存在するのだろうか。きっと読者は、輸送、ハイテク、医薬品など多くの産業で独占や寡占を目にしたことがあるにちがいない。なぜそれらを根こそぎ排除し、完全競争の天国を実現しないのだろうか。

**そこには単純な理由がある。独占のほうが多くの利用者や消費者にとって現実に役に立ち、独占企業以外の人々によりよい結果を生む状況が存在するからだ。**

その理由を探るために、アイスクリームの移動販売車を考えてみよう。子供の頃、アイスクリーム屋さんにあこがれたことはないだろうか。暑い夏の日にアイスクリームを売るのはすてきな商売だ。みんなに喜ばれる。一日中好きな音楽を流しながら走っていればいい。それに、好きなときにアイスクリームを食べたい放題だ。

いざ開業する場合、よく整備されたキッチンカーは二万ポンド（三六〇万円程度）で買えるだろう。あとは必要な許可を申請したり、規則を調べたり、アイスクリーム製造機の扱い方の講習を受けたりするだけだ。全部で合計三万ポンドあればいい。

ここまでは固定費だ。アイスクリームの売れる数とは無関係にこれだけの費用は必要なので、固定費という。そのほかにもちろん、アイスクリームの材料やコーンにお金がかかる。こちらは変動費だ。卸売業者から仕入れるのにアイスクリーム一個分が一ポンドだとすると、一〇〇個分仕入れたら一〇〇ポンドになる。

それではいよいよ開店だ。当面の目標は、かかった費用を回収することと設定しよう。たった一個しか売れなかったら、すべての費用がその一個のために投じられたことになる。よって、その一個は三万一ポンドで売らないと元が取れない。これはいくらなんでも高すぎる。

対照的に、晴れて大賑わいのビーチに駐車スペースを確保でき、アイスクリームが三万個飛ぶように売れたとしよう。すると変動費は三万ポンドになるが、固定費のほうは変わらないから、三万個のアイスクリームにかかった費用は六万ポンドになる。よって、一個二ポンド（およそ三六〇円）で売ればいい。これならかなりリーズナブルだろう。

## 「規模の経済」がもたらす恩恵

このアイスクリーム移動販売車は極端な（そしてすこしばかりばかげた）例だが、固定費の高い産業が独占や寡占になりがちな理由をはっきりと示している。

企業の規模が大きく生産量が多いほど一個当たりのコストが小さくなるため、利益を確保しつつ競争相手を価格で出し抜くことが可能になる。この現象を「規模の経済（economies of scale）」という。

大きい固定費は参入障壁の役割も果たす。アイスクリームを売るのにまず三万ポンドの元手が必要と言われて高いと感じた読者は、ちょっと待ってほしい。これが発電所や新しい鉄道の敷設ということになったら、三万ポンドどころではない。その結果、固定費の大きい市場は自動的に競争が乏しくなり、完全競争の条件を満たさなくなる。

**こうしたケースを見ると、「競争は良くて独占は悪い」という単純な話ではないことがわかるだろう。**

現に規模の経済は消費者に恩恵をもたらす。規模の経済が成り立つからこそ、大きなスーパーマーケット・チェーンは地元の食品店より安く売ることができるのである。そしてこれは、大規模な鉄道網が一社の独占であることが多い理由でもある。

一八〇〇年代のアメリカでは、比較的小さい会社が鉄道を運営し、ときにはほんの数メートルしか離れていないところで路線が競合していた。これでは非効率なことおびただしい。

時が経つにつれて、合併、倒産、政府の介入を通じて鉄道の供給は一社独占になっていった。そのほうがはるかに効率的だし、規模の経済を活かせるからだ。莫大な固定費がかかる新しい鉄道の敷設は、一社だけが行うほうが利用者にとっても好ましい。

## あえて独占を認める「特許制度」

固定費の高い産業では、独占を促すような法律が制定されることさえある。そのような産業では、社会にとって有用なものを企業に生産させる唯一の方法が独占だと考えられるからだ。

特許を考えてみてほしい。**特許は、言わば合法的な独占である。**特許を認められた企業は、一定期間は唯一の生産・販売者となる権利を法律で認められたことになるからだ。独占が多くの場合にそうであるように、特許も過少な生産と高い価格につながる。

たとえば非営利組織オックスファムが二〇二一年に行った調査によると、ファイザー／ビオンテックとモデルナは新型コロナワクチンの特許権保有者という独占的な立場を利用して、推定生産コストを四一〇億ドルも上回る金額を請求したという。[4]

いったいなぜ政府はそのような独占を容認するのだろうか。そこには、あきらかに経済合理的な理由がある。

新薬を市場に投入するまでにかかる平均費用は、約一〇億ドルと言われる。つまり新薬をまだ一粒も売らないうちに一〇億ドルの費用がかかっているということだ。もしあなたがこれほど巨額の投資をするとしたら、投じた費用の回収可能性がかなり確実でないと踏み切れないだろう。

資金と時間と労力を注ぎ込んでようやく新薬の開発に漕《こ》ぎ着けてから、誰かがやってきてあなたの製法を真似て薬を作り始めたとしたら？　あなたは独占できたはずの市場を分け合わなければならず、相手と価格競争をしなければならない。いや、それどころではない。相手は開発コストをいっさいかけていないのだから、あなたより大幅に安く販売できる。

こうした事態になる可能性があるとわかっていたら、そもそも新薬の開発にあなたは乗り出すだろうか？　答えはたぶんノーだ。まさにこの理由から、世界中の製薬会社は新薬に特許をとる。特許がとれると見込むからこそ、リスクの大きい投資に踏み切れるのだ。

特許権の保有者だけが新薬を製造販売できるとなれば、投じた費用を回収できる可能性は高い。逆説的なようだが、このような場合、独占はイノベーションを阻むのではなく、むしろ後押しする効果があると考えられる。

## 自然独占の例「ネットワーク効果」

規模の経済と高い固定費を伴う市場だけが独占を促し、さらには独占が利益をもたらすわけではない。大勢の人が単一のモノまたはサービスを使うことに大きな便益が生じるような市場でも、自然独占が形成されやすい。

　SNSを考えてみよう。あなたはどんなSNSを使っているだろうか。友人がみな使っているSNSであることはまず確実と言ってよい。友人が誰も使っていないようなSNSにはほとんど価値がないからだ。プラットフォームはユーザーが多ければ多いほど役に立つ。オンラインでつながりたい相手を見つけられる確率が高くなるからだ。

　**この現象は「ネットワーク効果（network effect）」として知られ、巨大プラットフォーム時代にはとりわけ顕著に見られる。**フェイスブックのユーザーは全世界に約三〇億人、ツイッターは四億人、インスタグラムは一四億人いる。[5] ということは、このうちどれかに参加したら、フォローしたり交流したりしたい人たちもそこにいる可能性は高いということだ。

　ではここで、新しいSNSが発足したと想像してほしい。ユーザーはまだ三人しかいない。読者であるあなたと、この本の著者である私たち二人だ。とても残念なことだが、あなたはこのSNSを利用し続ける気にはならないだろう。友達を探すにせよ、投稿するにせよ、大勢が利用するサービスのほうがはるかに価値が高い。

　**そこで、ここにも自然独占が生まれる。ある市場で誰もが既存の大規模サービスを利用したがったら、新規参入者が事業を拡大するのはむずかしい。**

　ネットワーク効果が見られるのはSNSだけではない。もしあなたがすでに有料制会員サービスのアマゾンプライムに加入していて電子書籍リーダーのキンドルも持っているなら、スマートスピーカーはアレクサを選ぶほうが便利だろう（たとえばキンドルにダウンロードした本をアレクサに読み上げてもらうことができる）。つまり、ある分野で支配的な地位を獲得すると、他の分野でも自然独占を形成しやすくなる。

**このように、高い固定費や強力なネットワーク効果が存在するケースなどでは、独占は消費者に恩恵をもたらす。**競争の欠如はイノベーションの意欲を削ぐことが多いが、さきほど挙げた新薬の開発などのケースでは、独占が期待できるからこそイノベーションが促進される。

そしてこうしたケースでは、政府は独占企業につねに注意を払い、彼らが社会に利益をもたらしているか、消費者を搾取していないか、目を光らせている。鉄道、エネルギー供給、金融など自然独占の形成されやすい産業が、法律によって規制され監督官庁の指導下に置かれているのはこのためだ。

以上を総合すると、独占の存在は市場を信用しすぎることの危険性を示している。状況によっては市場は買い手に大損をさせる可能性があるということだ。しかしその一方で、市場によっては競争の欠如が必ずしも悪いとは言えない。このことは鉄道やSNSに当てはまるが、教育など他の市場についてもそう言える。

# 市場の失敗の原因、「外部性」について

## 誰が費用を負担し、誰が便益を受けるのか

一九九八年まで、イギリスの大学へ進学する学生は学費をまったく払わなくてよかった。もちろん教科書や下宿などにお金はかかる。だが多くの学生はそうした出費もカバーできる返済不要の奨学金をもらっていた。

ところが一九九七年一一月に政府は大学が学生から授業料をとることを認める法律を導入する。授業料の上限は一〇〇〇ポンドだった。イギリスの大学の財政事情は苦しく、経済的・社会的な観点からして赤字を埋め合わせるには学生に負担してもらうほかないという。あとになってわかったのだが、一九九七年のこの決定は始まりに過ぎなかった。[6] 授業料の上限は二〇〇六年には三〇〇〇ポンドに、二〇〇九年には九〇〇〇ポンドに引き上げられた。学生にとっては痛手であり、大勢が街角で抗議運動をしたものだ。

授業料をとるべきか、誰が払うべきかという議論はなかなか厄介で、紛糾しがちだ。だがその核心は結局のところ、経済学のある重要な概念に帰結する。これは市場の失敗の原因を理解するうえで非常に重要な概念である。名前は、「外部性（externality）」という。

**外部性とは、人々の活動が、その活動とは無関係の人におよぼす副次的な効果（薬で言えば副作用）を指す**。外部性が生じるということは、その活動に直接関わる人にとっての費用・便益が、社会全体にとっての費用・便益と必ずしも同じでないことを意味する。

## 正の外部性：大学の学費は誰が払うべき？

具体的に説明しよう。大学進学を考えてみる。大学進学の効果は本人にとっては直接的である。だから当然ながら、大学へ行くことのメリットとデメリット、自分にとっての便益と費用をよく考えるだろう。

便益としては、生涯年収が増えることが挙げられる。大学に通っている間はフルタイムで働けないという機会費用は発生するにしても、それを埋め合わせてなおプラスになると期待できる。勉強好きの人は立派な図書館と優れた教授陣に価値を見出すだろうし、社交的な人は学内のソサエティやクラブに参加して同好の士と交流することに価値を見出すだろう。これに対して費用としては、授業料が必要になるほか、勉強に時間と労力を費やさなければならないことが挙げられる。

だがこれから大学へ行くかどうかを決める若者が、自分にとってだけでなく、広く経済や社会におよぼす便益と費用をよく考えるとは思えない。

たとえばある社会で大卒者の比率が高まれば、その社会の生産性は向上し、法律がよく守られるようになり、市民参加が活発になると期待できる。[7] これは、経済と社会全体にとって好ましい。これは、外部性の一つだ。社会にとっての便益と費用は、本人にとっての便益と費用とはまたちがうものになる。

いま挙げた教育の外部性のように、社会にとっての便益が個人にとっての便益を上回るとき、この外部性を「正の外部性（positive externality）」または外部経済という。

このように正の外部性を生み出す財やサービスの場合、市場は社会全体にとって望ましい量の財やサービスを供給しない傾向がある。なぜだろうか。

個人が何かにお金を払うときは、自分個人のニーズを満たす分しか払わない。値段が高すぎると感じたら、全然お金を出さない可能性もある。ここに問題がある。その財やサービスの価格には社会にどんな便益をもたらすかは考慮されていないのがふつうだということだ。

**つまり市場に任せておいたら、社会にとって好ましい財やサービスが十分に供給されないことになってしまう。**これは市場の失敗にほかならない。そこで政府が介入することになる。その目的は、社会全体にとって最も好ましい水準までその財やサービスの供給を増やすことにある。

ほとんど話題にならなかったが、じつは授業料論争で闘わされたのは大きく分けて二つの見方である。大学の学位が学生本人にだけ価値がある、つまり正の外部性はごく小さいと考える人は、授業料の学生負担率を上げるべきだと主張した。

これに対して、大学進学者が増えることは社会全体にとってプラスである、つまり正の外部性はきわめて大きいと考える人は、授業料を安くして大学進学率を高めるべきであり、そのためには政府が大学にもっと補助金を出すべきだと主張した。

## 負の外部性：石炭火力を制限するには？

だが、外部性は正の外部性ばかりではない。ここでようやく気候変動の話になる。気候変動にも外部性が深く関わっているが、残念ながら正の外部性ではない。

一九九〇年の時点では、石炭火力発電所で一キロワット時（ｋＷｈ）を発電するのに一ペンスしかかからなかった。これを再生可能エネルギーである風力で発電すれば、一五倍のコストがかかる。

となれば、電力会社が石炭を選んでも何のふしぎもあるまい。一九九〇年にイギリスのエネルギー消費量の九一%を石炭・石油などの化石燃料が占めていたのも当然と言えるだろう。[8]

だがいまでは私たちは、市場の定めた発電費用には真のコストが反映されていないことを知っている。石炭火力で発電すれば、風力のおよそ二〇倍もの炭素を排出する。そして地球の大気温を上昇させ、気候変動を深刻化させ、災害をひんぱんに引き起こす。[9] 身近なところで言えば、寒いからとセーターを着るのではなく暖房をつけても、たいした費用ではないように見えるかもしれない。だがそれは、環境に負荷をかけるコストが暖房の費用に反映されていないからだ。

これが、外部性の裏の面である。石炭火力は大きな負の外部性を伴うが、石炭を掘る人も燃やす人もほとんど気にしていない。

教育など正の外部性を伴う財やサービスを市場任せにしておくと、その財やサービスは供給不足になるが、まさにその反対で、**炭素排出のように負の外部性を伴う財やサービスを市場任せにしておくと、その財やサービスは供給過剰になる**。

市場で気候変動問題を解決しようとしてもうまくいかないのはこのためだ。気候変動は最大級の負の外部性と言えるだろう。

もっとも、気候変動は単に負の外部性で片づけられるものではなく、問題がはるかに複雑であることは言うまでもない。気候変動問題は、たくさんの市場の失敗の積み重なった結果だと言える。

## 誰もが目先の利益を重視しがち

ここでもう一度、イングランド銀行社員食堂のフライドポテトを思い出してほしい。あのポテトはギャレット・ハーディンの「コモンズの悲劇」の古典的な例だと言える。利用者がみな欲しいだけポテトを取った結果、個人の利益追求によって公共の利益（山盛りのポテトの供給）が損なわれた。

きっと読者は、ポテトを食べ損なったエコノミストなどたいした問題ではない、「コモンズの悲劇」の最大の被害者はほかにいると感じたことだろう。そのとおりだ。ハーディンのモデルは多くの共有資源に当てはまることがわかっている。市場の失敗が気候変動や自然資源の枯渇につながることはその代表例だ。

漁師を考えてほしい。なぜ彼らは乱獲をするのだろうか。そんなことをしたら、自分たちの生計を立てる手段である資源が枯渇しかねないというのに。ここでは、できるだけたくさん魚を獲りたいという個人の利益が、将来世代のために海の生態系を保存したいという社会の利益と衝突している。

林業が抱えるジレンマもまったく同じだ。なぜ熱帯雨林のかなりの面積が持続不能な方法で毎年伐採されているのだろうか。ここでもまた、いますぐ伐採あるいは開墾したいという伐採業者の利益が、熱帯雨林を長期保存したいという社会の利益と衝突する。
漁師にしても伐採業者にしても、自分たちの行動が将来の収入や幸福におよぼす影響を知らないはずはあるまい。ではなぜ、今日の漁獲量や伐採量を決めるときに、そのことを考慮しないのだろうか。

経済学の研究では、意思決定において人間が遠い将来のことより目先の利益を不釣り合いに重視することがわかっている。**何かを決めるとき、ほとんどすべてのケースで、数世代におよぶ時間軸は視野に入ってこないという。**

だが気候変動や森林破壊の問題、さらには健康やインフラへの長期投資などは、そうした長いスパンで考えるべきものだ。イングランド銀行の前総裁マーク・カーニーは、気候変動対策においてこの時間軸のギャップによって対応が手遅れになる現象を「ホライゾン（時間軸）の悲劇」と名づけた。目先偏重が市場の失敗を招き、将来の私たち自身や将来世代が深刻な問題に直面することになる。[10]

## 気候変動問題を解決するために

経済学はこの問題の理解を助けてくれるだけなのか、それとも何かしら解決策を示すことができるのだろうか。残念ながら、経済学者には気候変動から地球を救うことはできない。だがすくなくとも、しかるべき役割を果たすことはできる。

## 税や補助金の導入

経済理論を使って提案できる第一の解決策は、規制することだ。政府がある種の財の生産を規制したり、生産量を厳格に制限したりする。たとえば石炭の採掘量を制限する、といったことだ。

理論上は、こうした規制は効果的だと考えられている。だが現実の世界では、経済学的に「正しい」生産量を決めるのは容易ではない。よって、生産者別や地域別の割り当てを決めるのも困難だ。

適切に決めるためには、外部性の規模と社会が負担するコストを正確に計算しなければならない。それも現在だけでなく、この先何百年にもわたってのコストだ。おそらく途方もない数字になるだろう。さまざまな相互作用の影響を足し合わせなければならないのだから、解釈次第でどんな数字が出てきてもおかしくない。

そこで通常は、この膨大な計算を市場原理に委ねるわけだ。だが気候変動の場合には、市場がうまく機能しない。まさにそこが問題になる。そのため、社会に押しつけられる負の外部性をコストに反映させるという方法が考えられる。いちばんかんたんなのは、税金をかけることだ。

気候変動が人類の存続を脅かすことなどまだわかっていなかった一九二〇年に、経済学者のアーサー・セシル・ピグーは外部性についての有名な著作を発表した。この著作で彼は負の外部性を伴う財には税金をかけて価格を上げるべきだと主張している。

この税金には**ピグー税**という名前がつけられた。理想は、外部性に起因する追加的なコストの分だけ価格が上昇するよう税率を設定することだ。たとえば、化石燃料を燃やすコストに炭素排出による環境コストを足し合わせると化石燃料の市場価格を二倍にしなければならないなら、税率は一〇〇%にする、というふうに[11]。

言うまでもなく、税率を正確に計算するのはむずかしい。それでも、市場原理、需要の価格伸縮性、需要の法則を踏まえれば、価格が上がればその財の需要はかなりの確率で減ると言ってよいだろう。

ピグーは、税を課しても購買の最終決定は人々の手に委ねられるのであり、誰でも市場を介して自己利益を追求できると主張した。**その財を買うか買わないかの選択は真のコストを考慮して行われることになるので、社会にとって望ましい結果と一致するはずだという。**

同様に正の外部性を伴う財の場合には、政府が補助金を出せばその財の価格を引き下げることができる。補助金は、社会にとっての便益を反映する水準まで価格を押し下げられるよう設定するのが望ましい。

一世紀も前に提唱されたピグーの理論はいまなお大きな影響力を持っており、世界の名だたる経済学者がピグー・クラブを形成している。彼らは二〇年にわたり、ピグーのアイデアを応用して化石燃料の使用を減らし、気候変動による災害を防止することを提唱してきた。また教育に関しては、ピグー補助金の活用が提唱されている。

## コストを取引する市場を作る

経済理論に基づく第二の解決策に移ろう。こちらは第一の解決策とはだいぶちがい、市場の役割を減らすのではなく増やそうとする。

この方法を支持する経済学者たちは、外部性の問題が起きるのは市場が機能しないからではなく、市場が十分に存在しないからだと主張する。つまり市場の不在である。したがって市場を開設して化石燃料の真のコストを取引することができれば、つまり外部性の影響を売り買いできるようにすれば、市場がそのコストを反映した価格づけをするはずだという。

一九六〇年代に入ると、経済学者のロナルド・コースがこの発想をピグー批判と位置づけ、気候変動をはじめとする外部不経済問題に取り組むための実際的な提案へと発展させる。

そして二〇〇五年には欧州連合（EU）が**排出量取引制度**（**ETS**）を創設した。この制度の下で、EUは二酸化炭素その他の温室効果ガスの排出可能量上限（キャップ）を定める。キャップはEUの排出削減目標に合わせて徐々に減らされる。

ここまでは規制そのものだが、ここから市場が関わってくる。キャップの範囲内で事業者に排出枠（排出許可証）が割り当てられ、これを上回る排出を希望する企業はその分の枠を買わなければならない。逆に枠内で余裕を持って排出削減を達成した企業は、余った分を希望する企業に売ることができる。

**このように市場を活用することで、炭素排出量を減らすインセンティブが創出されると同時に、炭素排出がタダではなくなり金銭的コストが生じることになる。**排出量取引市場では、需要と供給の標準的なメカニズムを通じて価格が決まる。その価格は、負の外部性をより正確に反映したものになるはずだ。

炭素市場というアイデア、具体的には排出量取引という手法は二〇一〇年代から熱心な支持を得るようになり、本書の執筆時点で、ニュージーランドから韓国にいたるまで三〇カ国以上で導入されている。[12]

## 共同体への権限移譲

気候変動に関する市場の失敗を解決する第三の方法は、二〇〇九年にノーベル経済学賞を受賞した故エリノア・オストロムの研究にルーツがある。

オストロムはコモンズについて深く研究し、必ずしもハーディンが結論づけたような悲劇にはならないことに注目してその理由を分析した。彼女はインド、アメリカ、ケニア、トルコなど世界各地の共同体を調査し、さまざまな学問分野の手法を取り入れて分析して、次のような結論を導き出す。

共同体による共有資源の管理が行き届いている場合には、枯渇や破壊に至ることはない。むしろ多くの場合に資源を持続可能に維持している、と。

オストロムは、ハーディンがつねにまちがいだと主張したわけではない。ハーディンの理論が成り立つのはある種の条件下に限られるとし、**資源維持の決め手は枯渇によって影響を受ける人々が意思決定において発言権を持つことだ**と主張した。

オストロムの研究や、これに触発された他の研究によって、「コモンズの悲劇」にとらわれていた世界に新たな政策の処方箋が提示された。すなわち、共同体への権限委譲と協調を通じてコモンズの悲劇を避けることができる。

ここでのポイントは政府が介入するのではなく、あくまで共同体に権限を委譲することだ。オストロムのこの処方箋が実行されたら、市場を失敗から救えたかもしれない。

# 「情報の非対称性」に対処する

## 品質がどんどん低下する「レモン市場」

中古車のディーラーは信用ならないとされている。ロアルド・ダールの『マチルダは小さな大天才』に登場するマチルダのパパや、イギリスの超人気コメディ『あくせく働くのはバカと馬のすること』（Only Fools and Horses）に登場するボイシーを思い出そう。彼らはあの手この手で無知な買い手をまんまと丸め込み、高い値段で売りつける。

だが彼らを悪質と決めつけるのはフェアではないだろう。巧妙な駆け引きやセールストークは日常生活のそこここで見られる。もしディーラーがそれほど悪質だったら、すぐに噂が広まり、商売が成り立たなくなるはずだろう。

しかしこのステレオタイプは、買い手と売り手の間には決定的な情報のアンバランスが存在するという経済の現実に根ざしているのだ。売り手は中古車の品質について買い手よりはるかに多くを知っている。前の持ち主は荒っぽい運転をしていたとか、寒くなるとエンジンの調子が悪くなる、等々。だから買い手は見かけより品質の悪い車を売りつけられるリスクにさらされている。

ノーベル経済学賞を受賞したジョージ・アカロフはこの市場を分析し、一九七〇年に「レモン市場」と題する画期的な論文を発表した。[13] この論文は低品質の中古車（外見からは腐った中身がわからないという意味で「レモン」と呼ばれる）にまつわる経済学をあきらかにする。

彼は、これから買おうとする車の品質が正確にわからないとき、買い手は平均的な品質だと仮定する傾向があること、したがっておおむね平均的な価格しか払いたがらないことを示した。となれば、品質の良い中古車を売ろうとする人は、中古車市場に出したがらなくなる。高品質に見合う対価が得られないからだ。

一方、レモンの売り手は熱心に売ろうとする。買い手がみな正確な情報を持っておらず平均的な価格を払うとすれば、品質を上回る対価を得られるからだ。

**そうなると、品質の悪い車の売り手が得をする状況がいつまでも続くことになる。つまり低品質の車が増えて高品質の車は減っていく。** こうして負のフィードバックループが形成され、中古車市場で売られる車の品質はどんどん低下することになる。この現象を「**逆選択**（**adverse selection**）」という。

これもまた完全競争モデルが成り立たないケースの一つだ。売り手も買い手も市場で取引される財について完全な情報を持っているという条件が満たされておらず、売り手だけが多くの情報を持っている。これを「**情報の非対称性**（**information asymmetry**）」という。この状況では、市場は機能しない。

## 不完全な情報が市場の機能を奪う

アカロフの理論は多くの状況に当てはまる。たとえば保険がそうだが、保険会社はいまではレモン問題に巧みに対応できるようになった。

ここに自動車保険の申込者が二人いるとしよう。この二人について、保険会社は何の情報も持ち合わせていない。危険運転をするのか安全運転をするのかわからないわけだ。この場合、どちらも平均的な安全度だとみなせばよいかもしれない。だがそうすると、無謀なドライバーに本来よりはるかに有利な保険料率を適用することになってしまう。

この問題を解決すべく、保険会社は申込者についてできるだけ多くの情報を得ようとする。保険を申し込むとたくさんの質問に答えなければならないのはこのためだ。最近では、車載のモニター装置を介してリアルタイムで運転情報を収集する保険会社もあるという。だがこうした措置の導入すら、逆選択の一例となる。

もしあなたが日常的に無謀な運転をしているとしたら、モニター装置を車に載せたくないだろう。どういう運転をしているか保険会社にわからないほうが好ましいからだ。一方あなたがいつも安全運転をしているなら、装置の搭載を歓迎する。つまり、優良ドライバーほどモニター装置の搭載を受け入れる。

となると、無謀なドライバーは気をつけたほうがいい。もし保険会社がアカロフを読んでいるなら、逆選択について知っているはずだ。そして、装置の搭載を拒否する申込者は危険なドライバーである可能性が高いと判断し、高い料率を適用してくるだろう。

アカロフの洞察は、報酬をもらってレビューを書くというううさんくさいケースにも関係がある。二〇二〇年にアマゾンは、自社サイトで販売している商品につけられたレビュー約二万件を削除した。

フィナンシャル・タイムズ紙から、一部のレビュアーは報酬をもらって星五つの高評価レビューを何千件も投稿していると指摘されたからだ。ある推定によると、アマゾンＵＫが販売する商品のおよそ六〇％には、まことしやかに褒めちぎるフェイクレビューがつけられているという。[14]

売り手がときに多額の報酬を用意してまでフェイクレビューを書いてもらおうとするの

は、情報の非対称性の効果を承知しているからだ。
消費者は、購入を検討している商品について完全な情報を持ち合わせていない。このため、できるだけ多くの情報を集めて不利な立場を埋め合わせようとする。不誠実な売り手はそこにつけこみ、自分たちの情報優位を一段と強化して、疑うことを知らない犠牲者にたくさんのレモンを売りつけようとする。

不完全情報の影響は、気候変動をめぐる議論でも見受けられる。気候変動は複雑な問題で、ときに情報が錯綜している。[15]

多くの人は、自分の選択が環境にどんな影響をもたらすか、そのコストはどれほどかといったことを理解していない。古いガソリンエンジン車を電気自動車に買い替えるほうがいいのか、それとも、せっかく炭素排出量が抑制されてもバッテリー製造に伴う環境負荷で帳消しになってしまうのか。

**十分な情報がなければ正しい判断を下すことはできず、むしろよかれと思った選択が悪い結果を招くことになりかねない**。

よい買い物をしたと思っていたら粗悪品だったとわかったときと同じように、負の外部性を減らす正しい選択をしたと思っていたら、実際には事態を悪化させていたという可能性は十分にある。不完全情報は気候変動を一段と深刻化させる恐れがあることに注意が必要だ。

まとめ

# 経済学が果たすべき役割

数年前、イングランド銀行社員食堂のスタッフは大胆な決定を下した。取り放題のフライドポテトをエコノミストたちが取りすぎるのをずっと見てきた彼らは、サイズ別価格の導入に踏み切る。

初めは大騒ぎになった。みんな取り放題に慣れすぎていたからだ。だが腹を立てたエコノミストたちが食堂の行列で不満の声をあげることも次第になくなり、やがて望んでいた効果が現れるようになる。

ポテトの無駄が激減した。誰もがほんとうに食べたい量だけを皿に取るようになり、遅くに食堂に来た人もポテトの売り切れという憂き目に遭う確率が下がった。

イングランド銀行のフライドポテトのジレンマは、気候変動について驚くほどたくさんのことを教えてくれる。

まず、**市場は私たち人間と同じで、完全には程遠い**ことだ。人間の行動から生じたコストを適切に市場の内部で吸収することができず、有限の資源の過剰消費を招いてしまう。そう、ちょうどポテトの取りすぎのように。

だが市場の失敗はこれだけではない。有益なもの（たとえば教育）が供給不足になったり、有害なもの（たとえば二酸化炭素）が供給過剰になったりする。また、消費者や広く社会を犠牲にして自己利益を追求する独占を生み出すことがある。さらに、粗悪品をつかまされないようにするためには買い手が完全情報を入手しなければならないが、それは容易ではない。

だがだからと言って、市場を放棄すべきだということにはならない。食堂スタッフがやってみせたように、市場を介した解決の道はきっとある。**市場だけでは気候変動問題を解決することはできないにしても、解決を助けることは可能だ。**

たとえば、適切な市場が存在しないことが原因かもしれない。この場合、しかるべき市場を創設して市場不在を解消すれば、環境負荷を減らす役に立つ。排出量取引市場はそのための制度であり、世界各国で採用が進んでいる。

また環境にダメージを与える行動にピグー税を課す方法もある。そうすれば価格に反映され、環境によいものを購入するインセンティブを市場ベースで設けることができる。

言うまでもなく、気候変動は社員食堂のフライドポテトよりはるかに複雑な問題だ。この問題を解決するには、経済学の知識だけでなく、政治的意思や社会の意識改革が必要になる。経済学の理論やモデルや研究にできることは限られている。

それでも、経済学に果たすべき役割があることはまちがいない。その役割を果たすためには、どんなときに市場がうまく機能し、どんなときに機能しないかについて誰もがもっと深く理解することが望ましい。

# 第 3 章

# どうすれば賃金は上がる？

賃金はどのように決まるかについて、スプリングフィールド労働市場の摩擦について、大学に戻ることがほぼつねに良い選択肢である理由について。

# 労働市場とは何か

## ゲームのプレイで高収入

二〇一九年七月に大勢の人がニューヨークのアーサー・アッシュ・スタジアムに集まった。このスタジアムはテニスの全米オープンの会場になっており、テニス史上に残る数々の名勝負が繰り広げられてきたことで名高い。

だがこの日開催されたのは、まったくちがう種類の大会だった。観客が押し寄せたのは、アスリートを見るためではなくゲーマーを見るためだ。スタジアムではこれから二日間コンピュータ・スクリーンのまわりに陣取り、フォートナイトの世界大会を観戦することになる。

ゲームファンにとってフォートナイト・ワールドカップは、テニスの全米オープンに勝るとも劣らないステータスの高い大会である。決勝に進出した一〇〇人のゲーマーは、エントリーした四〇〇〇万人の中でずば抜けた腕前を発揮した強者ばかりで、その大半がゲームで生計を立てている。彼らは決勝に備えて何千時間もトレーニングを積んできた。世界トップクラスのゲーマーたちは、趣味でゲームをしているわけではない。eスポーツのプロになれたら、途方もない収入を得ることができる。ありきたりの仕事に就くよりも収入はずっといいはずだ。eスポーツのプロは、チームに所属すれば年間およそ五万ドルは稼ぐことができる。大企業がスポンサーになるような大きな大会で優勝すれば、収入はもっと増える。

二〇一九年のフォートナイト・ワールドカップでは、ティーンエイジャーのBugha《ブーガ》ことカイル・ギアーズドーフがソロ部門で優勝し、賞金三〇〇万ドルを獲得した。現在彼はゲームをプレイする様子を有料ライブ配信するだけで、月五万ドルの収入がある。居並ぶ強敵を追い越して大成功を収めたゲーマーたちはセレブの仲間入りをし、年数百万ドルを楽々と稼ぐ。

経済学で労働市場と呼ぶものには固有の法則があるが、フォートナイト・ワールドカップはそれをはっきり示したと言えるだろう。**労働市場は、いまどんな仕事に求人があるか、その仕事の賃金はいくらか、求人と求職者はうまくマッチングできるか、といったことを決める市場である**。労働市場を理解すれば、なぜゲーマーはあんなに稼ぎ、表面的にはもっと価値がありそうな仕事の収入がなぜ少ないのか、ということがわかってくる。

## 賃金は何で決まる？

ごく基本的なことを言うと、**労働者が雇用主にとってどれほどの価値があるかによってその労働者の賃金は決まる。**この価値を経済学者は労働の**「限界生産力（marginal productivity）」**と呼ぶ。

労働の限界生産力とは労働投入量を一単位増やしたときの生産量の増加分のことで、つまりあなたを雇ったらどれだけ生産量が増え金銭的価値をもたらすかということだ。あなたの生産性が高いほど、つまりあなたが一時間に生産するものの金銭的価値が高いほど、あなたの賃金は高くなる。

一日一〇個のケーキを焼く職人は一日五個しか焼けない職人より雇用主にとって価値があるので、より多くの賃金をもらうべきだ。ふつうは、ある人が他の人より高い賃金をもらうことはこれで説明がつく。

ゲーマーも同じだ。大方の人はゲームをしたところで何ももらえない。それどころかお金を払ってゲームをする。だが最高のゲーマーは何百万ドルももらえる。なぜなら、雇用主に高い限界生産力を提供するからだ。

プロのゲーマーのプレイを観戦したいという需要はきわめて大きい。アーサー・アッシュ・スタジアムの満員の観客、オンラインゲームのサブスクリプション会員の膨大な数、多数の有力スポンサーの後押しはその何よりの証拠だ。これらを全部合計したら、優秀なゲーマーを雇っている会社の利益に比して、ゲーマーの年間所得はむしろ少ないと言えるかもしれない。

対照的に、この本の著者である私たちはマリオカートを一時間プレイしても一ポンドも稼げない。私たちがゲームをプレイしている様子をユーチューブでライブ配信したところで誰も見たがらないし、まして有料配信などとんでもない。ゲーマーとしての私たちの限界生産力は限りなくゼロに近い。

## すぐには賃金が上がらない理由

労働市場は、一見すると他の市場と同じようなしくみで動いているように見える。買い手（雇用主）と売り手（労働者）がいるところはたしかに同じだ。それに、労働市場もおおむね需要と供給の法則に従う。

だが話はそう単純ではない。**労働市場には「摩擦（friction）」というものが存在する。**つまり、需要や供給が変動しても即座に応じることができない。労働者の需要が潤沢に存在しても、賃金がすぐに上がって労働者の供給が増えるという具合にはならないのである。

だいたいにおいて、いまどんな仕事が人手不足なのか大方の人は知らない。また、天才的にゲームがうまい人がいても、ゲームでお金を稼げるとは気づいていないかもしれない。

よって、あなたがもっと賃金の高い仕事を見つけたいと考えているなら、市場のしくみを理解するだけでなく、労働と雇用の一風変わった経済学に従う労働市場固有の働きを理解する必要がある。正しい知識を持てばプロのゲーマーのような報酬が得られるとは言わないが、より高い賃金を得る可能性は高まる。

# 労働市場はどのように動く？

## 労働市場の「供給」について

ある意味では、労働市場は他の市場とよく似た動きをする。第1章で、競争市場では需要と供給の関係で価格が決まることを学んだ。労働市場もこの点に変わりはない。**労働者の供給を労働力人口（workforce）という**。労働力人口は、いま現在働いている人（就業者）と失業中で求職活動をしている人（失業者）を足し合わせたものだ。いまこの本をオフィスで昼休みに読んでいる人も、家で求人情報サイトをスクロールしながら眺めている人も、労働力人口にカウントされる。

労働力人口の規模を決定づける要素はたくさんある。大きくマクロのレベルで言うと、労働力人口は生産年齢人口に左右される。イギリスの場合、生産年齢は一六〜六四歳とするのがふつうで、大方の先進国がそうだ。

**労働力人口はさまざまな原因から時期によって変動する**。たとえば移民はその一因となる。一九八〇年にマイアミの労働力人口は一気に七％も増えたが、これはキューバ経済が低迷し、大量のキューバ人移民が海を渡ってマイアミに押し寄せたためだった。[1]文化的な変化も原因となりうる。二〇世紀半ばに比べて女性の社会進出ははるかに進んでおり、労働力人口は大幅に増えている。[2]

とはいえ、労働力人口に加わるかどうかはあくまで個人の決断だ。ミクロのレベルで言えば、あなたが働くかどうかはいまもらえると見込まれる賃金の額にもよるだろうし、現在受け取っているいわゆる不労所得（公的な給付金や株の配当など）にもよるだろう。

また別の要因として、いまの仕事が楽しいかどうかも重要だ。いまの仕事が大嫌いなら、たとえ収入が減っても転職したり辞めたりするかもしれない。逆にいまの仕事や会社が気に入っていたら、ほかにもっと賃金のいい仕事があっても転職しないだろう。

中には全然働かないという人もいる。仕事をするということは、基本的に余暇を減らすと決めることだ。たとえば私たちは、仕事を辞めたらこの本を書かずにどこかの海岸でのんびり読書などしていたかもしれない。でもしばらくしたら、きっと仕事が恋しくなっただろう。それに現実的な問題として、生活のためにもすこしばかりの贅沢のためにもお金を稼ぐ必要がある。

その一方で定年退職した人などは、再び働かなくて済むよう倹約をするだろう。まだ学生だったり、介護や育児をしていたり、長く病気だったりして働けない人もいる。こうした人たちは失業者にはカウントされない。なぜなら職探しをしていない、つまり求職活動をしていないからだ。

さらに問題を複雑にするのは、誰しもずっと働いているわけでもなければ、ずっと失業しているわけでもないことだ。一日の中でさえそう言える。人間は起きている間中ずっと働いているわけではない。時間給で働いている人がお金を稼ぐために朝から晩まで働きたいと思っても、そうはいかない。

とはいえ、時給が上がれば人々は労働時間を減らす傾向にあることはたしかだ。二〇一九年にスペインのあるテレビレポーターが宝くじ抽選会の生中継中、自分が当選したと知って興奮し、もう仕事は辞めるなどと口走った。

直後に自分がもらえる金額はさほど多くないとわかるのだが、このレポーターは経済学の強力な原理をはっきりと示したと言える。すなわち、お金を持っているほど働かなくなるということだ。

低賃金で働く人は、それなりの生活をするためには長時間働かなければならない。賃金が高くなればそれほど長い時間働かなくて済む。以上のことは、労働力の供給が複雑に変化することを意味する。文化的規範や経済政策や労働力人口の全般的な傾向といった要因が重なり合った結果として、労働力の供給は絶えず増えたり減ったりする。

## 労働市場の「需要」について

次に需要に移ろう。需要は雇用側で発生する。労働者が何人必要か企業や店主が決めるわけだが、こちらはいくらか複雑だ。

**労働需要は他の需要とは異なり、労働力それ自体が目的ではない。財やサービスに対する需要があるから、それを生み出す労働者が必要になるわけだ。** このような需要を**「派生需要（derived demand）」**という。

労働力の供給と同じく、この需要のほうも時期によって増減がある。不況のとき消費は落ち込み、企業が事業を縮小したり店を閉めたりするので、労働需要は減る。また労働需要は、何か代替手段があるかどうかにも左右される。たとえば企業はロボットで人間の労働者を置き換えようと考えるかもしれない。

こうした特殊性があるとはいえ、需要と供給のバランスで賃金が決まるという点では、労働市場は他の市場とよく似ている。両者のアンバランスは賃金変動の一因となる。

つまり働きたい人の数と空きのある仕事の数が一致せず、空きのほうが多ければ賃金は上がるし、空きのほうが少なければ賃金は下がる。また、非常に特殊なスキルを必要とする仕事、高度な訓練を必要とする仕事、誰もやりたがらない仕事などで労働者が不足している場合には、一般的に高い報酬が提供される。

コンピュータ科学者が高報酬をもらうのは、コードを書く人の需要に対してその知識を持っている人の数が少ないからだ。プロの潜水士が高報酬をもらうのは、長期にわたる航海や危険な環境での作業をやりたがる人が少ないからだ。

**ここでは、市場につねに存在する見えざる手が働いている。**見えざる手がこうした仕事に高い報酬を用意し、もっと多くの人がその仕事に就きたがるよう働きかけているのだ。だから、「どうすれば賃金は上がる?」という冒頭の質問に対するかんたんな答えはこうなる。訓練を受けてプロの潜水士になりなさい。いや潜水士でなくても、つねに人手が足りなくて困っている仕事に就きなさい。

# 労働市場がうまく機能しない理由

## 失業が生じるのはなぜか

とはいえ、現に仕事が見つからなくて切羽詰まっている人に対してこの答えが役に立たないことを私たちはよく承知している。「常時人手不足の仕事を見つける」と口で言うのはかんたんだが、実際には容易ではない。

理由は、労働市場が完全にも即時にも機能しないからだ。つまり労働市場には摩擦が存在する。摩擦とは、需要と供給のスムーズなマッチングを妨げる要因のことだ。**摩擦があるため、どんな経済でも必ず失業が発生することになる。**

一八〜一九世紀の「古典派」と呼ばれる初期の経済学者たちは、失業が生じる原因についてかなり無慈悲な理論を組み立てていた。失業は要するに供給過剰が原因だという。求人を上回る求職者がいるというわけだ。

たとえば、拭くべき窓以上に窓拭き職人がいたら、賃金は下がる。どこまで下がるかというと、そんなに安い賃金ならやらないと言い出す人が現れて需要と供給が均衡するまで下がる。その賃金ではやらないと言った人たちは、自ら失業を選んだことになる。

この見方では、失業は個人の選択の結果として生じるものとされている。市場が決めた賃金では働かない、と自分で決めたというのだ。別の言い方をすれば、提示された賃金は労働者に働くよう促すには十分高くなかったということになる。それ以上なら働くがそれ以下なら働かないという水準の賃金を「留保賃金（reservation wage）」という。

だが二〇世紀に入ってからは問題点が指摘されるようになって、この理論は退けられる。最初に批判したのはジョン・メイナード・ケインズで、二〇世紀初めのことだった。ケインズは、失業が生じるのは労働者を必要とする財やサービスの需要が不足していることが原因だと主張した。

二〇世紀が進むにつれ、古典派経済学の理論にはさらに大きな欠陥が指摘されるようになる。労働市場は想定されていたほどスムーズには機能しない、と認識されるようになったためだ。経済が変化したときに誰もがすぐに仕事を辞めて再訓練を受けるわけではないし、いまどんな仕事に空きがあるのかを誰もが知っているわけでもない。

**このため今日では、経済学者は個人が失業を選ぶとは考えず、むしろ非自発的失業の犠牲者と見なすようになってきた。**かくして古典派経済学の理論は新古典派経済学の理論に道を譲る。後者は労働者の供給の変動に注目したところに特徴がある。

## 本人が望まない失業の三形態

### 循環的失業

非自発的失業にはいくつかの形態がある。第一は循環的失業だ。第9章でくわしく扱うが、経済は循環的に変化する。景気の良いときもあれば、悪いときもある。

この循環的な変化は労働者に大きな影響を与える。景気循環に伴って雇用機会は増減するからだ。**好況のとき、企業は生産を拡大しどんどん人を雇う。不況のときは工場や店を閉めて解雇する。**

ところが労働力の供給つまり労働力人口はそうすぐには変化しない。そこで不況のときには大勢が失業に追い込まれることになってしまう。

求人の規模と失業者数の関係は経済学のかんたんな分析で解明できる。求人数から欠員率を、求職者数から失業率を求め、両者をグラフに表す。循環的失業という概念が正しいなら、不況のときは欠員率が下がり失業率が上がるはずだ。

一九五〇年代に経済学者のクリストファー・ダウとレスリー・ディックス＝ミローは、

循環的失業はひんぱんに見られる現象であることを突き止めた。彼らはこのことを示すグラフに「ベバリッジ曲線」と名づけている。ベバリッジとは、イギリスの福祉国家構想を練り上げたあのウィリアム・ベバリッジのことだ。彼はこの曲線とは何の関係もないが、おそらくダウらはベバリッジなら自分たちの発見に賛同してくれると考えたのだろう。

## 構造的失業

だが循環的失業ですべての失業の説明がつくわけではない。欠員がたくさんあるのに大勢の人が仕事を探す状況に陥ることもある。たとえば二〇〇七〜〇八年グローバル金融危機のときには、高い失業率と高い欠員率が同時に出現した。

これは、失業の第二の形態である構造的失業にあたる。二〇〇〇年代後半の建設業でこの現象が見られた。アメリカでは住宅需要が落ち込んだとき、多くの建設労働者が職を失った。**職探しをした彼らは、自分たちにできる仕事があまりないことに気づく**。

当時は破産専門弁護士の需要は旺盛だったが、言うまでもなくこの仕事にはレンガ積みやセメント捏《こ》ねのスキルは必要とされない。建設労働者の失業は経済における構造的変化に起因しており、彼らはそうした変化に対する備えがなかった。構造的失業は、解消までに長い時間を要する。失業した人の再訓練が必要になるからだ。

経済学者は循環的失業と構造的失業の重要性を認識していたし、政策当局も長い間この二種類の失業を減らそうと努力してきた。ところが最近になって、多くの経済学者が失業にはまた別の形態があり、これを減らすべきだと指摘し始める。この第三の形態を摩擦的失業という。

## 摩擦的失業

摩擦的失業は、どれほど経済がうまくいっていても、つねに一定数の人は職探しをしているという事実と関係がある。あなたが最後に履歴書を書いたときのことを思い出してほしい。おそらく何度も面接があったことだろう。あるいはあなたは数社に履歴書を出し、どこが自分の能力を最もよく活かせるか検討したかもしれない。

仕事を辞めてから次の仕事が決まるまでのこのタイムラグは、どれほど効率的かつ好調な経済においても存在する。よって働きたいけれども仕事の決まっていない人はつねに一定数いることになる。これは、求職者と求人の間に「摩擦」が存在することを意味する。

ノーベル経済学賞を受賞したピーター・ダイアモンド、クリストファー・ピサリデス、デール・モーテンセンは、摩擦的失業の影響分析を試みた。彼らの開発したサーチ理論とマッチング理論は、求職者と求人とのマッチングになぜ時間がかかるのかを説明する。

このモデルでは、**そもそもどんな求人があるのかを求職者が知らない可能性**が考慮されている。イギリスのような規模の経済では、三カ月に六〇万〜一〇〇万件の求人がある。[3]

これでは、自分の条件に合う仕事を見つけるのは至難の業だ。

そこで、自分に不向きな仕事を辞めるに辞められない人もいることだろう。もっとよい仕事が見つかると期待していまの仕事を辞めても大丈夫か、思い悩む人もいるにちがいない。こうした摩擦が労働市場の本来のスムーズな働きを妨げ、経済学でいうところの「マッチング効率」を押し下げている。

近年では新しいテクノロジーが登場し、摩擦を減らす効果を上げている。たとえばリンクトインやインディードのような転職サイトは、求職者の条件に合わせて求人情報を提供してくれる。それでも摩擦的失業はなくならない。どれほど好調な経済であっても、労働市場に摩擦が存在する限り、失業率がゼロになることはない――たとえ労働市場における求人数と求職者数が一致しても。要するに労働市場はそう単純ではないということだ。

# スプリングフィールドの労働争議

## 労働者VS雇用主

テレビアニメ『ザ・シンプソンズ』シリーズの主人公ホーマー・シンプソンは、スプリングフィールド原子力発電所で働いている。シリーズ4第一七話「たたかう父親」で、発電所所長のバーンズは新たな労使協定を提示する。従来とのちがいは、医療費補助の代わりに組合の会合にビールを提供するというものだ。

当初、スプリングフィールドの労働者たちはこの条件を喜ぶ。なにしろビールがタダで飲めるのだ。だがホーマーは、娘のリサが新しい歯列矯正具を必要としていることを思い出す。これまでは会社から補助が出ていた。意を決したホーマーは仲間を巻き込み、労働組合代表となって新しい労使協定の撤回を要求する。

その後数週間にわたり、スプリングフィールドの労働者たちは以前の医療費補助を取り戻そうと団結して勇敢に闘った。一方、所長のバーンズは労働者を抑え込もうと、発電所を自らの手で運転したり、労働者の中に悪党を送り込んでスト破りをそそのかしたりするなど、あの手この手の作戦に出る。

雇用側と労働側それぞれの戦術に注目すると、**雇用条件がどのように決まるのか、転職をしなくても賃上げを勝ち取るにはどうすればいいのか**、わかってくるだろう。

ある意味でこの力関係はシンプルだ。労働者と雇用主の交渉力は同等ではない。両者は必ずしも同じ程度に互いを必要としているわけではないからだ。雇用主はとにかく人手が欲しいときもあれば、いくらでも代わりがいるのでさっさとクビにできるときもある。一般に、労働者の代わりが容易に見つかるかどうかによって、賃上げ要求（または、さきほどの例で言えば医療費補助の要求）が通りやすいかどうかが決まる。

## 賃金と雇用の関係

だが、労働者の代わりが容易に見つかるかどうかは何によって決まるのだろうか。経済全体のレベルで考えると、どれだけ仕事があるかが決め手となる。

ニュージーランドの経済学者ウィリアム・フィリップスは賃金と雇用の関係に強い関心を抱いた。彼は一風変わった夢想的な人物で、一九四九年にアナログコンピュータＭＯＮＩＡＣ《モニアック》（貨幣的国民所得自動計算機）を制作している。多数のタンクと水の流れによって貨幣の動きを表すＭＯＮＩＡＣは経済モデルそのもので、水量すなわち貨幣量が変化すると経済のどの部分がどのように反応するかを目で見えるように示すことができた。

とはいえ今日では、フィリップスは「フィリップス曲線」の開発者として最もよく知られている。フィリップス曲線は、賃金と失業率が負の相関関係にあることを示す。[4] つまり

**失業率が上がると賃金は下がり、失業率が下がると賃金は上がる。**

基本的な考え方は、こうだ。働き口が十分にないときは、労働者は賃上げの要求をしにくい。なぜなら失業者が列をなしていて、いつでも取って代わろうと待ち構えているからだ。このとき、労働者の交渉力は乏しくなる。一方企業の側は、失業率が高いときは自社製品に対する需要が減っているので、生産を増やすつもりはない。そこで労働者が賃上げを要求しても聞く耳を持たない。

逆に好景気などで失業者が少ないときは、企業は増産を考えるので労働者を増やそうとする。その結果、失業者の数はどっと減る。雇用側は魅力的な賃金を提示しないと、働いていない人に就労を促すことも、他の職に就いている人を呼び込むこともできない。そこで賃金は上昇する。このときの労働市場は逼迫《ひっぱく》しており、労働者の交渉力は強まる。

フィリップスは一九五〇年代後半のある週末にこの関係性に気づいたと言われる。以来、賃金上昇率と失業率の関係はあらゆる経済モデルの中心に据えられてきた。とくにインフレ率のモデル化においては、フィリップス曲線が重要な役割を果たした。というのも、第6章でみていくように、賃金の上昇は経済全体における物価上昇の主要因となるからだ。多くの国で過去半世紀にわたり、政策立案ではフィリップス曲線が考慮されてきた。

そうは言っても、何の異論もなかったわけではない。一部の経済学者は、そもそもフィリップス曲線が成り立つのか疑問を提起した。また一部の経済学者は、場合によっては成り立つにしても、労働市場は多数の要因に影響され、それらは労働者の相対的な交渉力にさまざまな形で影響を与えるので、フィリップス曲線はさほど役に立たないと主張した。

## 労働者の交渉力を決定づけるものは？

たとえば、経済全体を見わたせばたくさんの求人があっても、求職者の住む場所に求人があるとは限らない。それに、労働者はどこにでも身軽に移動できるわけではない。スプリングフィールドのすぐ近くにシェルビービルという町があるが、労働者は移動を渋るだろう。加えてスプリングフィールドでは原子力発電所がなんと言っても最大の雇用者であり、大勢がそこに雇われていて「買い手独占」の状態になっている。となれば所長のバーンズは、労働者が賃上げを要求したところで応じるにはおよばないし、福利厚生を手厚くする必要もないと考えるだろう。このように相対的な移動性は労働者の交渉力を決定づける一因となる。

また、新しい技術が導入されるケースもある。労働者がストライキをしたとき、バーンズは自分と助手のスミザースの二人で発電所を運転しようと考え、そのために新世代のロボットを導入した。「完全忠誠」の保証つきのロボットたちだ。ところがこのロボットたちは「つぶせ、殺せ、ぶっ壊せ」と歌いながら発電所をたちまち乗っ取ってしまい、バーンズとスミザースは必死に逃げ出す羽目に陥った。

言うまでもなく、すべての技術がこんなふうに逆襲してくるわけではない。人間の仕事を機械で置き換える自動化はもうずいぶん前から平和裡に職場に導入されており、多くの場合、労働者の相対的な交渉力を弱体化させている。

もちろん、自動化がつねに労働者にとって悪いことだとは限らない。人手不足を補ってくれるロボットもいるし、労働者の生産性を高めて賃金を増やしてくれるロボットもいる。だがバーンズがそのつもりでロボットを導入したわけではないことはあきらかだ。

結局のところ、労働者の相対的な交渉力を左右するのは**組織内での地位**だ。ホーマーは一人では所長のバーンズに立ち向かうことはできない。そこで発電所の労働者全員が参加して労使協定の可否を投票する会合で、医療費補助打ち切りに対する危機感を訴えることにする。ホーマーは新協定を断固拒否し、団結してよりよい協定を勝ち取ろうと仲間を説得した。最終的に労働者たちは合意しストライキに突入する。

バーンズは労働者の団結を断ち切ろうと不毛な企てを重ねた挙句、最終的に労働者たちの要求を呑む。ストライキが功を奏したのは、団結した労働者の団体交渉力は労働者一人ひとりの交渉力よりはるかに強いからだ。労働組合員が結束すれば、雇用条件の改善を勝ち取ることが可能になる。

とはいえストライキがいつも成功するわけではない。フィリップスは、ストライキの成否は労働者の代替可能性に左右されると指摘する。つまり、どれだけかんたんに代わりが見つかるかが決め手となる。

スプリングフィールドの場合、邪悪なロボットの逆襲に遭ってからは、代わりの労働者を見つけるのがむずかしいことはあきらかだった。だがいつもそうなるとは限らない。ストライキをした労働者に代わってロボットが導入されるかもしれないし、待ち構えていた求職者が雇用されるかもしれない。

ストライキの影響は広く経済に波及する。労働者の賃金が上がれば、彼らが生み出すモノやサービスの価格も上昇するからだ。

ちなみにスプリングフィールドのストライキ中には、バーンズが発電所の秘密の部屋にこもって電力の供給を止めてしまう。アニメの中では悪意からしたこととされているが、発電停止は必然の結果だと言う経済学者もいることだろう。ストライキで発電コストが上昇すれば、バーンズの事業は立ち行かなくなるからだ。そうなるとストライキは、スプリングフィールドの住人に多大な犠牲を強いることになる。

だがここまでに説明したすべてのケースで労働市場の基本原理は生きている。**労働者は雇用を維持するためにも賃金を上げさせるためにも、限界生産力を上げられることを示さなければならない**。誰もが経済合理的に行動するなら、あなたの賃金を上げるほうが他の人を探すより安上がりならあなたの要求は通るし、そうでなければ拒絶されるはずだ。

# あなたの賃金を上げるために

## 自身への投資で「人的資本」を増やす

もし職場の同僚の十分な賛同を得られず団体交渉力を活用できない場合にも、賃金を増やす方法はある。すぐにとは言わないが、すくなくとも生涯年収を増やすことは可能だ。それは、あなた自身に投資することである。

ここでも、重要なのはあなたの労働の限界生産力を高めることだ。アメリカの経済学者ゲーリー・ベッカーによると、新しいスキルの習得に投資すれば生産性が上がるので、雇用主の利益を増やすことができる。そしてひいては経済全体の生産性が向上し、経済成長を押し上げることにつながるという。生産性向上につながるようなスキルのことを経済学では「人的資本（human capital）」という。

あなたの人的資本を拡充する方法はいろいろある。**いちばんわかりやすいのは、大学や**

**大学院へ行くなど正規の教育を受けることだ。**第2章でみたように、大学を卒業すると生涯年収を大幅に増やすことができる。

社会で求められているような学問で修士号を取得すれば、高い価値を生み出す高度なスキルを必要とする仕事に就けるようになるので、もっと増えるだろう。スマートフォンの設計ができるようになったら、スーパーマーケットの品出しをするよりあなたの限界生産力は高まる。そして前者ができるようになるためにはおそらく学位が必要だ。

ただし、高い教育を受けるほど年収が増えるとは一概には言えない。イギリスの場合、修士号を持っている人（私たちの片方がそうだ）は博士号を持っている人（もう片方がそうだ）より年収が多い傾向にある。[5] 博士号を持つ人は修士号を持つ人に比べ、投資銀行に勤めるより大学の先生になりたがること、博士号の多くは職業に直接は役に立たないことが原因だろう。

また年収を増やすという点では、すべての学位が同等ではない。生涯年収の拡大に結びつきやすい学位とそうでない学位がある。たとえば医学、経済学、数学の学位を持つ人は、美術、農学、文学の学位を持つ人より一般に平均年収が多い。[6]

あなたに博士号を取る気がなくても大丈夫だ。ほかにも人的資本を増やす方法はある。働きながら学ぶといった方法でスキルを習得することは可能だし、フォートナイトのチャンピオンがやったように夜な夜なゲームに励むという手もある。

雇用主は、社員に研修や訓練を施せば仕事をよりよくこなせるようになり、生産性が上がることを知っている。多くの企業でスキルアップのためのプログラムが用意されているのはこのためだ。

## 長期の失業は要注意

残念ながら、人的資本も価値が下がることがある。たとえばプロのスポーツ選手を想像してほしい。負傷すれば休まざるを得ない。数カ月の休養を経て軽い練習を再開できるようになったとき、自分が以前のようには動けないことに気づくかもしれない。

すぐに息が上がってしまったり、動いた途端に筋肉が痛くなったり。テクニックがすっかり錆びついている可能性もある。同じように、**失業が長期におよぶと人的資本の価値は下がる可能性が高い**。

このような価値低下が恒久化したとき、これを「**ヒステリシス（hysteresis）**」という。ヒステリシスとは、現在の条件だけでなく過去の経路の影響を受ける現象のことだ。不況のときに職を失って長い時間が経つと、すっかりやる気をなくして職業訓練を受けなかったり、せっかく身につけたスキルを忘れてしまったりする。

ヒステリシスは不況の悪影響の中で最もダメージが大きいものの一つだ。長期にわたる経済的損失や社会的地位低下などを招き、それらは容易には取り戻せないからである。たとえばある調査によると、不況時に大学を卒業した学生の年収は、不況から一〇年後でも、好況時に卒業した学生より少ない傾向が見られるという。[7]

## 教育はどこまで有効か

こうした理由から、人的資本の形成・維持に教育は必須であり、労働側も雇用側もそれを最優先すべきだと多くの経済学者は考えている。ただし多くの経済学者であって、全員ではない。教育について異なる見方もある。

ノーベル経済学賞を受賞したニューヨーク大学のマイケル・スペンスは、教育そのものが限界生産力ひいては賃金を押し上げるわけではないという。スペンスの教育・所得モデルでは、一部の人はある分野でもともと他の人より秀でていると仮定する。ところが雇用側には、スキルが高く生産性も高い志望者とスキルが低く生産性も低い志望者の区別がつかない。

スペンスはこの点を踏まえ、**教育というものは誰に高い価値があって誰がそうでないかを雇用者に伝えるシグナルの役を果たすに過ぎない**と指摘した。彼に言わせれば、最も有能な学生の好成績は高度な教育を反映しているのではなくて、もともと知能が高かったことを表しているのだという。

伝統的な考え方を打ち砕くこの指摘は、教育政策にとってじつに重大な意味を孕《はら》んでいる。スペンスのシグナリング理論が正しいとすれば、生まれつき生産性の低い人が教育に多額の投資をするのは無駄だということになる。高度な教育を受けたところで、雇用主にとっての限界生産力を高められるわけではないからだ。

それでも多くの経済学者は、実際に人的資本を増やせるにせよ、単にシグナルを送るためだけにせよ、役に立つ分野で好成績を収め学位を取得することは生涯年収を増やすうえで効果的だと考えている。これはけっして容易な道のりではないが、しかし所得を増やす最も効果的な方法なのだ、と。

まとめ

# 自らの選択と行動で賃金を上げる

デーブ・ウォルシュは夏休みには決まって郵便局で父親の手伝いをしていたが、

二〇〇〇年代前半にそれをやめる。ゲーム、HALO《ヘイロー》に専念するためだった。

　息子にそんなことを言われたら、大方の親はがっかりするだろう。だがデーブの父親はちがった。というのも**ゲーマーになれたらいくら稼げるかデーブがしっかり計算し、郵便局で働くよりずっと収入が増えると父親を説得したからだ。**父親は納得した。

　この判断は正しかった。最初に出場した大会でデーブは五〇〇〇ドルの賞金を獲得する。郵便局でもらうお金よりすでに多い。二年後、デーブはあるeスポーツチームに加わることになり、二五万ドルで三年契約を結ぶ。そして六年後には、残りの人生を遊んで暮らしても大丈夫なくらいのお金を稼いでいた。


　デーブのサクセスストーリーは、労働市場でどのように賃金が決まるかを示すわかりやすい例と言える。郵便局での彼の限界生産力は小さかった。郵便物を無料で配達しても、郵便局の売上高にはほとんど価値を付加しないからだ。

　一方、eスポーツチームでの彼の限界生産力ははるかに大きい。賞金に加え、巨額のスポンサー契約を獲得することもできる。**よって、郵便局をやめてゲーマーになるのは経済合理的な選択だった。**

　デーブのストーリーは、一九世紀の古典派経済学の理論でも説明がつく（もちろん当時の学者はＨＡＬＯなど知らなかったが）。古典派の理論によれば、労働者の賃金は労働力の供給（労働者自身とその労働意欲）と労働需要（労働者を求めている雇用主）によって決まる。そして自分の賃金水準に満足できない労働者は働くのをやめるという。まさにデーブがそうだった。

だが別の点から見れば、デーブのケースは例外的だと言える。というのも二〇世紀に入ってから、労働市場は古典派理論よりずっと複雑であることがわかってきたからだ。経済の中にはつねに欠員があり、つねに求職者がいて、失業率はけっしてゼロにはならない。

他の市場と同じく労働市場には摩擦が存在し、需要と供給のバランスによるスムーズな調整を妨げる。摩擦のある限り、大勢の人が自分の適職を探し続けるだろうし、大勢の雇用主が適材を求め続けるだろう。**誰もがデーブのように、仕事を辞めてすぐに高収入の仕事に就けるわけではない**。そもそも、高収入の仕事がどこにあるのかさえ知らないかもしれない。

こうした労働市場の摩擦を念頭に置くと、「どうすれば賃金は上がる？」という質問に答えるのは俄然むずかしくなる。一つの答えは、**単刀直入に賃上げを要求することだ**。

だがそうはしにくい状況もある。すべては、雇用主があなたの労働にどの程度の価値を認めているか、言い換えれば、どの程度かんたんに代わりが見つかるかどうか次第だ。現に多くの労働者はかんたんに取り替えがきく。だが労働者が団結して賃上げを要求し、ストライキをするぞと迫れば、全員の賃上げを勝ち取ることができるかもしれない。

もう一つの答えは、高収入で安定した仕事に就く最善の方法はとてもシンプルだというものである。ただ、シンプルではあるが容易ではない。それは、人的資本に投資しスキルを習得することだ。

大学へ行ってもいいし、職業訓練を受けてもいい。**教育は、生涯年収を増やす最も確実な方法だと言える。**高度なスキルを身につければ、労働市場が変化しても容易く職を失うことはあるまい。高スキルに対する需要が高い時代ならなおのことだ。

こうしたわけだから、年収を増やしたいなら学校へ戻って、あるいは働きながら勉強することを検討するとよい。ただし、博士号をめざすのはよく考えてからにすることだ。

# 第 4 章

# ひいひいおばあちゃんの代より私たちのほうがゆたかなのはなぜ？

経済成長の原因について、国内総生産（GDP）のメリットとデメリットについて、経済が意外にもケーキに似ていることについて。

# 経済は成長する

## 一九七〇年代にタイムスリップ

タイムマシンを発明したと想像してほしい。ただしそのタイムマシンはやや性能が悪く、行きたいところにどこへでも連れて行ってくれるわけではない。ローマ帝国華《はな》やかなりし頃のロンディニウム（ロンドンの原型）やデビューしたばかりのビートルズがリバプールで開いたライブに行ってみたいと思っても、それは無理だ。このタイムマシンはあなたを一九七〇年代半ばのイギリスに放り込むことになっている。

その頃のイギリスはあまり魅力的には見えない。通りを歩いているのは妙な格好の人ばかり。裾広がりのズボン、厚底シューズ、ウルフカットのヘアスタイル……。ラジオから流れるのはロックバンド、T・レックスだ。レストランの人気メニューといえば、車海老のカクテルやパイナップルスティックである。

だんだんとこの環境に慣れていくにつれ、あなたは最初に思った以上に冴えない暮らしだと気づく。周囲の人の話を総合する限り、半分以上は車を持っていない。しかも休暇に海外旅行をするのはめったにできない贅沢だという。いやそんな贅沢には手が届かないという人も少なくない。[1]

どうやら二〇二〇年代には戻れそうもないと理解したあなたは、やむを得ずそこに落ち着くことに決める。だがある事務所で働き始めると、これがまた落胆させられることになった。いや、働くのが憂鬱だということではない。たしかに上司はほぼ全員男だし、カタカタうるさいタイプライターを打たなければならない。上司はランチのたびにビールを飲んで酔っ払って戻ってくる。だがそういうことはまあ我慢できた。

問題はお金だった。**あなたの最初の給料は見まちがいかと思うほど少なかった。**なにしろ一九七七年の平均世帯所得は、現在のお金に換算して二〇二〇年の半分以下である。[2]停滞したイギリス経済は「英国病」と名づけられ、イギリスという国そのものが新聞に「ヨーロッパの病人」呼ばわりされていた。実際、人口のおよそ四分の一は貧困ライン以下の生活をしていたのである。[3]

## 昔になればなるほど貧しい私たち

もう一九七〇年代はこりごりだ、とあなたは感じたことだろう。だがどうにかタイムマシンを動かしてもっと過去へ行ってみたところで事態は良くはならない。一九〇〇年に戻ったら、平均的な労働者の賃金は現在のお金に直して週七五ポンド（約一万三五〇〇円）だ。一八〇〇年だと二五ポンドである。昔に遡るほど事態は悲惨になる。[4]

二一世紀の生活は、一九七〇年代、一九〇〇年代、一八〇〇年代よりはるかにましだと断言してよいだろう。ゆたかになったおかげで生活の質は大幅に向上した。所得が増え、寿命が延び、よりよい教育を受けられるようになり、雇用も安定した。イギリス人の平均寿命は一九七〇年以降に一〇年も延びている。[5]

こうしたわけだから、たとえあなたがタイムマシンの製作に成功したとしても、二〇二〇年にとどまっているほうがよいだろう。これは、単にウルフカットを避けるための助言ではない。

**ゆたかさと生活の質に世代間でこれほどの差があるのはなぜだろうか？　答えは、経済が成長したから、である。**いくつか顕著な例外はあるものの、おおざっぱに言って、生活の質は経済成長と密接な関係にある。つまり経済が成長すれば生活の質は高まり、衰退すれば下がり、停滞すれば横ばいになる。そして過去二〇〇年にわたり経済の規模はおおむね拡大してきたのである。

# 国の経済規模を示すGDP

## 経済成長の度合いがわかる

かんたんに言うと、経済成長とは、ある国の国民の所得すべてを足し合わせたものが増える度合いのことである。一般に経済が成長しているときは、その国の人口が増えても、生活水準を低下させずに養うことができる。**経済学というものが希少資源の配分を考える学問だとすれば、配分する資源を増やすのが経済成長だ。**

経済成長は抽象的な概念なので、わかりやすく説明するためによく比喩が使われる。たとえば成長を車になぞらえる記事を読んだことはないだろうか。快調なスピードで走るときもあれば、高速道路上で急減速してしまうというふうに。あるいは、よく手入れをしないと花を咲かせない点で、庭園にたとえられることもある。

私たちの好きな比喩は、ケーキだ（できれば化石燃料やアレルギー物質をあまり使わずに焼いたケーキが望ましい)。経済の成長は、ケーキが大きくなることを意味する。そしてケーキが大きくなれば各自に大きな一切れが行き渡ることになる。

だが、実際にケーキが大きくなっているとどうしてわかるのだろうか。第1章でみたように、経済というものは途方もなく大きくてつかみどころがない。膨大な数の人々と、その人々が日々下す数え切れないほどの選択が経済を形成しているのだ。となれば、経済の中で起きるすべてのことを見張っていて数え上げるなど、どう考えてもできそうにない。

## 大恐慌時代のアメリカで誕生

アメリカ政府は一九三〇年代にこの問題に取り組むことを決意した。時あたかも大恐慌の最中で、経済が悲惨な状態に陥っていることは誰もが気づいていた。長い失業者の列、倒産に次ぐ倒産、増え続けるホームレス……。

しかしアメリカの政策当局は、経済の規模を正確に測定する方法を持ち合わせていなかったのである。経済規模が縮小していることははっきりしていたが、それがどの程度なのかは誰にもわかっていなかった。したがって、どう対応すればよいのか、対策を練るのもむずかしい。

この問題を取り上げた議会は、サイモン・クズネッツの手を借りることにする。クズネッツツは全米経済研究所（NBER）でアメリカの経済データの分析を担当する経済学者だった。クズネッツの率いるチームは、アメリカ経済の健全性の計測方法を確立するよう依頼される。困難な仕事だった。未曾有の大不況の最中なのだから、なおのことである。

それでもクズネッツのチームはひるまなかった。三年かけて経済のすべての要素を足し合わせるさまざまな方法を検討し、最終的に「国民所得」と題する報告書にまとめ上げる。このとき開発された国民所得計算の手法は今日でも世界中の国で使われており、それによって**「国内総生産（GDP）」**が導き出されている。

## GDPの三つの算出法

GDPは三つの方法で計算できる。すなわちGDPは、**一国の経済が一年間に新たに生み出した取引可能な財やサービスの価値の合計（生産）**であると同時に、**その経済において財やサービスの生産から得られたすべての所得の合計（分配）**でもあり、**その経済において財やサービスに払われたすべての支出の合計（支出）**でもある（これを**三面等価の原則**という）。

言い換えればこの三通りの合計は、経済を生産、分配、支出という異なる面から捉えただけで、どれもたった一つのものを計測している。

ＧＤＰは次の式で表される。

**GDP＝C＋I＋G＋（X－M）**

この等式は、一国の経済においてお金を投じる対象になるものをおおざっぱに表している。Ｃは民間の「消費（consumption）」だ。たとえばアボカドディップトーストを買うのはこれに当たる。Ｉは民間の「投資（investment）」を表す。企業の設備投資がまさにこれだ。さらに政府もお金を使う。Ｇは「政府（government）」が道路や橋の建設、医療サービスに使う支出を表す。

なお、一国の経済には外国からもお金が流れ込んでくる。輸出に対して外国の人が払うお金だ。これがＸである。逆に輸入してお金を払えば、一国の経済からお金が出ていく。これがＭだ。つまり（Ｘ－Ｍ）は貿易黒字（赤字）に相当する。

これらを全部足し合わせると、一国の経済において使われたお金つまり支出の合計になる。そしてあなたが使ったお金は誰かの所得になるのだし、あなたはその使ったお金をどこかで所得として得たにちがいないのだから、この式は所得（分配）の合計を表してもいるわけだ。そして所得は生産から分配されるのだから、この式は一国の経済が生み出した財やサービスの価値の合計も表している。

## ＧＤＰでは計測できないもの

ＧＤＰが完璧な数値でないことはクズネッツ自身がまっさきに認めている。まず、**人々の生活を実際に向上させている多くの要素を計測できていない**。ＧＤＰは端的に言って幸福の度合いを計測しない。環境汚染や不平等の度合いも計測しない。生活の質とＧＤＰにはある程度よって多くの意味で、生活の質を計測できていない。生活の質とＧＤＰにはある程度の関係があるとしても、経済が成長しているのに多くの人が幸福でないとかだんだん不幸になるということは十分にありうる。ロバート・ケネディは上院議員だった頃にこう語った。「ＧＤＰはすべてのものを測ることができる。人生を価値あるものにする要素を除いては」[6]。

また、**ＧＤＰが計測しない（すくなくともこれまでは計測しなかった）経済活動もある**。イギリスのＧＤＰで考えてみよう。二〇一四年にＧＤＰが一夜にして一〇〇億ポンド増えたと報道された。率にして五％に相当する[7]。

イギリスの労働者がその日に限って桁外れの生産性を発揮したからではもちろんない。単にＧＤＰの計算に含める項目を変更したことが原因だった。国家統計局の経済学者と統計学者たちは、「経済」の定義を拡大してより多くの要素を含めることに決めたのだった。

何を含めたのか。たとえば売春である。それから、違法薬物の取引だ。クズネッツのもともとのGDPでは、違法な経済活動は対象外だった。だが違法であっても経済活動であることはまちがいない。生産者がいて消費者がおり、サプライチェーンもあれば、仲介者や販売者もいる。

そのほかに、GDPが無視し続けている合法的な経済活動がある。GDPの計算では、基本的に市場で売り買いされない活動は対象としない。家事労働を考えてほしい。家庭内の料理、洗濯、掃除といった家事全般を誰もしなかったら、社会はうまく回らないだろう。二〇一六年の時点で無給の家事労働はイギリス経済に一・二四兆ポンドの価値を付加していたと推定される。これは当時のGDPのじつに六三%に相当する。[8] にもかかわらず、無給の家事労働は金銭のやりとりを伴わないという理由で「経済」の中にカウントされていない。

この考え方を推し進めると、奇妙な結果に行き着く。あなたが自分の家のリビングを掃除しても経済成長には寄与しない。だがあなたがお隣さんと契約を交わし、お隣の家のリビングを二〇ポンドで掃除し、お隣さんがあなたの家のリビングを二〇ポンドで掃除したとする。

これではあなたは損もしないし得もしない。それにあなたの家のリビングは、あなた自身が掃除したのと何ら変わらない。[9] それでも、掃除契約に基づく金銭のやりとりがあっただけでGDPに寄与することになる。

さらに**GDPには、実際の計測がきわめて困難だという弱点がある**。たとえば新聞に「経済はX%成長した」という記事が載ったとしよう。この記事の正確な意味は「経済が生み出した価値の合計がX%増えたと経済学者たちが推定した」ということに過ぎない。推定である以上、正確ではない可能性がある。国家統計局は経済のさまざまな面に関してたくさんのデータを集計している。車を何台生産したか、住宅を何軒売ったか、チーズを何キロ海外に輸出したか、等々。

だがこれは大変な仕事だ。要するに経済活動の種類が多すぎるし、規模も大きすぎる。そこで経済学者は経済のごく一部についてのデータを取り、それをもとに経済全体を表す。したがって、かなり近い数字になるとしても現実とずれが出ることは避けられない。

## 「国民一人当たり」のGDPに注目

だが一九三〇年代のアメリカでは、そんな細かいことに目くじらを立てる政治家はほとんどいなかった。経済がうまくいっていないことははっきりしており、その実態を把握する方法が必要だった。そしてまさにその方法が差し出されたのだ。

フランクリン・D・ルーズベルト政権は、第二次世界大戦中の経済政策の立案にGDPの概念を活用した。他国もすぐに追随し、この計測方法を踏襲する。それからおよそ一世紀が過ぎた現在も、クズネッツの開発した方法は経済成長の計測に最もよく使われている。

さまざまな欠陥があるのに多くの国の政府がいまなおＧＤＰに固執するのはなぜだろうか。いくらか割り引いて聞いてもらってかまわないが、答えは、ＧＤＰが国民の生活の質を知るうえで役に立つことはまちがいないからである。

ただし、ＧＤＰから国民の生活の質を知る手がかりを得るためには、少々手をかけなければならない。絶対額で見たら、フランスのＧＤＰとインドのＧＤＰはさほど変わらない。しかし実際に両方の国へ行ってみたら、あきらかにフランス人のほうが裕福に見えるだろう。

**そこで経済学者はＧＤＰよりむしろ国民一人当たりＧＤＰを多用する。**ＧＤＰを人口で割った数字だ。インドの人口はフランスよりはるかに多いので、一人当たりＧＤＰを計算するとフランスを大幅に下回ることになる。両国のケーキは同じぐらいのサイズでも、フランスでは一人がもらう一切れの大きさがインドの二〇倍以上大きい。

## 経済成長で多くの人の生活がゆたかに

ケーキの一切れの大きさは、人々の生活にとって大きな意味を持つ。たとえば、経済が大幅に成長すると貧困率が下がることが多くの研究で確かめられている。一人当たりGDPが二倍になると、下位二〇％の所得がおおむね二倍になるという[10]。すべての国にこれが当てはまるわけではないものの、おおざっぱな目安としては役に立つ。

一九八一〜二〇一〇年に中国ではなんと六億八〇〇〇万人が貧困から脱出した。これは中国の高度経済成長が大きな原因だったことはまちがいない。**南米諸国の人口に当たる人数がそっくり貧困から脱け出したのだ。**

経済以外にも視野を広げると、GDPが増えると健康にも好ましい影響がある。とくに開発途上国についてそう言える。小児死亡率は高所得国のほうがはるかに低く、成人有病率も同様の傾向にある。

インドネシアでは一九七五〜二〇二〇年に一人当たりGDPが年平均三・五％伸びた。すると、二〇一九年の時点で平均寿命が五五歳から七二歳に延びたのである。また幼児死亡数は出生一〇〇〇人当たり一〇〇人近かったのが二〇人まで減った[11]。

さらに、GDPが増えると教育にお金をかけられるようになるため、教育を受けた人の比率が上がる。国がゆたかになると小学校、中学校に通う人が増え、将来により高賃金の職に就けるようになる。

以上のように、経済成長は重要だ。そしてたいへん幸運なことに、グローバル経済は長期的に成長基調にあった。

# 経済成長に欠かせない四つの要素

オックスフォード大学のプロジェクト〝Our World in Data〟（アワー・ワールド・イン・データ：データで見る私たちの世界）によると、一五〇〇年の世界経済の規模は約四三一〇億ドルだった。一七〇〇年には約六四三〇億ドルになった。

それが一九〇〇年には三・四二兆ドルになる。一五〇〇年の八倍だ。そして一九〇〇年以降は増え方が爆発的になる。一〇兆ドルになり、さらに五〇兆ドルに、それから一〇〇兆ドルになった。二〇一五年の時点で約一〇八兆ドルに達している[12]。一五〇〇年のじつに二五〇倍である。

一五〇〇年のときのケーキが二〇×一〇センチの箱に収まっていたとすれば、二〇一五年に私たちが分け合ったケーキは卓球台（約二七〇×一五〇センチ）よりだいぶ大きい。一人ひとりがもらう一切れも一五倍以上の大きさになっている。**私たちはひいひいおばあちゃんの代より単に裕福になっただけではない。信じられないほど裕福になった**。なぜだろうか。

## できるだけ大きなケーキを焼くには

あなたはこれから経済というケーキを焼くとしよう。全員に食べ切れないほど大きな一切れが行き渡るような立派なケーキだ。そんなケーキを焼くには、材料は何が必要だろうか？　どんなレシピで作ればいいだろう？

いまの問いは、これまで多くの経済学者が（もちろんケーキの比喩は使わずに）考えてきた。最も有名な答えは、アメリカ経済学界の重鎮ロバート・ソローとオーストリア出身の経済学者トレイヴァー・スワンによるものだ。

二人は経済成長の謎を解くモデルを開発した。経済学という学問の先達であるアダム・スミス（すでに出てきた）やデービッド・リカード（もうすぐ出てくる）の業績を土台にモデルを組み立て、経済成長を牽引する四つの要素をあきらかにしている。これらの要素を経済学では「**生産要素**（**factors of production**）」という。

土地：事業を構築する土台となる
労働：取引する財やサービスを生み出す
資本：労働者を補佐する機械や設備を指す

技術：労働と資本を効率的に組み合わせる

ある経済が他の経済より大きくなる背景には社会的、歴史的、政治的なさまざまな要因が存在するため、これらの生産要素を過大に重視すべきではない。それでも、わかりやすい言葉で表されたこれら四要素は、経済というケーキについて考えるよい手がかりとなるだろう。この四つの材料を十分に持ち合わせていて、その質も比率も適切であれば、あなたのケーキはうまい具合に膨らんでいく。

## 土地

なぜこの四つが重要なのか、その点を理解するために、順番にみていくことにしよう。第一は、土地だ。事業を、ひいては経済を構築するためにはどこかしら場所が必要になる。ちょうどケーキを焼くのに型が必要になるように。持っている土地が広いほど、大きな工場やビルを建てることができる。

ただし四要素のうち土地は手に入れるのが最もむずかしい。なぜなら限りがあるので、すべての土地が占有されてしまったら、それ以上は入手できない（とはいえ土地を増やそうと試みた例がないわけではない。二〇〇一年にアラブ首長国連邦はドバイ沖合に人工島群パーム・アイランドを出現させ、ホテルやレジデンスを建設した）。

この第一の要素には天然資源も含まれる。鉄鉱石や石炭などだ。それから、水も。**水が生産プロセスできわめて重要な役割を果たすことを忘れてはいけない**。二〇二一年に台湾は五〇年に一度の大干魃《かんばつ》に見舞われ、大量の水を必要とする半導体製造に支障を来《きた》しかねない事態となった。

一般に水資源のゆたかな国ほど多くのものを生産することができる。たとえば内陸国で水を他国から買わなければならないような場合、財やサービスの生産が限られてしまい、GDPも伸び悩むことになる。

## 労働

第二は、労働である。経済を営む場所が確保できたら、そこで働く人が必要だ。つまりケーキを焼く職人が必要になる。人口が多いほど潜在的労働力人口は増えるので、たくさん作ることが可能になる。

現在世界一位、二位を争う経済大国であるアメリカと中国の人口がどちらも多いことに注意してほしい（前者が三億二九〇〇万人、後者は一四億人）[13]。**ただし労働者に関する限り、人口が多ければよいというものではなく、その構成が重要になる**。労働力人口の教育水準が高ければ付加価値の高いものを作ることができ、経済は速いペースで成長できるようになる。

年齢も重要だ。人口の高齢化は経済成長の妨げになる。高齢者は働かないことが多いため、経済的な生産性は低い。この問題に関する生きた見本が日本である。日本は人口の三〇%近くを六五歳以上が占め、一〇〇歳を超えた人が八万六〇〇〇人以上いる。一部の経済学者は、人口要因だけで、日本のGDPは今後四〇年間で二五%以上縮小すると予想している。[14]

こうした人口動態は、日本だけの話ではない。アメリカの人口に関するある研究によると、六〇歳以上の比率が一〇%増えるごとに一人当たりGDPの伸び率は五・五%下がるという。[15]アメリカでは六五歳以上の人口が二〇二〇~二〇六〇年に七〇%増える見通しであることを考えると、これは懸念すべき問題だ。[16]

労働と雇用に関する社会通念も重要な意味を持つ。**大勢の人が働かないか働けない場合、経済は繁栄しない**。このことは、一般に考えられている以上に重大だ。生産年齢なのに働かない人の多くは怠け者だから働かないのではなく、文化的障壁に阻まれていることが少なくない。

その代表格が女性だ。多くの女性が公式非公式の雇用の壁に阻まれている。アメリカでは生産年齢の女性の約五七%が働いているが、アルジェリアでは一七%に過ぎない。[17]このジェンダーギャップの代償は途方もなく大きい。一九七〇〜二〇一六年にアメリカの女性の労働参加率がノルウェー並みの七六％になっていたら[18]、アメリカ経済の規模は現在よりおよそ一六兆ドルは大きくなっていただろう。そうなっていたら、アメリカ人全員の所得が一人当たり五〇〇〇ドル増えていたはずである[19]。

## 資本

土地と労働力の次に必要になる第三の生産要素が資本である。**ここでいう資本は、生産に必要な機械設備、工場、コンピュータといった物理的資産を意味する。**ケーキ作りで言えば、小麦や卵は資本ではないが、木べらは資本に該当する。

よりよい資本を備えていれば、ケーキを速くたくさん焼くことができる。あるいはこれまでと同じ量を少ない材料で焼くことができる。たとえば木べらの代わりに電動泡立て器を導入すれば、短い時間でケーキを作れるだろう。

ケーキ以外ではどうだろうか。アパレル工場を考えてみよう。そこではミシンやハサミなど多くの資本を労働者が使っている。そうしたものがなかったら、洋服を作ることはできまい。あるいは、会計事務所を考えてほしい。コンピュータでスプレッドシートを作成できなかったら、会計士はあまり役に立たないだろう。

悲しいかな、資本は永久に使えるものではない。長年使えば電動泡立て器は壊れてしまう。まさに同じように、経済における資本は消耗したり時代遅れになったりする。工場は老朽化するし、コンピュータのソフトウェアはアップデートが必要になる。資本を継続的に改善していかないと、経済成長は停滞しかねない。

## 技術

ここで、第四の生産要素である技術が必要になってくる。じつのところ、経済成長にとって最も重要な要素は技術かもしれない。これは、さきほど紹介した成長理論で名高いロバート・ソローとトレイヴァー・スワンの偉大な発見である。技術はケーキのサイズを一気に何倍にも拡大すると彼らは指摘した。

技術とはいったい何か。経済学者による定義は漠然としているが、要は他の生産要素の使い方の改善につながるようなもののすべてを指す。つまり技術は、他の三つの生産要素をよりよく活かす役割を果たす。技術によって生産要素は最適な方法で組み合わされ活用され、その結果として同じ生産要素を使ってもより多くを生産することが可能になる。

**技術は知識あるいはノウハウと考えることができる**。ケーキ作りの知識をたくさん持っていれば、あなたは同じ焼き型（土地）、同じ労働力（あなた自身）、同じ資本（木べら）でより多くのケーキまたはよりおいしいケーキを焼くことができるだろう。

技術は、創意工夫を凝らしたレシピが載っている最新の料理書かもしれない。そのレシピで作ると、他の生産要素は前と同じでもおいしいケーキが焼ける。

「技術」あるいは「テクノロジー」という言葉を聞くと、最近の輝かしい未来志向のイノベーションをつい連想しがちだ。iPad、インターネット、自動運転車、等々。だが技術の範囲はもっとずっと広い。そこには、法の支配、車輪の発明、特許制度の発足といったものまで含まれる。

経済成長を力強く牽引した技術は意外に簡素なものであることが多い。ときにはありきたりと言えるものもある。

たとえばケンブリッジ大学の経済学者ハジュン・チャンは、経済成長への貢献という点で平凡な洗濯機はインターネットにまさると主張する。[20] 洗濯機のおかげで、多くの人、主に女性の家事労働に費やす時間が劇的に短縮され、外に働きに出られるようになった。つまり洗濯機は労働力の供給を二倍にしたわけである。

このように、技術は他の三つの生産要素ほど定義が明確でないものの、決定的な役割を果たす。**技術は他の生産要素を効率よく活用できるようにし、最終的には土地、労働、資本をどう組み合わせれば経済が最もうまく機能するかを決定づける**。おかげで追加の材料をボウルに投入しなくても、すべての人にケーキの大きな一切れが行き渡るようになる。

# 経済成長の三つの落とし穴

## けっしていいことずくめではない

四つの生産要素が理解できたら、この章の冒頭に掲げた問いに答えられるようになる。あなたが高祖父母の代より裕福なのは、経済が成長したからだ。

経済を成長させる要素はいくつかあるが、中でも最も重要なのは技術である。経済成長はあなたの人生に計り知れないほどのメリットをもたらす。たとえばよりよい医療、教育、豊富な食料、さらにスマートフォンやプラズマディスプレイ、そしておしゃれな服……。

だから、政治家や経済学者が経済成長に固執するのはふしぎではない。経済が縮小しようものなら、国家的悲劇のような騒ぎになる。二〇〇七〜〇八年グローバル金融危機のときのニュース報道を思い出してほしい。イギリスでは、持続的な経済成長の実現が政府の最重要経済目標となることが多い。

だが経済成長にばかり血道を上げるべきではない。経済成長はけっしていいことずくめではないのだ。すくなくとも一部の経済学者はそう主張している。

経済成長の負の影響に関心を抱いたのは、この分野の先駆者であるクズネッツだった。一九五五年に発表した論文で、状況によって成長が不平等を助長することを示すモデルを提示している。彼の主張はシンプルだ。経済成長の初期段階では所得格差が開きやすいが、経済が成熟するにつれて不平等は解消されるという。

この主張の正否はともかく、クズネッツが経済成長の引き起こしかねない問題を指摘した最初の経済学者の一人だったことはまちがいない。**今日では多くの経済学者が経済成長一辺倒は望ましくないと考えており、状況にもよるが不平等、幸福感の喪失、環境破壊を招きかねないと指摘する。**

## 所得格差

成長への道のりにおけるこの三つの落とし穴のうち、いま広く議論されているのは不平等、とりわけ所得格差だろう。成長は不平等を助長しうるとのモデルをクズネッツが示すと、後に続く経済学者たちがそれを検証し、多くのケースでクズネッツが正しいことを確かめた。経済成長、とりわけ技術主導型の成長が全員に等しく利益をもたらすことはむしろ稀《まれ》なのである。

新しく登場した技術は古いやり方を破壊する。その恩恵に与《あずか》る人もいるが、全員が潤うことはまずない。すくなくとも短期的にはそう言える。失業する人もいれば、新技術の出現でスキルが陳腐化してしまう労働者もいる。自動車が発明されたとき、馬車の御者は職を失った。自動運転車が実用化されたら、タクシー運転手も同じ憂き目に遭うだろう。

現代の例では、スーパーマーケットが挙げられる。このところ多くのスーパーはセルフレジの導入を推進している。買い物客にとってはメリットが大きい。スムーズに精算でき、長い行列を作らずに済む。経営者にとっても、レジ係を雇うよりセルフレジに投資するほうが安上がりだ。その結果、生産性は向上し、ひいては経済成長に寄与する。

だがメリットばかりではない。レジ係は職を失い所得が減ってしまう。その一方で、スーパーで働く人のうちスキルの高い社員、たとえばマネジャーは解雇されない。それどころか、会社の増えた利益の中からより多くの分け前をもらう可能性が高い。**こうして全体としてみると、スーパーの生産性は向上し、経済は成長するが、所得格差は拡大することになる。**

クズネッツによると、不平等の拡大は高度成長にほぼ不可避的に伴う現象だという。彼がとくに関心を持ったのは、農業中心だった経済が技術の進歩に伴い工業経済に移行する過程だった。

すでに都市部に住んでいた資本家は、農村部から都会へ流入した安い労働力を雇用できるようになり、生産の拡大が可能になる。その結果、都市部の富裕層の所得はますます増えて都市部と農村部の所得格差は拡大する。なお、安い労働力が潤沢に供給されるため、都市部でも労働者の所得はかなり低く抑えられる。

ただしクズネッツは、このプロセスが恒久的に続くとは考えなかった。都市部の低賃金労働者の所得水準もいずれは上昇するとした。工場経営者の利益が増えれば労働者の賃金を上げようと考えるだろうし、労働者のほうは教育や技能訓練を通じて自らの人的資本を拡充して高賃金の仕事を見つけるだろう。成長の見返りがこうして経済全体に行き渡れば、失業したレジ係も別の仕事に就けるはずだ。そして新しい仕事はおそらく元のレジ係より賃金が高いだろう。

## 幸福感の喪失

経済成長の第二の負の影響は、幸福感の喪失である。こちらは不平等ほど広く議論されていないが、より重要な問題ではないだろうか。多くの経済学者が成長と幸福の関係の図式化を試みてきた。

初めのうち、幸福はお金で買えると考えられていた。一九七〇年代にペンシルベニア大学の経済学教授リチャード・イースタリンは幸福に関するデータを分析し、おおむね裕福な人のほうが貧しい人より幸福であり、富裕国の国民のほうが貧困国の国民より幸福だと結論づけた。たとえば一国の中では、所得の最下位層で「とても幸福」と回答した人は二五％だったが、最上位層では五〇％前後に達するという。

これは別に驚くことではない。所得が増えれば基本的な財やサービス、たとえば衣食住、医療、教育を買うことができるからだ。となれば、お金は人間が欲しがるものや必要とするものの代わりになると説く古典的な「効用」理論（第1章参照）は正しいようにみえる。

だがデータには落とし穴があった。**一国の経済規模がある水準に達すると、その後は幸福度が徐々に横ばいになり、国によっては低下するのだ。**

この現象は「イースタリンのパラドクス」として知られている。たとえば最近発表されたイースタリン自身の研究によると、チリ、中国、韓国の一人当たりGDPは二倍になったが、総合的な幸福度はやや下がったという。[21]

このことは経済全体のレベルだけでなく、個人や世帯のレベルにも当てはまる。ある研究によると、年収七万五〇〇〇ドル（現在の価値では九万ドル）までは所得とともに幸福度も上昇するが、それを超えると幸福度は上昇しないという。[22]

この現象にはわかりやすい説明がなされている。イースタリンによると、幸福度の低下は社会的比較と関係がある。所得の多い人のほうが幸福なのは、自分より貧しい人と比べているからだ。だが経済が成長し、貧しい人の所得も増えれば、彼我の格差は縮まってしまう。

同時に個人のレベルでは、所得が増えていくと、所得一ポンドごとに**「限界効用逓減（diminishing marginal utility）の法則」**が効き始める。つまり、追加的な一ポンドから得られる効用は減っていく。別の言い方をすれば、追加的な支出一ポンドから得られる幸福感は減っていくということだ。

第1章でみたように、この現象は企業にも当てはまる。追加的な一ポンドの投資がもたらす利益は減っていく。限界効用逓減の法則は個人の気分にも当てはまる。たとえばあなたがすでに車を三台持っていたら、四台目を買っても幸福感にさしたるちがいはない。

## 環境破壊

第三の負の影響は、環境である。経済成長に固執すると、不平等を助長し幸福度が伸び悩むだけでなく、自然界を破壊しかねないと一部の経済学者は主張する。

環境破壊は、第一の生産要素である土地と関係してくる。経済成長には、ガソリン車の燃料として欠かせない原油からスマートフォンに欠かせないコバルトにいたるまで、天然資源を必要とする。よって天然資源の活用は短期的には生活の質を向上させる。

だが長期的には自然破壊、資源の枯渇、気候変動などを引き起こし、人類の生活の質を低下させることになる。そう考えれば、**無限の成長が人類に恩恵をもたらすという見方は近視眼的にすぎる**と言える。

経済成長と環境劣化の懸念すべき関係は、けっして目新しいものではない。イースター島の例を挙げよう。イースター島はチリの沖合三二〇〇キロの距離にある絶海の孤島で、モアイ像と呼ばれる巨大な石像で有名だ。現在の人口は四〇〇〇人程度である。

だが一五世紀までは一万〜二万人が住んでおり、文明が栄えていたし、まちがいなく経済も繁栄していた。ところが一七二〇年代にヨーロッパ人がやってくる頃には、島の人口は三〇〇〇人程度に減っていたのである。いったい何があったのだろうか。

一部の研究者は、自然資源を使い尽くしてしまったことが原因だと説明する。中でも衝撃的な説明は、元凶はモアイ像だというものだ。この説明によると、島民は信仰の対象である数百体もの石像を作って運搬するために島中の木を伐採してしまったのだという。

おそらくもっと可能性が高いのは、漁に必要なカヌーを作るために大量に伐採したという説明だろう。いずれにせよ森林資源は枯渇し、もはやカヌーを作って漁に出ることはできなくなる。島民は耕作や狩りでしのぐが、森林がなくなると土壌が失われ、農業も立ち行かなくなった。

かくして人口は悲劇的なほど減っていった。おそらくは食糧不足に起因する部族間の争いも人口減の一因だったただろう。ヨーロッパ人がイースター島にやってくるのは一七二二年だが、このときには森林などなかったという。[23] イースター島は、経済の成長が環境の過剰開発を招いた顕著な例と言えよう。

今日では人類学者の多くは、イースター島の人口減少の原因はもうすこし複雑だと考えている。それでも多くの経済学者にとって、あの島は行きすぎた成長の危険性を教えてくれる貴重な寓話の一つだ。

過度の経済成長は環境に悪影響を与える。しかも今回はグローバル規模だ。ほとんどの経済モデルは環境を対象外としており、環境劣化のコストを考慮していない。**理由の一つは、自然環境というものの金銭的価値の推定がきわめて困難だということにある。**

いくつかの研究を総合すると、二〇一一年における生物圏全体の経済的価値は一二五兆〜一四五兆ドルの間だということだ。[24] これに対して同年における世界のGDP合計は七二兆ドルである。最近のある論文は、生物圏を「**自然資本（natural capital）**」と呼んだ。そこには私たちの吸う空気、飲む水、利用できる緑地が含まれている。[25]

今日の成長は多くの場合に明日の成長を阻むことを考えると、多くの経済モデルが環境を無視するのは近視眼的な傾向だと言わざるを得ない。気候変動による甚大な被害は経済成長を妨げる。ある研究は、気候変動は二〇五〇年までに世界のGDP合計を一五％近く縮小させると推定した。[26]

すでにその影響は現れている。たとえば二〇一八年のカリフォルニアの山火事のコストは一一〇〇億ドルに達したという。これは、同年のアメリカのGDPの〇・七%に相当する。[27] 気候変動がこれほどのコストを引き起こすとなれば、経済成長が環境に与えたダメージを正確に評価することはまずもって不可能だと考えられる。そもそも自然界に値札をつけることなどできるはずもない。

まとめ

## 持続可能な成長のために

じつはGDPの威力を知るには、なにもタイムマシンを設計するにはおよばない。家族の古いアルバムを見るだけで十分だ。写真を見れば、現在の私たちが以前よりずっとゆたかであることがわかるだろう。

だいたいの人は冷暖房の整った家に住んでいるし、以前よりひんぱんに旅行にも行く。大方の人が高祖父母の代よりよい教育を受けている。**これらはすべて、GD**

**Pが右肩上がりで増えてきたからだ**。つまり人々が生産し、消費し、稼いだ合計が膨らみ続けてきたおかげである。

タイムマシンのもっと賢い使い方は、過去ではなく未来へ行くことだろう。これまでのところ、成長はだいたいにおいて富を増やし生活の質を向上させてきたし、幸福度を高めたと主張する人もいる。

だがつねにそうだったとは言い難い。**経済成長はすべての人の生活の質を均等に押し上げるわけではない**。不平等を拡大し失業を増やす結果を招くこともある。数十年先には過度の経済成長が環境を破壊し、世界の経済成長がいかに環境に依存していたかに気づいて愕然とすることになるかもしれない。

だからと言って、成長に背を向ける必要はない。多くの国が、成長を維持しつつ気候変動に取り組む方法を模索し始めている。経済成長に関してつねにそうであるように、ここでもまた技術が重要な役割を果たす。

気候変動対策として、多くの国が**グリーン技術への投資**を増やしてきた。この投資は環境劣化への取り組みを後押しするだけでなく、経済の持続可能な成長に寄与するはずだ。とくにグリーン投資が呼び水となって新たな雇用機会や新たな投資が創出されれば、いっそうの経済成長につながるだろう。

そうは言っても、経済成長と環境の関係をめぐってはいまなお緊迫した議論が続いている。かんたんに答えの出る問題ではないし、経済学だけで解決できる問題でもない。もしあなたがタイムマシンに乗る機会があったら、ぜひ千年先に飛び、あなたの子孫があなたより裕福かどうか確かめてほしい。

# 第5章

# 私の服の大半がアジア製なのはなぜ？

比較優位について、貿易の驚くべき効果について、そして2005年のブラジャー戦争について。

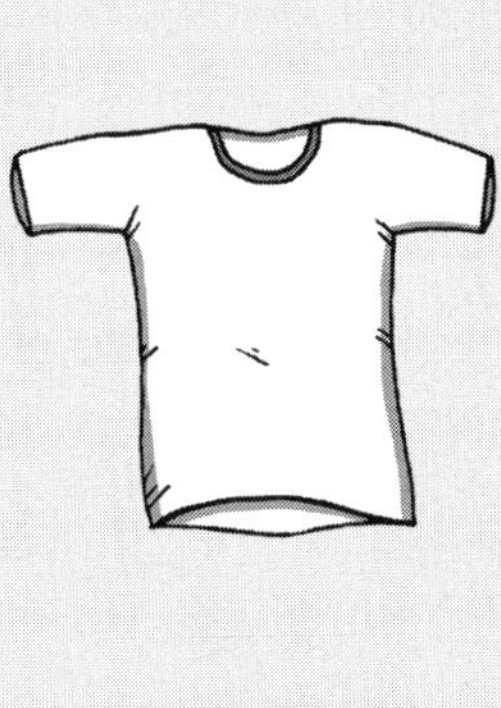

# 今日の貿易

## イケアの本棚はどこで作られている？

あなたがいま着ているTシャツのラベルをちょっと見てほしい。どんなことに気づいただろうか。

　このシャツはだいぶくたびれてきたから新しいシャツを買ったほうがいい、ということは別として、あなたがイギリスにいるなら、Tシャツに限らずおそらく着ているもののほとんどすべてが外国製であることに気づいただろう。

　服だけではない。私たちのリビングにあった品物は、四〇もの国で作られていたことが判明した。照明はデンマーク製、ソファはイタリア製、テレビは台湾製、等々。イケアはスウェーデンの企業だが、イケアで買ったビリー・シリーズの本棚はドイツ製である。[1]

　もし本棚のラベルが十分大きかったら、そこにはこう書かれていたはずだ。「**メイドイ**

ン・ドイツ、スロヴァキア、ボスニア、チャイナ、ポーランド、チェコ、ルーマニア」。

設計はスウェーデンで家具デザイナーが担当し、木材はポーランドの森から、棚を止めるネジは中国とポーランドから、製造はドイツで行われるが、使われた機械類は別の国から、という具合だ。

完成した本棚は最終的には世界各地にあるイケアの倉庫に運び込まれて出荷を待つことになる。つまり本棚の製造にはすくなくとも十数カ国が関わっていたわけだ。細かいところまで数えたら、おそらくもっと多いだろう。

もっと複雑なものになれば、さらに多くの国が関わることになる。たとえばスマートフォンは五〇近い国から部品を調達し、製造工程では平均して世界各地を二〇回近く旅する。航空機の翼は、本体に取りつけられるまでだけでも一〇回以上国境を出てはまた入ってくる。

こう書くといかにもハイテクな感じがするが、こうしたやりとりに目新しいところはほとんどない。貿易は何世紀も前から、そう、航空機やオンラインショッピングが登場するずっと前から行われていた。なぜなら、貿易は携わる人々にあきらかな経済的利益をもたらすからだ。この章では、その貿易について説明しよう。

# 専門化で効率は劇的に上がる

## やることを一つに絞り込む

イングランド銀行でいちばん速いトライアスリートはジェニファー・クラークだ。二〇二一年の欧州トライアスロン選手権（スイム一・五キロ、バイク四〇キロ、ラン一〇キロ）でジェニファーは二時間一一分という記録を出し、周囲をあっと言わせた。彼女が次の月曜日に出勤してくると、同僚はオリンピック選手を見るような畏敬のまなざしで迎えたものである。

トライアスロンに縁遠い私たちにとってジェニファーの記録は驚嘆すべきものだったが、世界で活躍する選手の記録に程遠いことはそれとして認めなければならない。本書の執筆時点で、欧州選手権やオリンピックで採用されるスタンダードディスタンスの記録はイギリスのサイモン・レッシングが持っている。彼は一九九六年の世界選手権で一時間三九分五〇秒という記録を叩き出した。およその内訳は、スイム一八分、バイク五〇分、ラン三一分である。[2]

これはすばらしい記録だが、それぞれの種目の世界トップ選手と比べればだいぶ見劣りする。スイム一・五キロの世界記録は中国の孫楊《そんよう》が持っており、一四分三一秒だ。ラン一〇キロの世界記録はウガンダのジョシュア・キプルイ・チェプテガイが持っており、二六分一一秒である。そして世界最速の自転車競技選手であるベルギーのヴィクトール・カンペナールツなら、四〇キロを約四三分でこなせるはずだ。[3] 史上最高のトライアスロンの選手でさえ、それぞれの種目を専門とする選手には敵わない。

イングランド銀行のスタッフがプロのトライアスロン選手ほどは速くないというのは、別に驚きでもなんでもない。エコノミストは経済政策を考えるために報酬をもらっているのであって、泳いだり走ったりするためではないのだから。

だがこのことは、ある重要な経済原理を連想させる。**「専門化（あるいは特化 specialization）」である**。フルタイムでトレーニングするトライアスロン専門の選手は、パートタイムでトレーニングする銀行員の選手より速い。さらにスイムなりバイクなり一種目だけを専門にする選手は、もっと速い。

サイモン・レッシングが私たちほど論文をうまく書けないことも、私たちがサイモンほど速く走れないことも、専門化で説明がつく。また、サイモンが孫楊ほど速く泳げず、ジョシュア・キプルイ・チェプテガイほど速く走れない理由も、専門化で説明できる。

## アダム・スミスが訪れたピン工場

専門化の経済学的な意味合いを理解するために、再びアダム・スミスに立ち戻ろう。『国富論』の中でスミスは、労働者が専門化し仕事を分担することを「**分業（division of labor）**」と呼び、これは経済全体に利益をもたらすと述べている。ちょうど専門化したアスリートの合計タイムが速くなるのと同じように。労働者の専門化も経済の効率改善を牽引する重要な要因というわけだ。

その裏付けとして、スミスは自身が訪れたピン工場の例を挙げている。当時は機械の導入が始まって工場の風景が一変した時期だった。スミスは、イギリスのあちこちに出現した工場や製造所の作業効率に驚嘆したにちがいない。こうした工場の価値は、分業の一段の進化を可能にしたことにあるのだとスミスは力説する。

実際にスミスが目の当たりにしたのは、労働者一人ひとりはピン製造工程を構成する一つの仕事に特化していることだった。製造工程はおよそ一八の仕事に分かれている。針金を引き伸ばす、寸法どおりに切断する、先端を削る、頭をつける、という具合だ。

スミスが見学した作業場には労働者が一〇人いたが、もしこの一〇人がそれぞれ一八の作業をすべて一人でやったら、一日にピンを二本作るのがせいぜいだろう。だが各人が一つか二つの工程に特化したおかげで、同じ一〇人で一日四万八〇〇〇本以上を作ることができる。スミスは「**こうしてピン製造の仕事は一八ほどの作業に分かれており、作業場の中にはそのすべてにそれぞれ別の人を割り当てているところもある**」と書いている。[4]

分業のメリットは多岐にわたる、とスミスは論じる。労働者が一つの作業から別の作業へ切り替える必要がないので、時間の無駄がない。別の作業場へ移る必要がないだけでなく、別の作業を始めるための準備や気持ちの切り替えも不要だ。

また、労働者の訓練に要する時間と資源も減らすことができる。一人の労働者に工程全部ではなく一つの作業だけを教えればいい。これで時間と費用を節約できるので、経営者の利幅は広がる。そしておそらく、労働者の賃金を上げることもできるだろう。

まだある。同じ作業を繰り返しやるうちに労働者はそれに習熟する。やがて名人の域に達するかもしれない。ピンの頭を打つことが専門の職工は、針金の切断に特化した職工よりもその作業に熟練する。あるいは労働者によっては、たとえば視力が良いとか器用だといった理由から、何らかの作業が生まれつき得意かもしれない。そうなると、厄介な仕事も他の労働者よりうまくこなせるだろう。

こうした理由から労働者一人ひとりが他のどの労働者よりもよくできる作業を行うことになるので、高品質のピンが効率よく製造される。

## 生産性の向上に欠かせない

スミスの生きた時代から二五〇年が過ぎても、専門化と分業の重要性に関する洞察は経済学における最も基本的な知識の一つであり続けた。

その証拠に、イングランド銀行が発行した古い二〇ポンド紙幣の裏面にはスミスの有名なピン工場が描かれており、「ピン製造における分業（およびその結果としての生産量の大幅増加）」という真面目すぎる言葉が添えられている。

ピン工場が紙幣に描かれたのは、分業がピン製造にとどまらず、広く影響を与えたからだ。トライアスロン選手を考えてみよう。

トライアスロンにも同じ原則が当てはまる。トライアスロン・リレーというものがあるとすれば、それぞれ専門種目に特化した選手が担当してリレーするほうが、一人のトライアスロン選手で全種目をこなすより圧倒的に有利であることは言うまでもない。

一人の場合、スイムからバイクへ、バイクからランへ移るときに靴を履いたり着替えたりしなければならない。オリンピックに出場するようなトライアスロン選手でさえ、一回ごとに三〇～四五秒かかっている。[5] それぞれ別の選手が担当するなら、この分が一気に縮まるのだ。それに、着替えなどに伴う思わぬハプニングも回避できる。

それだけではない。一人ひとりは自分の得意な種目だけを日々トレーニングすればよいのだから、ますます磨きがかかるだろう。スイム、バイク、ランをそれぞれ世界記録保持者がリレーしたら、現在のトライアスロンの世界記録は一五分一二秒縮まることになる。そう考えれば、何か一つのことに特化するメリットは選手個人だけでなくその種目全体の記録向上につながると言うことができるだろう。

**経済学的に言えば、専門化とは誰もが自分の得意なことをやり、他の人も自分の得意なことに集中すれば、全体の結果が向上するということだ。**ピン工場では専門化が劇的な生産性の向上につながり、トライアスロン・リレーでは専門化が大幅な記録向上につながる。

このことは、経済活動のすべての分野に当てはまる。たとえばイングランド銀行では、エコノミストと警備員はそれぞれ自分たちの強みを活かせる仕事をしている。金の延棒を強盗から守るのに経済学の学位は役に立たない一方で、侵入者を無力化する技は経済政策の立案にはあまり必要ない。

スミス以降、専門化はスミス本人の想像もつかないほど徹底され、その威力はあますところなく発揮されてきた。今日では多くの工場が最終製品のごく一部しか作らない。たとえばあなたのスマートフォンにはたくさんの半導体が搭載されているが、ある工場ではそのうちの一種類だけを製造する。あるいは自動車の小さな部品だけを製造し、それらがどこかまた別の工場で組み立てられる。

専門化した工場で作られる部品それ自体に大きな価値はないが、やはり専門化した他の工場で作られる他の部品と組み合わせることによって、なくてはならぬ完成品になる。

## 国レベルの専門化と分業

### 得意なものを貿易で取引する

ここまで読んできた読者は、それがTシャツと何の関係があるのか、と思われたかもしれない。大いに関係がある。専門化と分業は国レベルにも当てはまるからだ。

どの国も自給自足しなければならない世界を想像してほしい。そうなったらイギリス人は国内で生産された材料だけを使った羊のパイとヨークシャー・プディングを毎日食べなければならないだろう。そして、ツイードの服ばかり着なければならない。

この本の執筆にも古ぼけたインペリアル社製タイプライターを使うほかない。アメリカ製のソフトウェアでスペルチェックをすることはできない。まったくもって不便なことおびただしい。しかも実際にはここに書いた以上に不都合だろう。

もちろんこれは誇張だが、言いたいことはわかっていただけるだろう。ありがたいことに現在の世界はそうはなっていない。**スミスのピン工場の労働者たちのように、各国が得意とするものに特化し、貿易を通じて交換している**。台湾は半導体製造で名高い。ドイツは自動車、フランスはワインで知られる。ここイギリスが得意とするのは金融サービスだ。英国企業はこの方面に長けている。

各国の得意分野にはさまざまな背景がある。たとえばイギリスが金融サービスの提供に定評があるのは、優秀な労働力としっかりした法制度を備えているからだ。

金融業がイギリスで栄え始めると、専門の訓練を受けた人が多数この業界に流れ込むようになり、この分野でのイギリスの優位は一段と強化される。イギリスの金融業では、教育を受け高度な専門知識を身につけた人が、そうした人材に乏しい他国に比べ優れたサービスを安価に提供するようになった。

ときには地理的な要因が専門化を促すこともある。たとえばイタリアのクレモナである。この街はバイオリンの製造で世界的に名高い。始まりは、一六世紀に王族からの楽器の需要が増えたことだった。バイオリンに適した木材はスプルース（松）とメイプル（楓）で、そのどちらもロンバルディア州には豊富にあった。そこで自然にクレモナがバイオリン製造という当時の新産業の中心地となったのである。

楽器産業は次第に発展し、多くの職人がこの街に集まってきて弦楽器製造に専門化していった。今日でもクレモナは、イタリアから輸出される弦楽器の八〇％を製造している。[6]

## 絶対優位と比較優位

別の言い方をすれば、どの国も何らかの財やサービスに関してそれぞれに「**絶対優位（absolute advantage）**」を持つことができる。それは地理的要因や歴史的要因によるのかもしれないし、単なる幸運によるのかもしれない。

多くの場合、絶対優位を持つ国と対等に渡り合うのは望み薄だ。**絶対優位を持つ国や地域は、何かをどの国よりもうまく作るか、同じ量の資源からたくさん作ることができる。**イギリスにバナナ園がない理由はそこにある。イギリスの気候は絶対的にバナナ栽培に適していない。

だが、いまは地球が温暖化している。ひょっとするとそのせいでイギリスの気候が変わるかもしれない。イギリス南部の海岸が熱帯のようになり、ブライトンの臨海地区に椰子《やし》の木が自生し、マーゲートがマイアミのような気候になったとしたらどうだろう。それでもバナナをイギリスで栽培せずエクアドルから輸入するほうがいいのだろうか。

ここから話はややこしくなる。いまの質問に対する答えはイエスなのだ。なぜか。イギリスでは土地が少ないことが理由の一つだ。とくに南部の沿岸地帯の土地は限られている。仮にイギリスが高品質のバナナを栽培できるとしても、大規模にやるとなれば、他の作物、たとえばイチゴやジャガイモや小麦の生産を減らさなければならない。

ここには、経済学者が**「比較優位（comparative advantage）」**と呼ぶものが関係している。この言葉が意味するのは、**相対的にうまくできることに専念し、うまくできないことには手を出さない**ということだ。専門的に言えば、他のどの国よりも機会費用が小さいものを生産する。

イギリス南部ではバナナ一房の栽培に必要な面積とイチゴ一箱に必要な面積は同じだとしよう。イギリスではバナナ一房の栽培に一ポンド、イチゴ一箱には五〇ペンスかかるとする。一方エクアドルでは、前者に一〇ペンス、後者には四〇ペンスだ。

エクアドルはあきらかに果樹栽培において絶対優位を誇っており、バナナもイチゴもイギリスより安く作れる。だが両方を栽培すると、エクアドルの農家は、イチゴ一箱につき四倍のバナナを生産する機会を逃してしまうことになる。バナナは彼らにとって、最もコストをかけずに栽培できる作物なのである。

同様にイギリスの農家にとっては、バナナの栽培はイチゴの二倍のコストがかかる。したがって、イギリスの農家はイチゴに専念し、エクアドルの農家はバナナに専念するほうが、どちらにとっても利益が多くなるし、土地資源の有効活用にもなる。

つまりイギリスはイチゴに、エクアドルはバナナに専念して貿易で交換することが双方の経済的利益になる。そうすれば最終的にどちらの国も潤う。

## 国際貿易で最大限の利益を得る

比較優位説は、一九世紀の経済学者デービッド・リカード（前章ですこしだけ登場した）の偉大な革新的理論だ。

リカードはアダム・スミスの半世紀後に生まれ、『国富論』を読んで経済学に出会う。そしてスミスの分業の理論を国レベルに応用し、どの国も最も比較優位の大きい産業に集中することによって経済成長を押し上げることができると主張した。

比較優位から最大限の利益を得るには貿易が必須であることを指摘したのも、リカードである。**それぞれの国が比較優位を持つ財やサービスに集中し、それを交換することが欠かせない**。

イギリスがイチゴだけ、イタリアがバイオリンだけ、台湾が半導体だけを作っても、貿易が行われていれば、ロンドン、ミラノ、台北にいながらにしてイチゴ、バイオリン、半導体を買うことができる。

リカードの時代でさえ、貿易はすこしも目新しいものではなかった。世界最古の交易路の一つであるシルクロードは、紀元前二世紀からずっと中国とローマ帝国を結んでいる。[7]歴史を通じてゆっくりながら着実に国際貿易は拡大してきた。一七世紀になる頃にはヨーロッパの人々はジャガイモ、トマト、コーヒー、チョコレートを味わうことができたが、これらの品々は南北アメリカ大陸で生産されていたのである。一九世紀に蒸気船と蒸気機関車が発明されると、世界の貿易は飛躍的な発展を遂げる。

ケインズは一九一九年に**「ロンドンの住人はベッドの中で朝の紅茶をすすりながら、電話一本で世界各地の物産を好きなだけ注文し、さほど待たずに戸口まで配達されると期待してよかった」**と書いている。[8]

そして二一世紀の私たちは、一世紀前のケインズですら想像もできなかったような貿易の世界に生きている。専門化と輸送コストの低下という最強の組み合わせにより、過去一世紀の間に世界の貿易はかつてない規模に達した。なにしろ一九〇〇年と比較すると、貿易量は四〇〇〇%も増えているのである。[9]

世界が小さくなったと感じられる理由の一つはここにある。グローバル化の進行、すなわち世界各国の経済的相互依存度の上昇は、世界各地で消費される財やサービスの大半がさまざまな国から供給されるようになったことを意味する。

そこで、あなたのTシャツである。Tシャツに限らずあなたの服の大半がアジア製なのはなぜか、という質問の答えはここにある。**アジアの最大の比較優位は低い労働コストだ。**

私たちのTシャツの多くを製造している中国は主に未熟練の膨大な労働力人口を抱えており、したがって賃金水準は低い。二〇一九年の時点では、中国の平均的な労働者の年間所得は九万五〇一一元（約一万四〇〇〇ドル）だった。[10]

アメリカは中国より人口が少なく、平均的な教育水準が高いため、賃金水準も高い。そこで、未熟練労働者を多数必要とするような仕事、たとえばTシャツ製造は中国など開発途上国や新興国で行うほうが、コストが安くて済む。

中国経済が製造業に集中しているおかげで、安価な製品が多くの国に供給されると同時に中国自身も経済大国になった。中国では一億二八〇〇万人が製造業で働いており、同国のGDPの三分の一を生み出している。

## 無形のサービス、情報、データなども対象

グローバル化が進むにつれ、貿易の対象も変化してきた。もちろん有形の財はいまでも重要だ。世界貿易機関（WTO）によると、二〇二〇年には貿易全体の七七％を有形財が占めた。[11]

だが貿易の規模が拡大したということは、これらの財の生産が以前にも増して専門化し

ていることを意味する。ほとんどの有形財はさまざまな国からの供給を必要とする。たとえばアップルは二〇二〇年に三〇近い国からスマートフォンの部品を調達したという。それぞれの国は高度に専門化された部品を作っている。[12]

**だが貿易の対象は有形財だけではない。サービスの移転はいまや世界の貿易の二三%を占めている。その多くは研究開発などの知識のやりとりだ。**それらは労働依存度が低く、インターネットなどの技術依存度が高い。

こうした変化は、音楽や映画を消費する方法にも見られる。音楽を聴くためにCDを買ったり、映画を鑑賞するためにDVDを買ったりしたのはいつのことだろう？　もはや思い出せないほど前だ。物理的な財からストリーミングやサブスクリプションなどデジタルサービスに移行しても、形あるものの代わりに情報やデータが交換されていると考えれば、それらもやはり貿易の一種にはちがいない。

現時点ではほとんどの貿易統計には公式にカウントされていないが、eメールやユーチューブのコンテンツやSNSまで含めれば、デジタルのやりとりは膨大な量に達する。デジタル貿易は額にして年間八・三兆ドルにはなるだろう。これらを公式統計に加えれば、世界の貿易高は二〇%増えることになる。[13]

# 自由貿易が引き起こす問題

## 貿易戦争の勃発

貿易が増えることはつねによいことなのだろうか？　そう考える人もいる。あらゆるものが大幅に安くなり、品質も向上し、最も適した場所に雇用が創出されるというのだ。だが多くの人は、そう単純な話ではないと考える。

この二〇年ほど、自由貿易が原因とされる問題が政治的にも頭痛の種となっている。先進国では二〇世紀後半から、かつては巨大だった製造業が衰退し始めた。アジアをはじめとする開発途上国の安い労働コストに太刀打ちできなくなったからだ。

その結果、製造業の雇用は低所得国に**「オフショアリング（offshoring）」**されるようになる。この本が二〇世紀半ばに出版されたとしたら、読者の着ているTシャツが英国製だった可能性は十分にあったが、二一世紀のいま、その可能性はまずない。

高所得国での製造業の雇用減は当然ながら大論争を呼ぶ。甚《はなは》だしいケースでは、国内産業と労働者を外国との競争から保護する政策が採用された。

二〇〇五年の夏を思い出してほしい。ウィリアム王子がセントアンドリュース大学を卒業し、ドイツの着メロ配信会社のマスコットキャラクター、クレージーフロッグのCMソングがイギリスのヒットチャートで一位になり、プレイステーション・ポータブルがヨーロッパで発売された年だ。

私たちはまだ内気なティーンエイジャーで、グローバル・サプライチェーンの存在にようやく関心を持ち始めたところだった。いや正直に言うと、もっぱら関心があったのはビーチに何を着ていこうかということだった。だがその夏は、服を買おうとどの店に行っても、ハンガーには一着も下がっていなかったし、商品の棚は空っぽだったのである。いったい何が起きたのだろうか。

答えは、貿易戦争である。**国同士が互いに貿易障壁を設け、報復合戦になっていた**。グローバル化時代と言っても、国同士の貿易が完全に「自由」ということはめったにない。多くの国が関税や輸入割当制を導入している。前者は外国からの輸入品に課税し、後者は貿易相手国の輸出量を制限する措置だ。

貿易戦争が起きると、どの国も相手国より障壁を増やしたり高くしたりする。貿易戦争には戦車や大砲は登場しないので、小競り合いとでも言うほうがふさわしいかもしれない。だが大混乱を招く点では同じである。

## ＥＵvs中国の「ブラ戦争」

二〇〇五年の貿易戦争（小競り合い）の当事国は、ＥＵと中国だった。長い間、繊維製品の貿易は多国間繊維協定（ＭＦＡ）の下で世界的な割当制が敷かれ、開発途上国から先進国に輸出する繊維製品の量が制限されていた。このＭＦＡの目的は、先進国の繊維メーカーを安価な輸入品との競争から保護することにある。

しかし輸入数量割当は段階的に撤廃され、二〇〇五年一月一日を以って完了する。繊維製品の貿易は割当に縛られなくなった。

だが先進国の多くは、その後に直面する競争のすさまじさをわかっていなかった。アメリカは中国からの繊維製品の輸入が二倍に、ＥＵでは三倍になる。[14]各国政府は頭を抱えた。スペインやイタリアなどＥＵ加盟国の多くは、長い伝統のある繊維・アパレル産業を持つ。その産業が突然、前例のない競争にさらされたのである。

やむを得ずＥＵは年間輸入枠を定め、一部の中国製品の数量規制を導入した。だがこれを不公平だと考えた中国政府は、実力行使に出る。数カ月の間に輸入枠を超える中国製品がヨーロッパに洪水のように押し寄せた。ＥＵは割当量を上回るとして域内での販売を認めず、八〇〇〇万点もの商品が港に滞留することになった。

この騒動はさっそく「ブラ戦争」と揶揄《やゆ》される。**二〇〇五年の夏、ヨーロッパの港では四〇〇〇万点のブラジャーがコンテナ船に積んだまま保税倉庫に留め置かれたからだ**。もちろんブラジャーだけではない。四八〇〇万点のセーター、一七〇〇万点のズボンも同じ憂き目に遭っている。[15]

## 争っても誰も得をしない

この戦争の勝者は誰なのだろうか、そもそも勝者はいたのだろうか。夏休みの旅行用に新しい服を買いたかった消費者は、さんざんな結果となった。ローコストで製造できない国の製品を買わざるを得ず、余計に払う羽目に陥っている。しかもセーターやズボンや下着類も品不足だった。夏休みになってわかったことだが、水着も。

ヨーロッパのアパレルメーカーは、一時的には得をしたと言えるだろう。ヨーロッパの人々は、手近な国が供給する服で我慢するほかなかったからだ。だがヨーロッパの小売店の多くは供給不足で売る商品がないし、価格も高すぎると文句を言った。そしてもちろん中国のメーカーは、ヨーロッパから締め出されて大損をした。

**だから長期的には貿易戦争に勝者はいなかったと言える。そしてこのことは、ほとんど**

の貿易戦争に当てはまる。二〇一八年に始まった米中貿易戦争もそうだ。しかも当事国だけでなく、世界中を巻き込んでいる。

現時点で、米中貿易戦争はアメリカと中国それぞれのＧＤＰを二％近く押し下げると予想されており、世界ＧＤＰ合計はおよそ一％縮小すると見込まれる。[16]

幸いにもブラ戦争の場合には、ＥＵと中国は最終的に妥協に達した。ＥＵは中国が翌年分の枠を使うことを認め、滞留していた製品の出荷を許可する。近年ではＥＵ加盟国は労働集約的な繊維産業よりも風力タービンや自動車など付加価値の高い製品や技術への投資を増やしている。言い換えれば、ＥＵは自分たちの比較優位にフォーカスしたわけだ。おかげで繊維製品に関する限り、貿易戦争はもう起きていない。

## 貿易協定でリスクを減らす

とはいえ、貿易戦争のリスクを根絶やしにすることは不可能だ。利害が競合する国が存在する限り、貿易戦争の火種は残る。それでも各国の政策当局は貿易戦争の回避に取り組んでおり、そのリスクを減らす手段の一つが貿易協定である。二つの国が二国間協定を結ぶケースもあれば、複数の国が貿易ルールの遵守に合意して「貿易圏（trade bloc）」を形成するケースもある。

**いずれのケースでも、協定参加国の間では関税を軽減または廃止することが多い。また多くの場合、製品の規格統一に向けた交渉が行われる。**共通の貿易ルールに合意した国同士が貿易戦争を始めることはまずない。

貿易圏はかなり前から存在する。たとえばドイツ関税同盟は一八三四年に発足した。この同盟には当時のドイツ連邦（現在のドイツ、オーストリア、チェコ、ルクセンブルクおよびその周辺国）に属すほとんどの国が加盟し、今日の貿易圏と同じく加盟国間の貿易障壁は撤廃されている。

同盟発足前は、ドイツ連邦内に推定一八〇〇もの関税障壁が存在したという。[17] 障壁が撤廃されたおかげで貿易は迅速かつ円滑に行われるようになり、貿易商人には大きな利益を、消費者には安価な商品がもたらされた。

今日の貿易圏も同じような役割を果たすが、規模が大幅に拡大している。EU域内では、国境を越えても関税は基本的にゼロだ。EU以外でも、アメリカ、カナダ、メキシコによる北米自由貿易協定（NAFTA——現在はアメリカ・メキシコ・カナダ協定USMCAという新協定に移行している）は多国間協定だ。

さらに二〇二〇年一一月には過去最大級の貿易協定が締結された。地域的な包括的経済連携（RCEP）協定である。RCEPは、既存の経済連合である東南アジア諸国連合（ASEAN）を取り込み、そこに中国、日本、韓国、オーストラリア、ニュージーランドなどが加わった。二〇一九年の時点でこれらの国は世界GDPの三〇%近くを占めている。[18]

こうした貿易圏や貿易協定はグローバル化推進の強力な原動力となる。貿易取引コストは軽減され、あなたのワードローブは外国製の服であふれることとなったわけである。

まとめ

## 世界の市場で利益を上げる

二〇二〇年における中国のアパレル輸出は世界全体の三分の一近くを占める。バングラデシュとベトナムがそれぞれ六%だ。それにトルコとインドが続く。アパレル産業だけに注目する限り、これらの国が最も生産的で最も裕福だと考えたくなる。[19]

だが見方を変えればそうは思わなくなるだろう。国境を越えたサービス貿易を考えてほしい。そこには、海外の顧客にeメールで提供される法律的な助言、海外旅行先のレストランで注文する食事などが含まれる。

アメリカはこうしたサービス貿易であらゆる国のはるか先を走っており、世界のサービス貿易の一四％を占める。アメリカに続くのがイギリス、ドイツだ。アパレルでは世界最強の中国はサービスではフランスに続く五位にとどまっており、世界のサービス貿易に占める比率は五％に満たない。[20]

ここまで読んできた読者には、アジアがアパレルに強くサービスで劣る理由がもうおわかりだろう。この現象はアダム・スミスのピン工場の延長線上にある。当時もいまも、生産性を上げる主な方法の一つは専門化なのだ。

この原理は個別の工場だけでなく個々の国も当てはまる。**国によってそれぞれに「比較優位」がある。**多くの場合、それは国内の資源に由来する。スイスが時計で、ベルギーがビールで、キューバが葉巻で知られる理由はここにある。

だが、比較優位が社会的な要因に由来する場合もある。中国がTシャツの輸出に強みを発揮するのは、労働コストが低いからだ。イギリスが金融をはじめとするプロフェッショナルサービスに定評があるのは、高度な専門スキルを備えた労働力を抱えるからである。

そうは言っても、**一国の比較優位はいつまでも同じではない。**そのことは、経済の歴史が教えてくれる。アパレルの製造・輸出におけるアジアの支配的地位だけを見て、アジアの強みは安い労働コストだけだと結論づけるのは性急に過ぎる。

ここ数年、アジアはスマートフォン、コンピュータ、ソーラーパネルの製造でも世界の先頭を走っている。今後二、三〇年のうちには自動車の輸出でも先頭グループに加わる国が増えるだろう。

世界の貿易のバランスは絶えず変化し、片時もじっとしていない。現在世界のアパレル輸出で最大の国が、将来は服を輸入するようになるかもしれない。それも、いまは服など作ってもいない国から。

# 第6章

# どうしてフレッドはもう10ペンスでは買えないの？

インフレとその原因について、モノが値下がりするのは思ったほどよいことではない理由について、コロナ禍における資産価値の目減りについて。

# インフレがもたらすもの

## どんどん値上がりする人気のお菓子

イギリス中どこでも、人々はのべつ腹を立ててある質問をする。金持ちも貧しい人も、老いも若きも、北部の人も南部の人も。それも、毎年だ。質問をするたびに腹立ちはつのる。その質問とは**「一体全体、フレッド（Freddo）の値段はどうなっているのか」**というものだ。

フレッドは大手菓子メーカー、キャドバリーのアイコンとも言えるカエル型の緑のチョコレートで、ほんの二、三〇年前にはたった一〇ペンスだった。だがイギリス人が大好きな笑顔のカエルくんは、だんだん楽しげには見えなくなり、なんだかこちらを嘲笑しているのではないかとさえ思えるようになった。[1]

二〇一〇年にはフレッドは一七ペンスになり、二〇一七年には衝撃的な三〇ペンスに跳ね上がる。その後二〇二一年にいくらか下がったものの、本書の執筆時点では二五ペンスである。[2]

私たちは、キャドバリーに対して反乱を起こすよう読者を扇動するつもりはない。そもそもフレッドの値上げはこの商品固有の理由によるのではなく、ほぼ避けられないある経済プロセスと関係がある。このプロセスは、広く経済全般にわたって物価が徐々に上がるよう仕向ける。すると長い間にお金の価値は徐々に目減りし、同じお金で買えるものが減っていくことになる。

このプロセスとは、「**インフレーション（inflation）**」だ。多くの場合、インフレは日々気づかれずに進行する。だが時が経つうちには、あなたの手持ちのお金で買える範囲に深刻な影響が現れる。状況によっては、インフレが悲劇的な結末に至ることもある。そこまでひどくなくとも、チョコレートが高くなったから買うのは控えようという結果を招く。フレッドにとってもフレッド好きにとっても憂鬱なことだ。

# インフレ率を調べる方法

## 平均的な家庭の消費支出を調査

**経済学者と統計専門家のチームは、平均的な世帯が買うと見込まれる財やサービスの入った仮想のバスケット（買い物カゴ）を毎年作成する。**

バスケットには形のある財（パン、牛乳、シャンプー、Tシャツ、ダンベル、洗剤など）も、形のないサービス（ジムの利用、ハウスクリーニングなど）もまんべんなく含まれる。こうして、平均的な世帯の買い物の入ったバスケットができあがる。

次にチームはバスケットに入れた品目の価格動向を追跡調査する。多くの場合、実際に毎月店を回って調べるのだ。バスケットの合計が一年前には一〇〇ポンドで、今年は一〇二ポンドだったら、物価は二ポンドすなわち二％上昇したことになる。つまりインフレ率は二％である。

もちろん、すべての品目の価格がちょうど二％だけ上がるわけではない。大幅に上がるものもあれば、小幅のものもある。中には値下がりするものもあるだろう。

本書の執筆時点で、イギリスの平均物価は二〇一〇年から累積で約二〇％上昇している。だが、長距離バス料金は約九五％、ピーナッツ一袋は約七〇％、観光ツアーは約六〇％上がった。ロンドン塔観覧料は、一般的なインフレ率に比してずいぶん上がっている。観覧中にスナック菓子を買おうとしたら値段にびっくりするかもしれない。
その一方で、サッカーシューズの価格は約二〇%、コンピュータゲームは約三〇%下がり、ノートパソコンにいたっては二〇一〇年の半分以下になった。だから、オンラインでサッカーゲームをプレイするにしても、リアルのサッカーをプレイするにしても、二〇一〇年よりはだいぶ安く済む。[3]
仮想のバスケットに何を入れるかは悩ましい問題だ。選ぶ品目は、何を計測したいかに左右される。生産者側にとって価格がどの程度変動したかを知りたいなら、生産に投入する原材料をバスケットに入れるだろう。平均的な世帯の生活費の変化を知りたい場合には、バスケットにはパンや牛乳が入り、鉄鉱石は減らされるだろう。
インフレの指標として最も広く活用されているのは、消費者にとっての物価を計測するために設計された指標、すなわち「**消費者物価指数（CPI）**」である。目的は平均的な世帯の消費支出を把握することにあり、バスケットの中身もそれを反映するような品目が選ばれる。イギリスではこの仕事を国家統計局（ONS）が担当しているが、どの国にも同じような機関が存在する。

## 対象品目は国や時代によってさまざま

キーワードは**「消費者」**という言葉だ。住宅価格は消費者物価指数に直接的には含まれないことが多いが、消費者物価バスケットが何を計測しようとしているのかを考えれば、それも納得がいく。あなたは住宅を「消費」はしないし、毎月あるいは毎週買ったりもしない。住宅は使って、やがて朽ちるものだ。

ただしイギリスでは、消費者物価のバスケットに住宅に関する定期的な支出が含まれている。家賃である。家賃は、住宅を購入した場合のローンの支払いに該当すると考えることもできる。範囲を広げていわゆる「生活費」の推移を把握することをめざす指数もある。その場合には、生活費の計測に適したバスケットを用意することになる。

バスケットに何を入れるかは国によってちがう。フランスのバスケットにはカエルの足やエスカルゴが、ドイツにはソーセージやシュニッツェルが、イギリスには伝統的な日曜日のご馳走ローストビーフが加わる。[4]

また、時代によってもバスケットの中身は変わる。一九四七年にONSが統計をとり始めたときは、レコードや肝油が入っていた。しかし七五年後のいまは姿を消し、現代の消費者がよく買う品目に置き換えられている。たとえばネットフリックス、フレーバーミルク、コンドームなどだ。[5]

二〇二一年には新型コロナの感染拡大を受けて、初めて手指の消毒液がバスケットに加えられた。消費者がたびたび買うようになったからである。

**バスケットは、その目的からして、消費者の買い物を代表する内容になっている。**平均的な消費者を想定してはいるが、ある人が実際にバスケットの中身をそっくり買うということはまずない。

したがって、インフレ率があなた個人の生活費の変化を完璧に表しているとは言えない。たとえば、運賃は外食費より上昇率が高い傾向にある。すると旅行の支出が多い人にとっては、外食の支出が多い人よりインフレ率が高く感じられるだろう。

## 自分にとってのインフレ率を調べるには

さまざまな調査の結果、一般に消費者は、公式のインフレ率が実際の生活費の上昇を過小評価していると感じやすいことがわかっている。[6]

理由は、人々のバスケットの中身が統計で用いられる代表的なバスケットとはちがうからかもしれない。あるいは、人間には悪いニュース（物価が上がった）を過度に深刻に受け止める一方で、良いニュース（物価が落ち着いた）にはあまり注意を払わない傾向があるからかもしれない。

また、人間は食品などひんぱんに目にする価格には心理的に大きな重みを与えがちだということも、研究で確かめられている。そして食品はバスケットの中の他の品目より大幅に値上がりしやすい。

自分にとっての個人的インフレ率を知りたい場合には、便利なオンラインツールが用意されている。だがもっとかんたんに計算する原始的な方法もある。

今度スーパーマーケットで買い物したら、レシートを持って帰ってきてほしい。そしてよく買う品目に印をつけておく。次にそのレシートを引き出しにしまって一年後になるまで忘れてかまわない。

ちょうど一年後にまたスーパーマーケットで買い物をしてレシートを持ち帰る。そして**同じ品目があったら、一年間でどれだけ値段が変化したか、上昇（または下落）率をパーセンテージで計算する**。そう、この数字があなたの個人的インフレ率だ。

## より正しく計測するために

もっとも、これほどかんたんにインフレ率が求められるなら、統計専門家の集団は存在しなかっただろう。自分の買い物の品目数を考えただけでも、かなり面倒だということに気づくはずだ。

たとえば去年より今年はたくさんパンを買っていたら、どう計算するのか。統計専門家はバスケットの中のさまざまな品目について相対的なウェイトをつねに微調整し、消費動向の変化を忠実に反映できるようにする。

品質の問題もある。**つまり、品質のちがうものの価格を比べたのでは正しいインフレ率は得られない。**たとえば、アップルのｉＰｈｏｎｅとノキアの３３１０を考えてみよう。

現在のスマートフォンと五年前のスマートフォンはほとんど別物である。

二〇〇〇年に発売されたＮｏｋｉａ ３３１０は一二九・九九ドルだった。二〇二〇年発売のｉＰｈｏｎｅ 12は最低でも五七九ドルである。[7] ここからインフレ率は四五〇％だと結論づけるとしたら、重大なことを見落としている。

最新のｉＰｈｏｎｅは古いＮｏｋｉａよりずっと多くのことができる。音声電話やメールだけでなく、カメラ、スピーカー、ゲーム、インターネット等々。したがってインフレ率の計算にあたっては、この点を加味して調整する必要がある。

この品質調整の問題は、ハイテク製品ではことに顕著に現れる。仮に技術的に完全に同等の製品が存在するとしたら、その価格は多くの場合に数十年間で大幅に下落しているはずだ。よって品質調整後であれば、イギリスの多くの品目の価格はおおむね一九八八年と同水準だと言えるだろう。

価格を定期的にチェックしていても、インフレをはっきりと把握するのはむずかしい。二〇一七年にＯＮＳが発表した報告によると、**価格は据え置きだが数量やサイズが小さくなった商品**がバスケット中に二〇六品目もあったという。

## お金の価値がどんどん下がる

たとえば魚のフライ「フィッシュフィンガー」は一パック一二本入りだったが、現在は一〇本しか入っていない。ティーバッグは一箱八〇袋入りだったが、現在は七五袋だ。中でも最も困るのは、二二一シートだと思い込んでいたトイレットペーパーがいまはたった二〇〇シートだと判明したときだろう。

こうした現象は隠れインフレという意味で「シュリンクフレーション（shrinkflation）」と呼ばれる。**経済学の観点からすれば、シュリンクフレーションは値上げと同じことだ。**同じ値段で内容量が少ないのだから、単価は上昇したことになる。

このやり方が売り手にとっていつもうまくいくとは限らない。菓子メーカーのモンデリーズが、二〇一六年に人気のチョコバー、トブラローネのサイズを小さくすると、チョコレート好きから猛反発を食らい、一年半後には元に戻す羽目に陥った。フレッドも例外ではない。二〇二〇年にフレッドが同じ値段で小さく軽くなったことに気づいたオーストラリアの消費者は大いに憤慨した。

# せっかく宝くじに当たっても

一九九四年一一月、イギリスは新しい宝くじの話題で持ちきりだった。国営宝くじの通称「ロト」が、たった一ポンドで百万長者になれるチャンスがあるとの謳《うた》い文句で売り出されたのだ。

もちろん、運良く百万長者になれるチャンスはごく小さい。およそ一四〇〇万人に一人である。それがどうしたとばかり、誰もが一四〇〇万人中の一人になることを夢見て、第一回として売り出された宝くじ三五〇〇万枚を一五〇〇万人以上が買い込んだ。[8]

実際には「一人」は七人おり、賞金五八七万四七七八ポンドを分け合うことになった。一人八四万ポンドである。

一九九四年の時点では、これはまちがいなく大金だった。なにしろゲームボーイ五〇〇〇台か発売されたばかりのトヨタのＳＵＶ「Ｒａｖ４Ｓ」を四〇台買うことができ、お釣りで当時大流行していた蛍光フレームのメガネも買えた。あるいはフレッドを八五〇〇万個買ってもいい。

だが、当選した人が賞金をスーツケースにしまってベッドの下に寝かせておき、二〇二二年になって引っ張り出したと想像してほしい。[9]きっと彼らはがっかりするだろう。

そもそもゲームボーイはもう売っていないことはさておくとしても、**せっかくの賞金の価値がだいたい半分に減ってしまっている**からである。

一九九四年以降、ロトはさまざまなタイプの宝くじを売り出しており、そのうちの一つ「一生安泰（Set for Life）」に当選すると、三〇年間毎月一万ポンドもらうことができる。二〇二〇年の一二月二八日、二一歳のジェームズ・エバンズは新型コロナのパンデミックでさんざんだった一年を振り返り、こんないやな年は早く終わってほしいと考えていたことだろう。年が終わる前に自分が「一生安泰」に当たり、五〇歳になるまで毎月一万ポンドもらえるとはまったく知らなかった。

当たったとわかったとき、彼は家族でカナダへスキーに行くと決める。現在の物価水準なら、宝くじ一カ月分で足りるはずだ。

だが三〇年が終わりに近づく頃には、同じスキー旅行に二カ月分が必要になるかもしれない。でなければ、家族の半分を家に残していくことになりそうだ。おそらく二〇五一年の一万ポンドでは、カナダまで一家では行けないと思われる。

## インフレが現金の購買力を奪う

宝くじというものはかなり古くから存在した。国家が運営する宝くじは、古代ギリシャ・

ローマの時代まで遡ることができる。

イギリスで最初の国営宝くじが売り出されたのは一五六七年である。国民に不人気な増税を行わずにエリザベス一世が資金調達をすることが目的だった（これでは増税とたいして変わらないという人もいることだろう）。一枚一〇シリングのくじが四〇万枚用意された。一等の賞金は五〇〇〇ポンド、そのほかに副賞として記念のプレートやタペストリー、それに訴追免除の特典が与えられる。

当時の五〇〇〇ポンドがどれほどの価値かというと、馬一〇〇〇頭か牛四〇〇〇頭、またはビール一三五万リットルを買うことができた。だが一九九四年に改革後のロトで一等に当選した人からすれば、五〇〇〇ポンドは端金《はしたがね》に見えることだろう。

さらに二〇二一年の当選者ジェームズ・エバンズにとって、五〇〇〇ポンドは賞金二週間分に過ぎない。一五六〇年代の五〇〇〇ポンドと同等の購買力を今日のポンドでもらうためには、二七〇万ポンドの賞金を当てなければならない。

宝くじに当たる幸運はめったにないにしても、この例はインフレがすべての人におよぼす影響をよく表すものと言えるだろう。

**物価が上がるにつれて、あなたが持っている現金の購買力は減っていく**。過去三〇年間、イギリスでも多くの先進国でもインフレ率は平均して年二％だった。さほど大きい数字ではないように感じられるが、三〇年の間にはあなたのお金の購買力はおよそ半分に目減りしてしまう。

## 住宅ローンや老後の生活にも大きな影響

このことは、インフレが腹立たしく癪《しゃく》に障《さわ》る問題であると同時にきわめて政治的な問題でもあることを意味する。インフレの影響を打ち消す策を積極的に講じない限り、インフレはあなたの購買力を蚕食《さんしょく》していく。

たとえば賃金を考えてみよう。二〇二一年までの一〇年間でイギリスの賃金は二〇%以上引き上げられたとあなたは考えているかもしれない。つまり年二%以上だ。一見すると大幅な賃金上昇のように見える。

だがインフレ率を考慮すれば、買えるものの量がほとんど増えていないことにすぐに気づくはずだ。**インフレ率が賃金上昇率とほぼ同じだったら、購買力は増えるそばから打ち消されてしまう**。

対照的に日本では同時期の賃金上昇率が年一%に満たない。だが平均インフレ率はおおむね〇%なので、日本の労働者の購買力は目減りしていない。名目上の賃金上昇率はイギリスより低いものの、物価に関してはイギリスより暮らしやすいと言える。

こんな具合にインフレは私たちの生活を翻弄《ほんろう》する。インフレ率は、定年後に備えた貯金、住宅ローンの返済、賃上げ交渉などさまざまな長期的な意思決定に影響をおよぼす。フレッドがあんなに値上がりしたのもインフレが原因だ。いや、フレッドだけではない。悲しいことにあなたが買うものの大半がそうなっている。

# 「ハイパーインフレ」とは何か

## 一年で三桁台の値上がり

もしあなたが二〇〇八年にジンバブエで新聞を買ったら、見出しという見出しはインフレで埋め尽くされていただろう。

インフレ率は途方もなく高かった。どのくらい高かったかというと、翌日同じ新聞を買うときには値段が二倍になっているほどだったのである。たった二四時間のうちに倍である。

当時のジンバブエのインフレ率は、およそ八〇〇億%だった。これがどういうものか想像できないという読者は、新聞が毎日二倍に、つまり明日も明後日もその次も前の日の二倍になると考えてほしい。ふつうなら生涯かかってもお目にかかれないようなインフレが、ジンバブエでは一週間のうちに起きていたのだった。

高インフレに苦しめられた国はジンバブエだけではない。一九六〇年代半ばから八〇年代前半にかけては、アメリカや他の多くの国が「大インフレ」と呼ばれた時期を経験している。原油価格の高騰に政府支出の増大と中央銀行の金融政策が重なって、物価は毎年二桁台の上昇を記録した。

インフレはたびたび新聞で大々的に報道され、政治の場で重要な論題にもなっている。これほどインフレ率が高いと、五~七年ごとに物価は二倍に、手元現金の価値は半分になってしまう。これがもしずっと続いたら、あなたの購買力は三〇年後にはたった二%まで減ることになる。

言うまでもなく、八〇〇億%という数字は、二桁台の初めのインフレ率に比べると桁ちがいである。ジンバブエの例でわかったのは、**インフレがいったん加速するともはやとめどがなくなり、「ハイパーインフレ」と呼ばれる現象になる**ことだ。

インフレがいつハイパーインフレになるのか、はっきりした決まりはない。だが、毎週買い物に行く店で品物が一年間で三桁台の値上がりをしたら、それはハイパーインフレだと考えてまちがいないだろう。[10]

ハイパーインフレは、世界の歴史にたびたび登場する。一九二〇年代にドイツ経済がハイパーインフレに見舞われ、それが政治の激震につながって第二次世界大戦の引き金を引いたことは、多くの人が漠然とではあっても知っているだろう。札束を積んだ手押し車と並走し、紙幣が紙くずになる前に使ってしまおうとした人々の話も聞いたことがあるかもしれない。

もっと最近では、ハンガリー、ギリシャ、アルゼンチン、ベネズエラ、レバノンでもハイパーインフレが起きている。ある推定によると、二〇世紀には平均して一年おきに世界のどこかでハイパーインフレが起きていたという。

## 高インフレで余計なコストがかかる

これらは極端な例ではあるが、高すぎるインフレが経済に破壊的な影響を与えることを雄弁に物語っている。まず、高インフレ下では事業経営が非常にむずかしくなる。ごく手近な問題として値札を考えてみよう。

インフレ率がごく低いかゼロの場合には、ひんぱんに値札を書き換える必要はない。だがインフレ率が高いと、毎日のように、それどころか一時間おきに書き換えなければならない。これには費用も手間もかかり、度重なればかなりの出費となる。

物価が安定的に上昇する場合でも、価格改定に伴ういわゆる**「メニューコスト」**は軽視できない。アメリカのスーパーマーケット業界を対象にしたある調査によると、メニューコストは利幅の約三分の一に相当するという。[11]

事業経営をしていない人にとっても、高インフレは手持ちのお金にじつに好ましくない影響をおよぼす。インフレは手元現金の価値を減らす。そこでインフレ率が高いとき、人々は手元に置く現金を減らし、何か利回りのよいものに投資することを考え、必要なとき以外はお金を持つまいとする。

こうして本来なら望ましい額を手元に置かないため、ひんぱんに銀行へ行って口座から引き出さなければならない（言い換えれば資産を現金に換える）。そのせいで文字どおり靴底が減るので、このコストを**「シュー・レザー・コスト」**と呼ぶ。

高インフレになると政府は紙幣をどんどん印刷しなければならないので、それにもコストがかかる。お金の価値があまりにハイペースで下がると、高額紙幣もあっという間に価値が下がって紙くず同然になる。

二〇〇八年半ばのジンバブエでは紙幣印刷用の紙が払底《ふってい》して値上がりし、造幣局は紙を買えなくなった。紙の原価のほうが、そこに刷る紙幣の額を上回ってしまったのである。物価上昇のペースが速すぎて、正しい透かしの入った新しい紙を用意させる時間も資金もなくなると、最後は古い透かしの入った紙を使う羽目に陥っている。

二〇〇八年発行の二五〇億ドル札の透かしをよく見ると、製造時点では五〇〇ドル札用の紙だったことがわかる。二〇〇九年一月の時点でジンバブエの最高額の紙幣の額面は一〇〇兆ドルだった。しかも衝撃的なことに、この紙幣を出してもバスの切符が買えるだけだったという。

## 貯金の目減り、債務の目減り

この状況が企業、消費者、政府いずれにとっても日々悩ましい問題であることはまちがいない。それでも、高インフレが経済全体におよぼす影響のほうがはるかに重大だ。**おそらくインフレの最悪の影響は、貯金に与える打撃である**。インフレは、お金の保有に課される税金と考えることができる。所得税が毎月あなたの給料から源泉徴収されるのと同じように、インフレはあなたの貯金の購買力を削り取る。

**同時に、インフレは債務の価値も減らす**。たとえば、おばあちゃんから一〇〇ポンド借りたと想像してほしい。あなたは一年後に一一〇ポンドにして返すと約束する。つまり利子は一〇%だ。[12]

その年のインフレ率は一〇%と予想されるので、一年後の一一〇ポンドは現在の一〇〇ポンドとぴったり同じだけ買えるはずである。だが実際にはインフレ率が二〇%だったらどうなるのか？

　返済額が一一〇ポンドのままだったら、その金額で買えるものが減ったという意味で、あなたの借金は軽くなったことになる。一方、気の毒なおばあちゃんのほうは、一一〇ポンドでは予定したより一〇％少ないものしか買えない。おばあちゃんの購買力は減ったわけである。

　こういうことが起きるのは、債務の大半がインフレ率を勘案した「実質価値」ではなく、「名目価値」で計算されるからだ。たとえば「一〇〇ポンド＋利子」というふうに。この場合、返済期日における一〇〇ポンドの価値がどうあろうと、とにかく返済額は一〇〇ポンドである。

　インフレが債務の価値を減らすこのプロセスは、経済全体にさまざまな影響をおよぼす。巨額の債務を抱えた政府にとって、意図的にインフレを引き起こして債務負担を減らそうとする誘惑は昔からきわめて大きかった。

　問題は、そんなことをすると銀行に預け入れたお金の価値まで減ってしまうことだ。つまり債務が減った分は、購買力に課されるインフレ税で払われることになる。同じ理由から、インフレは貯金をした人から借金をした人に購買力を移転させる。一般に若い人ほど借りている可能性が高く、歳を取った人ほど資産を持っている可能性が高いため、高齢者から若者に購買力を移転させることになりやすい。

# デフレも望ましいとは言えない

## 物価がどんどん下がる現象

高インフレがこうしたコストを生じさせるなら、なぜ完全になくしてしまわないのか。長い目で見てモノの値段が下がるほうが好ましいのではないか。

もしあなたがほかのことから完全に切り離されて単に買い物をするだけなら、この主張は正しい。**問題は、私たちの大半は消費者であると同時に経済において他の多くの役割を演じていることだ。**

事業を経営しているかもしれないし、雇用されているかもしれない。作り手か売り手かもしれない。それぞれの役割において物価がどんどん下がると考えてみたら、物価がどんどん上がるより悪いとは言わないまでも、同じくらい好ましくないと気づくはずだ。

一九三〇年代にさしかかる頃のアメリカを考えてみよう。一九二九年のウォール街の大暴落を受けてアメリカは大恐慌に突入し、デフレが起きて、一九三二年まで物価は年一〇%のペースで下落した。

このときの原因は、需要不足だった。株などで大損害を被《こうむ》った人々が支出を減らしたからである。お金を持っている人も、大暴落で大火傷をしたあとでは慎重になっており、使うよりは貯めようとした。こうして企業が売るモノの需要が激減する。企業のほうも急速に減っていく利益の一部なりとも確保しようとしてコストを切り詰め、生産を減らした。

このダブルパンチの連鎖的な影響は悲惨だった。労働者の賃金は下がり、最悪の場合は解雇されてゼロになった。大恐慌の最中の失業率は二五%を上回っている。**しかし所得が減るかゼロになった労働者は、一方では消費者でもある。**このため、所得が減って消費需要はさらに落ち込み、企業はさらに生産と雇用を減らすという悪循環にアメリカ経済は陥ってしまった。

## 進行すると「デフレスパイラル」に

デフレがいったん始まると、あとは自己増殖的にデフレが進む。明日になったら一〇%値下がりするとわかっていたら、誰しも今日は買わずにおこうと考えるだろう。買い物は先送りして、できるなら貯金しておくほうが理に適っている。めったに買わない高額商品、たとえばテレビ、冷蔵庫、車などはとくにそうだ。

こうした消費行動が短期的な現象で、たとえばクリスマス翌日のセールまで待つ、といった程度ならさして問題ではない。**問題は、デフレがしぶとく続く限り、支出の先送りが得になることだ。**

そして支出の先送りは所得の減少と同じく、今日の需要を減らすことになる。すると物価は一段と速いペースで下がり、そうなるとますます先送りが賢い選択になる。あとになるほど貯金の購買力が増えるからだ。

経済学者はこの自己増強的なプロセスを**「デフレスパイラル」**と呼ぶ。経済がこのスパイラルに突入すると、そこから抜け出すのは非常にむずかしい。

## めざすべきは二％程度のインフレ

デフレは、債務を抱える人にとっても頭痛の種となる。さきほど述べたように、インフレはお金の購買力を減らす。購買力の減ったお金を債務の返済に充当することになるので、債務の負担は減ったことになる。お金の価値が下がっているときは、二年前に借りた一〇〇ポンドの返済は以前より楽になるわけだ。

しかしデフレでは正反対のことが起きる。生活費やおそらくは賃金に比して一〇〇ポンドの価値が二年前より大きくなるため、債務の実質負担が膨らむのである。

　となれば、デフレは最初に考えたほど魅力的とは言えなくなってくるだろう。**高インフレとデフレのコストを踏まえたうえで、経済学者のほぼ全員が、めざすべきは安定したゆるやかな物価上昇であるという点で意見が一致している。**

　モノの値段は、下落のリスクを抑えられる程度に上昇することが望ましいが、上がりすぎてハイパーインフレを引き起こすリスクは避けなければならない。具体的にどの程度のインフレが望ましいのかは議論の余地がある。

　現在、高所得国の多くは年二％を目標にしている。一部の経済学者はもうすこし高め、たとえば三〜四％でもよいと主張する。しかし一〇％近くに達したらインフレのコストが大きくなりすぎるし、インフレがさらに加速するリスクも高まるというのがほぼ全員の一致した見方だ。

## インフレが起きる二大原因

## 「コストプッシュ」と「デマンドプル」

二〇二〇年初めに理髪店へ行った人は、あとになって、しばらく散髪に行けないことがわかる。新型コロナの感染拡大で、世界中の理髪店は営業中止を余儀なくされたからだ。ロックダウンが長引くにつれて世界中で大勢の人がぼさぼさ頭になり、理髪店が再開して散髪してもらう日を夢見るようになる。おぼつかない手つきでハサミを操る同居人ではなく、れっきとしたプロに切ってもらう日を。

だが二〇二〇年半ばにイギリスで待ちに待った理髪店が再開したとき、やってきた人はショックを受ける。

おぞましい健康リスクに直面した国中の理髪師は、感染防止のための新しい設備を整え、予約の合間に機材を入念に消毒し、椅子の間隔を広げるなどの措置を講じた。こうすると、同じスペースで対応できる客の数が制限される。

これらすべてが一回のコストを押し上げることになった。多くの理髪店がコスト高を料金に転嫁したため、最初のロックダウンの一八カ月後には、散髪料金は八％以上値上がりしていた。

これはかなり特殊な状況ではあるが、インフレがどのように起きるかを教えてくれる。

基本的には、価格をいくらに設定するかについて売り手が日々下す膨大な数の判断の結果としてインフレが起きる。

判断を下すにあたり、事業主が経済学の理論や経済のしくみなどに思いを致すことはまずない。彼らが考えるのは、**コストはいくらかかるか、自分の売るモノやサービスに需要はあるのか**、ということだ。コストが上がったら価格も上げざるを得ない。需要が増えていると気づいたら価格を上げたくなる。

これと同じように、経済学者はインフレを原因に応じて二つに分ける。第一は、インプットのコストが増加して価格を押し上げるタイプだ（さきほどの理髪店はまさにこれである）。これを**コストプッシュ・インフレ**という。第二は、モノやサービスの需要が増えたために価格が引き上げられるタイプだ。こちらは**デマンドプル・インフレ**という。

## 「コストプッシュ・インフレ」四つの要因

それぞれのタイプについて考えてみよう。コストプッシュ・インフレには四つの重要な要因がある。

価格の上昇

第一は、コモディティ（石油、ガス、鉄鋼など）価格の上昇である。一九七三年一〇月に石油輸出国機構（OPEC）の一部加盟国が原油公示価格の七〇％引き上げを発表し、直後にOPECは原油の減産と一部の欧米諸国を対象とした石油禁輸を決定する。

後者は同年の第四次中東戦争でイスラエルを支持した国に対する報復だった。いわゆる第一次オイルショックである。

OPECは気づいていなかったが、これは世界の歴史に転換点を刻む決定だった。その後五カ月にわたって原油価格は上がり続けてオイルショック前の三倍に達し、一九七〇年代のインフレを引き起こす引き金となったのだった。

というのも、OPECの決定の影響は石油にとどまらなかったからだ。石油は、ほぼすべてのものの生産プロセスのどこかで使われていた（いまもそうだ）。エネルギー源として、樹脂などの原料として、あるいは原材料や製品を運ぶ燃料として。**だから原油価格が上昇すると、すべてのものの価格が上がることになる**。

生産者には二つの選択肢がある。一つは価格を維持し、コストの上昇を利益で吸収することだ。もう一つはコストの上昇分を価格に転嫁して利益をおおむね維持することである。前者を選べば利益が失われ、おそらくは損をする。後者を選べば価格が高くなって需要が落ち込む。実際には両方の折衷案が採用され、消費者物価は一九七四年に世界中で一四％上昇した。[13]

## 為替レート

コストプッシュ・インフレの第二の要因は為替レートである。夏休みにスイスアルプスへ旅行すると考えてほしい。飛行機を降りてすぐあなたはスイスチョコレートを買う。一〇スイスフランだから、ポンドに換算すると約八ポンドでちょっと高い。だが旅行中で気が大きくなっているのでよしとする。あなたは山登りやチーズフォンデュやヨーデルを満喫し、同じ空港から帰路に着く。

そこで最初に買った同じチョコレートをまた買おうと決め、一〇スイスフラン払う。だがじつは知らないうちに為替相場が変動し、スイスフランは英ポンドに対して一〇%下落していた。チョコレートの値段をポンドに換算すると、七・二〇ポンドなったわけである。これならもう一枚買ってもいいかもしれない。実際、まさに同じことを筆者は二〇一一年九月に経験した。スイス旅行中に、一夜にして一〇%のスイスフラン安になったのである。

このように、為替の変動はインフレに大きな影響をおよぼす。**自国通貨が下落すれば、輸入物価は高くなる。**

二〇一一年のその週にドイツから牛乳を輸入したスイスのチョコレート・メーカーは、輸入代金がスイスフランに換算すると一〇%も高くなっていることに気づいて困惑したはずだ。カナダ産の木材、韓国製のハイテク部品、エクアドル産のコーヒー等々に依存している世界では、為替変動の累積コストはかなり大きくなりうる。

## 賃金上昇

第三の要因としては、賃金上昇が挙げられる。ただし、賃金上昇が、つねにインフレに直結するわけではない。**重要なのは賃金が上がる理由だ**。労働者が仕事に熟練し、生産性が向上して賃金が上がった場合には、インフレにはならない。

たとえば、あなたが一時間につき部品一〇〇個を生産し、時給一〇ポンドをもらうとしよう。この場合、部品一個につき一〇ペンスということになる。だが何か新しい方法を使って一時間につき部品一一〇個を生産できるようになったとしよう。そこで雇用主はあなたの賃金を一個につき一一ペンスに上げてくれた。だがコストに変化はないから、消費者に転嫁されることもない。

対照的に、経済全体が人手不足に陥り、会社が既存の労働者をつなぎ止めるために賃金を引き上げたとしよう。この場合は会社の利益を直撃するため、それが価格に転嫁されればインフレ要因となる。

## 税金

コストプッシュ・インフレの第四の要因は、税金である。イギリスでは二〇一八年から砂糖税（正式には糖類を含む飲料に対する課税）が導入された。

ここでコカコーラはジレンマに直面する。すぐに成分を変更して砂糖を減らす対応をとれる他社とは異なり、コカコーラはオリジナルのレシピにこだわりがあり、どうしても変えたくない。だがそうなると、コーラだけ値上がりすることになってしまう。

同様の例でもっと範囲が広かったのは、二〇一一年一月に**付加価値税（VAT）**が一七・五％から二〇％に引き上げられたケースだ。他の条件に変更がなければ、それまで二五ポンドだったTシャツには五〇ペンスのVATが加算されることになる。

この分はインフレに直ちに反映され、インフレ率は二〇一〇年一二月の時点で三・五％だったのが、二〇一一年九月には五％を上回った。VATの増税がなかったらインフレ率はこれほど上昇せず、せいぜい四％程度だっただろうと経済学者は見積もっている。

## 通貨供給量でインフレをコントロールする

## 「デマンドプル・インフレ」の要因

とはいえ、これらのコストプッシュ要因は全体像の半分に過ぎない。デマンドプル・インフレは、何らかのきっかけで需要が高まり供給能力を上回ったときに起きる。

需要が増大する原因はさまざまだが、単に人々が果敢に大金を投じる気分になるだけでも需要は増える。こうした気分をケインズは「**アニマルスピリッツ**」と呼んだ。**人々が野心や衝動に駆り立てられることこそが消費行動を牽引する**と彼は考えたのである。

ともかくも、どんな理由で需要が増えるにせよ供給の増加がそれに追いつかなければ、消費者は何としても手に入れようとして価格を押し上げることになる。欲しいもののためなら消費者は喜んで余計に払うだろう。

**インフレを引き起こす最も有名なデマンドプル要因は、通貨供給量の増大である**。ケインズ批判の急先鋒であるミルトン・フリードマンは、インフレは「**いつでもどこでも貨幣的な現象である**」とまで言った[14]。

この発言の意味は、経済の中を流通する貨幣の量が、その経済の生み出すものの量に比して増えない限り、モノの価格はけっして上昇しない、すくなくとも長期にわたって上昇することはない、ということである。

フリードマンにはその裏付けとなる証拠もあった。一九五〇年代〜六〇年代にかけて、彼は同僚のアンナ・シュウォーツと共同で統計分析を行い、通貨供給が増えれば高い確率で物価が上昇すること、通貨供給量の伸びが鈍化《どんか》すれば物価の上昇が鈍化するか下落することを示した。

## インフレを安定的に維持するために

この発見は、マネタリズムとして知られる経済理論の根拠となった。マネタリズムは、経済理論としてはほとんど議論の余地のない見方に根ざしている。使われた貨幣の総額は、最終的には生産・輸入・購入されたものの価値に等しくなる、というものだ。

この価値は、生産されたものの数量と価格から導き出される。要するに単純な足し算であり、フリードマンは「貨幣数量説（Quantity Theory of Money）」として知られる等式を導いたことで不朽の名声を獲得した。

この貨幣数量説を出発点として、マネタリストは次のように主張した。経済の中で生産されたものの数は、すくなくとも長期的には、いくつかのゆっくり変化する基礎的な要因、たとえば労働年齢人口や技術の高度化などにのみ左右されるのであって、流通している通貨量は経済の実際の規模には影響をおよぼさない。この原理は**「貨幣の長期中立性（long-**

**runneutrality of money）」**として知られる。

実際にこの主張が意味するのは、通貨供給を増やすことは可能だが、増やしたところで現実の経済活動が拡大するわけではない、ということだ。では通貨供給を増やしたときの必然の結果は何か。マネタリストによれば、インフレである。経済の中で売られたり買われたりしているものの量は同じなのに、供給される通貨が増えれば、通貨の価値は下がるからだ。

## マネタリズムに基づく経済政策

一九七〇年代〜八〇年代にマネタリズムは先進国の多くで次第に影響力を強める。イギリスではマーガレット・サッチャー、アメリカではロナルド・レーガンをはじめとする政治家がこの理論を採用した。

その結果、政策当局は経済の中を流通している通貨の量を把握し、そのコントロールに注意を払うようになる。**フリードマン自身は通貨供給量を一定の比率で増やすのがよいとし、そうすれば一定の安定したインフレを維持できるとした。**

マネタリストの主張は、それ以前の考え方とは対照的だ。前の世代はおおむねケインズの主張に従っていた。第10章でくわしく論じるが、ケインズ派は政府が経済運営にもっと積極的に介入し、経済を安定させるために通貨供給の調節ではなく政府支出を増やすべきだと主張した。

とはいえ激しく対立したこの二つの学派には、ある意味で共通点がたくさんある。「短期的には経済が通貨供給量にすぐさまインフレで反応するわけではないことを、どちらも認めている。したがってしばらくの間は、通貨供給を増やすことによって人々の労働意欲や消費意欲に働きかけることが可能だ。

両者のちがいは、マネタリストが通貨供給の効果はすみやかに消えるので影響はない（誰も気づかないうちにインフレ率の上昇に紛れてしまう）とするのに対し、ケインズ派は、影響は十分に長く続き経済を活性化すると主張した点である。長期的にはインフレになるかもしれないが、ケインズ自身が述べたように「長期的にはわれわれはみんな死んでいる」のだ。[15]

## マネタリズムの限界

二〇世紀後半にマネタリストとケインズ派の間に勃発した経済学における主導権争いは、いまも続いている。だが一九九〇年代初めには、純粋なマネタリストの立場は放棄するというのが経済学界のコンセンサスとなった。

その大きな理由は、通貨供給量と経済のアウトプットとインフレの実際の関係は、フリードマンとシュウォーツがあれほどエレガントに証明したとおりではない、とわかってきたことにある。**突如として、通貨供給を増やしても必ずしもインフレ率が上昇しなくなったのだ。**

これは衝撃的な変化だった。原因は先進各国で起きた経済のさまざまな変化にある。その一つは、一九八〇年代から銀行・金融業で起きた一連の地殻変動、いわゆる金融ビッグバンである。もう一つは、政策当局が通貨供給量それ自体にむやみに注意を払うようになったことだ。

その結果として通貨の量とインフレの関係が崩れたと考えられる。このように数値目標を設定するとその数字が人為的操作の対象になって本来の目的が見失われる現象は、グッドハートの法則と名づけられている。

だがおそらくもっと興味深いのは、人々の支出行動が変化したことだろう。経済の中を流通する通貨の量が変わらなくても、人の手から手へと通貨が渡る速度、すなわち「通貨の流通速度（velocity of money）」は大幅に変動することがある。同じ一〇ポンドでも、一週間で一〇人の異なる人の手に渡れば、一人が一回だけ支出した場合より多くのものが買われることになる。

マネタリストの基本モデルは、貨幣の流通速度は比較的安定しており予測可能であるとの前提に基づいている。たとえばあなたが月一回給料をもらい、週一回だけ買い物に行くのであれば、あなたのお金はまずまず安定した速度で他人の手に渡ることになるだろう。

だが一九八〇年代以降に収集されたさまざまなデータは、流通速度が大幅に変化しうることを示している。しかもその変化は予測がむずかしい。となれば、貨幣数量説の等式には新たに予測困難な要素がつけ加えられたことになる。つまり流通する通貨の量とインフレ率の間には、信頼できる単純な関係は存在しないということだ。

## 新たな展開「インフレ期待」

一九九〇年代以降、インフレの原因に関する議論は新たな展開を見せている。今度の法則は、ルネ・デカルトのあの有名な言葉「我思う、ゆえに我あり」だ。[16] かの偉大な哲学者は存在についてこう語ったわけだが、この言葉は、本来の高邁さに比してかなり低俗にはなってしまうが、インフレの根本的な原因の一つにも当てはまる。

それは、経済学者が「インフレ期待（inflation expectation）」と呼ぶものだ。**人々が今後もインフレが続くと予想する、ゆえに実際にもインフレが続く、という見方である。** 言い換えればインフレは自己実現的な予言だということになる。

なぜだろうか。ここで、あなたは賃上げ交渉をしているとしよう。インフレがこの先も続くと考えたら、購買力が目減りしないよう、大幅な賃上げを要求する。要求どおりになれば賃金は上昇する。

だがすでに述べたように、賃金の上昇自体がインフレを一段と加速させる。このように、あなたがインフレは続くと予想したことが、インフレを加速させることになる。

逆にインフレが落ち着くと予想したら、あなたはさほど大幅な賃上げを要求しないだろう。そうなれば経済全体にわたってインフレは鈍化する。同じ効果は金融市場でも見られる。人々はインフレ期待に基づいて債務契約の交渉をするからだ。

インフレ期待の度合いが実際の物価動向を決定づけることは、過去に繰り返し証明されてきた。インフレを安定した低い水準に維持することを任務とする経済学者、たとえばイングランド銀行の私たちが、経済において人々が何をしているかだけでなく何を考えているかにも注意を払い、その調査分析に多くの時間を費やすのはこのためだ。

多くの国がインフレ目標値《ターゲット》をはっきり数字で掲げているのも、このためである。政策当局はインフレを健全な水準に維持できると人々が信頼するなら（調査データによると、イギリスでは多くの人が信頼してくれているようだ）、インフレの将来動向を人々は知っていることになる。そして奇妙なことだが、自分はインフレの先行きを知っていると人々が信じることで、インフレはその水準に維持されるのである。

まとめ

# ゆるやかなインフレで経済を守る

この章を読んだ読者は、フレッドの値段について見方が変わってくるだろう。たぶん、だんだん値上がりするカエルくんにあまり腹が立たなくなり、理解を示せるようになるのではないかと思う。

フレッドの値上げの一部はむしろいいことだとさえ感じるかもしれない。なぜなら、**ゆるやかなインフレは物価下落のスパイラルに対する防御になるからだ。**ゆるやかなインフレは、明日まで待たずに今日買うよう人々を促し、経済成長を後押しし、債務を抱えた人の負担を将来的に目減りさせる。

だからと言って、フレッドが急激に値上がりしてもかまわないというわけではない。フレッドの値段が一年のうちに二倍、三倍になるようなら、そして他の商品もそうなったら、その影響は深刻なものになる。企業経営は立ち行かなくなるし、消費者は貯金ができなくなる。

フレッドの値上げの原因も重要だ。**コストプッシュ**（原料のカカオ豆の高騰など）だろうか、それとも**デマンドプル**（チョコレート菓子人気の急上昇など）だろうか。

前者の場合、コスト増が企業を直撃し、価格を引き上げざるを得なくなり、経済全体で物価水準が上昇する。後者の場合、需要が増え、供給が追いつかなくなって、価格が押し上げられる。

このちがいを見極めることが重要だ。インフレを健全な水準に維持するためには、原因を理解する必要があるからだ。とはいえ原因は一つではなく、コストプッシュとデマンドプルが混ざり合っていることが多い。

だがインフレをめぐる真剣な議論の多くは、**インフレが良いか悪いかということよりも、インフレと通貨供給との関係に焦点を合わせている**。

通貨供給量はどの程度までインフレと関係があるかということは、数十年にわたり激論の的になってきた。理由の一つは、お金というものを完全に理解することがなかなかむずかしいからだろう。

実際、貨幣の誕生から五〇〇〇年が過ぎたいまもなお、エコノミストはそれを理解しようと挑み続けている。次章では、この悩ましくも魅力あふれる貨幣の世界に読者をご案内しよう。

# 第 7 章

# そもそもお金って何？

貨幣の条件について、自分で独自の紙幣を印刷してはいけない理由について、ソートコード10-00-00を取得する方法について。

# お金の歴史

## 始まりは紀元前メソポタミア

お金について考えるとき、あなたは何を思い浮かべるだろうか。お札だろうか、クレジットカードだろうか？　それともスマートフォン？

歯はどうだろう？　チョコレートは？　干し魚は？　じつはいま挙げたものはどれも、一時期は貨幣として使われていた。どう見てもでたらめに選ばれたとしか思えないこれらのものに何か共通する要素はあるのだろうか？

貨幣の歴史は複雑だ。貨幣は人類の歴史を通じて、さまざまな場所、さまざまな時代にさまざまな方法で発展してきた。だから、貨幣の歴史に通底するものを洗い出すのは容易ではない。

ケインズは一時期貨幣の起源を調べていたが、その頃の自分は「バビロニア人の狂気」

に取り憑かれていたと語ったほどだ。彼は古代オリエント文明の貨幣鋳造にすっかり夢中になってしまったのである。

**定義にもよるが、貨幣は文明の始まったときから存在したと言われる。およそ五〇〇〇年前の古代メソポタミアでは、貯蔵した穀物を介する金融取引制度が発達していた。**

労働者は穀物などの収穫物を穀物銀行として知られる神殿の倉庫に預ける。粘土板が帳簿として用いられ、各人の預けた穀物の量が正確に刻まれた。預け入れた穀物は誰かに貸すこともできるし、誰かと交換することもできる。

いちいち穀物を相手のところへ運ぶ必要はない。帳簿にそれぞれの貸し借りが記録されるからだ。おや、これはどこかで聞いたことがあると思ったあなたは正しい。残高や支払いを記録するという基本は、今日の近代的な銀行口座のシステムとまさに同じである。

その起源となったメソポタミアでは、貨幣は記録媒体として、すなわち誰が誰にどれだけ支払義務があるかを記録する手段として発展した。

## 貴金属から貨幣へ

貴金属も数千年にわたって支払手段として使われた。古代エジプト人は一定の重さの金の延棒を取引に使った。青銅器時代のイギリスでは金は宝飾品に使われることが多かったが、支払手段としても使用されたという説がある。

だが成形されていない貴金属を取引に使うのはコストがかかる。金属の塊《かたまり》の価値を正確に知るにはどうすればいいのか。言うまでもなく、重さを測る必要がある。それだけでなく、金と称するものがほんとうに金かどうかを確かめなければならない。そこらへ買い物に行くのにそんなものを持ち歩くのは不便このうえない。

この問題を解決したのが貨幣だった。**貴金属を一定の形と大きさの貨幣に鋳造し、そこに公認の証《あかし》として刻印を押すことで、人々はその貨幣が信用できるものだと理解する。**この画期的な発明は紀元前七〇〇年頃に遡る。

世界最古の貨幣を鋳造したのは、小アジアで栄えたリュディア王国だ。大英博物館へ行けば、リュディア王クロイソスが紀元前六世紀に鋳造した獅子と雄牛が刻印された貨幣を見ることができる。世界最古の紙幣が中国で作られるのは、それから千年以上あとのことだ。

## 時代や場所によってさまざま

もっとも、中には想像を絶するような形や大きさの貨幣もあった。代表格が西太平洋のヤップ島の石貨（現地語でライ）だ。石貨は巨大な石で、ヤップ島の住人は危険を冒して遠く離れた島まで航海し、苦労して石を切り出し、いかだに乗せて持ち帰る。

石貨の価値は単純に大きさや重さで決まるのではなく、どれだけ苦労して手に入れたか、そのためにどれほどの命が失われたかで決まる。ごく稀には艱難辛苦の末に一人も命を落とすことなく立派な石が手に入ることもある。するとその石は、ことのほか幸運で価値のある石貨となる。

ヤップ島の石貨システムは進化の末に、誰がどの石貨の所有者か記録しておく形に落ち着いた。これは古代メソポタミアの穀物銀行のシステムといくらか似ており、石貨を動かすことなく所有権を移転できる。

石貨の中には島に持ち帰る途中で海底に沈んでしまったものもあるが、所有権はちゃんと記録され島民は皆それを知っており、石貨は海底でいまなお価値を維持している。価値は高いがかさばって扱いにくい商品貨幣をもっと効率的で扱いやすい形態の貨幣で置き換えるというパターンは、歴史を通じて何度も繰り返されてきた。

**このように、人間の集団が存在し互いにやりとりをする必要があるところではどこでも、何らかの形で貨幣が出現する。**そして人類の歴史は多様であるから、じつに奇妙なものが長年にわたって貨幣として使われてきた。

戦争捕虜たちはタバコを貨幣として使うシステムを確立した。二〇〇〇年代前半にはアメリカの一部の刑務所でサバが貨幣代わりに使われた。中世ロシアではリスの毛皮が共通の貨幣だった。実際リスは鼻、爪、耳まで交換手段として使われたという。

こうなるとあなたは、これらのものに共通点はあるのかとふしぎに思うことだろう。あるものが貨幣として使われる条件はいったい何なのだろうか。

## 貨幣の三つの機能

貨幣というこのきわめて基本的なものに関して、誰もが同意する定義が存在しないのは驚くべきことだ。とはいえ大方の経済学者は、よい貨幣であるためには三つの機能を満たすことが必須だとしている。それを最初に定めたのは、(またしても) アダム・スミスだった。いまからおよそ二五〇年も前のことである。

### よりよい貨幣であるために

## 「交換手段」として

第一の機能は非常にわかりやすい。貨幣であるためには、何かの支払いに使えなければならない、ということだ。

経済学者はこれを「交換手段」としての機能と呼ぶ。これは要するに、**貨幣でないものと交換するために貨幣を渡すことができ、相手はそれを受け取ってくれる**ということだ。相手が受け取ってくれるのは、将来自分が何かを買うときにそれを使えるからである。

このような取引は、いわゆる物々交換とはまったくちがう。物々交換では、相手が欲しいものを渡して自分が欲しいものと交換する。たとえば自分の鶏と相手の小麦を交換し、その小麦を使ってパンを焼く、というふうに。これに対して、自分の鶏を石と交換し、その石を誰かに渡して小麦と交換する、という場合には石が貨幣に相当する。

## 「価値貯蔵手段」として

貨幣の第二の機能は、価値を将来にわたって保つこと、言わば購買力のタイムマシン役を果たせることである。**あなたが今日誰かから貨幣を受け取ったら、明日使うときにその価値が維持されていると確信できなければならない**。これは貨幣の「価値貯蔵手段」としての機能と呼ばれる。

ここで、貨幣がバナナだったとしよう。今日あなたは一〇バナナ受け取った。明日これを使うなら、価値はたぶん変わらないだろう。だが一〇バナナを保管しておいて、半年先の夏休みに使おうとしたら、どうだろう?たぶんビーチにサングリアを運んできたウェイターは、あなたの一〇バナナを受け取ろうとしないだろう。バナナは価値を維持することができない。

だからと言って、食べ物が貨幣に使われなかったわけではない。歴史を振り返ると、食品が貨幣に使われた例はある。ただし、通常はバナナよりずっと長持ちするものが選ばれる。塩は古代世界の多くで貨幣として使われたし、中国の一部では茶葉を挽《ひ》いて固めた固形茶が第二次世界大戦まで使われ、場所によっては二〇〇九年まで流通した。またイタリアの一部では、保証金代わりにパルメザンチーズの巨大な塊が使われていた。

価値が長持ちするという性質は、貨幣を非常に有用なものにしている理由の一つだ。この性質は、経済における基本的な問題の一つである「欲望の二重の一致(double coincidence of wants)」の解決に役立つからだ。**「欲望の二重の一致」とは、自分が相手の持っているものを求めており、相手も自分が持っているものを求めていること**だが、その確率はあまり高くない。

たとえばあなたは学識深い経済書を読むのが大好きで、たくさん所蔵しているとしよう。だがじつに残念なことに、大方の人はそんな本を欲しがらない。だから地元のガソリンスタンドでガソリンと本を交換しようと申し出ても、主人はいやがるだろう。もしあなたが本しか持っていなかったら、タンクを満タンにすることはできない。

貨幣はこの問題を解決してくれる。本なり生産物なりを貨幣に換え、買いたいものができたときにそれを使えばよい。相手が誰であれ、必ず受け取ってくれるはずだ。あなたが最初に何を貨幣に換えたのかは問題ではない。

## 「価値尺度」として

貨幣の第三の機能は、価値を計測できることである。経済学者はこれを「価値尺度」の機能と呼ぶ。ひらたく言えば、**経済におけるすべてのものの価値を貨幣で表せる**という意味だ。実際にもそうなっている。バナナの価値は一ポンド、車の価値は五〇〇〇ポンド、という具合に。

こうして私たちは、バナナの価値も車の価値もポンドで知ることができる。単一の単位があるというのは、大いに時間の節約になる。もし貨幣が存在しなかったら、あらゆるものの価値を他のものの価値で表さなければならない。

物々交換経済では実際にそうだった。貨幣がないのだから、あるものを別のものと直接交換しなければならない。それでも、ごく単純な世界なら問題は少ないだろう。たとえば、Aはパンを焼き、Bはビールを造り、Cは肉を売るという世界だ。この場合、パン一斤《きん》がビール何リットルの価値があるか、ビール一リットルは肉何キロか、肉一キロはパン何斤かを決めればよい。つまり価格は三つだけだ。

だが残念ながら、このやり方はうまく拡張できない。なにしろ平均的なスーパーマーケットでは一五万品目を扱っているのだ。貨幣がなかったら、あなたはおよそ一一〇億通りの価格を理解していなければならない。卵を牛乳で表すとどうなって、牛乳をパンで表すとどうなって、パンを……というふうに。貨幣さえあれば、一品目に価格は一つで済み、一五万品目は一五万の価格で表すことができる。

貨幣のこの三つの機能は、完全には分離していない。将来も価値が維持されるかどうかがはっきりしなかったら、誰もその貨幣を受け取ろうとしないだろう。だから、価値の貯蔵ができないものは交換手段とはなり得ない。

逆に、明日の支払いに人々が受け取ってくれるかどうか確信が持てなかったら、その貨幣はあなたの購買力の貯蔵手段として信頼できない。また、人々がみなある貨幣を支払いに使っていたら、その貨幣で価格を表示することが理に適う。したがって、よく使われる交換手段は、そのまま価値の尺度となるのがふつうだ。

とはいえこれら三つの機能が、貨幣というものの本質を十分に説明しているとは言い難い。貨幣を貨幣たらしめているのは信用である。社会を構成するすべての人が価値を認めるからこそ貨幣は機能する。

一日がんばって働き貨幣を受け取るのは、その貨幣を地元の店が受け取ってくれると知っているからだ。店が受け取るのは、それで払ったら別の誰かが受け取ってくれると知っているからだ。**貨幣はちゃんと通用すると誰もが信用しているから、貨幣は通用するのである。**

# なぜお金には価値があるのか

## 貴金属などの裏付け「兌換紙幣」

二〇二一年に先駆的なコンピュータ科学者アラン・チューリングが、イギリスの紙幣、正確には中央銀行券の最新の顔として登場した。ウィンストン・チャーチル、ジェーン・オースティン、フローレンス・ナイチンゲール、アダム・スミスといったイギリスの偉大な歴史的人物の仲間入りを果たしたわけである。

お札の顔は変わっても、一六九四年以降、一貫して銀行券には次の重要な一文が記載されている。「本券の持参人には〇〇の金額を払うことを約束する」。

この約束は、実際には何を意味するのだろうか。過去三〇〇年間の大半を通じて、それは、紙幣の額面相当の金《きん》を払い出すという約束だった。イングランド銀行へ出向いて「金に換えてください」と要求することが可能だったのである。

**このように紙幣が何らかの裏付け資産の請求権を表している場合、「兌換紙幣《だかん》」、正式には兌換銀行券という**。裏付けとなる資産は何であってもかまわない。驚いたことにごく最近まで南アメリカではカカオ本位制が採用されており、したがってモノの価格は最終的にカカオ豆に裏付けられていた。

多くの場合、裏付け資産に採用されるのは金や銀などの貴金属である。耐摩耗性に優れ、したがって価値の貯蔵手段として秀逸であるうえ、それ自体が美しいからだ。

だが、金に本質的に備わった何かが金の価値を形成しているわけではあるまい。金に価値があるのは、往々にして人々が価値あるものとして扱うからだ。

この世の終わりが到来したとき、あなたは食べ物か、敵に立ち向かう武器か、金の延棒か、どれを選ぶだろうか。現在の制度において金に価値があるのは、人々が金に価値を認めるからにほかならない。

イギリスの思想家トマス・モアは、代表作『ユートピア』の中でこのことを皮肉っている。

ユートピアでは人々は金などとりたてて有用ではないと気づき、便器を金で作ったというのだ。だが金が貨幣になれば、人々がその価値を信じる限りにおいて、役に立たないことなど問題ではなくなる。

## 金本位制の普及

手持ちの現金を金に換えてもらえる制度のことを**「金本位制（Gold Standard）」**という。一八〇〇年代にイギリスとその植民地はポンドを指定レートで金と交換できる制度に合意していた。一九世紀末までにこの制度は他国にも広まり、各国はそれぞれ自国通貨と金との交換レートを定めるようになる。

金本位制の下では、通貨は金に裏付けられている。よって金本位制を採用する国では交換要求に応じられるだけの金を保有しなければならないし、通貨供給量を金と交換できる水準に抑えなければならない。

第一次世界大戦中はほとんどの国が金本位制を停止したが、戦争が終わるとすぐに復帰する。そして第二次世界大戦後にはアメリカと米ドルが支える新しい形の金本位制が出現した。アメリカ政府は固定レートでのドルと金の交換を約束する。アメリカ以外の国は、自国通貨とドルとの交換レートを固定した。つまり実質的に自国通貨を金の固定価格に連動させたことになる。

よってアメリカ以外の国は、アメリカに約束を果たしてもらうために外貨準備をドルで積んでおく必要がある。その結果、金ではなくドルが国境を越えてやりとりされ、各国間の収支を釣り合わせる役を果たした。

金本位制賛成論者は、この制度は通貨の価値をつなぎ止める役割を果たすと主張した。ハーバート・フーバー大統領は一九三三年に「われわれが金を保有するのは政府を信用できないからだ」と述べている。[1]

この発言が意味するのは、通貨の裏付けとして金を保有する必要がなかったら、政府はとめどなく通貨供給を増やしてインフレを起こしがちであり、そうなれば通貨の価値は下がってしまうということである。つまり金は政府に規律を課す役割を果たしている。**政府は裏付けとなる金準備を追加できない限り、通貨供給を増やすことはできない**。

## 金本位制の終わり

だがジェームズ・ボンドの映画『007／ゴールドフィンガー』を観た人なら誰でも、金本位制には欠陥があることを知っているだろう。映画では悪党の貴金属商オーリック・ゴールドフィンガーが、アメリカの陸軍基地フォートノックス内の金塊保管庫に放射能爆弾を落として使用不能にし、金の供給量を大幅に減らしたうえで自分の金を高く売りつけようという魂胆だった（幸いにも007がガールフレンドとともにこれを阻止する）。

こんなことは実際には起こりそうもないが、金本位制を悩ませる問題を浮き彫りにしたことはまちがいない。それは、**金の需給関係が変化すれば、金価格に影響が出るということだ。金の需要・供給動向ひいては金相場は、政策当局にはコントロールできない**。したがって景気の浮き沈みに応じて金相場に働きかけ、経済の安定化を測ることは不可能である。

この欠点はついに誰の目にもあきらかになり、まず一九三一年にイギリスが金本位制から離脱する。さらに一九七一年にはリチャード・ニクソン大統領がドルと金の交換停止を発表した。

## とくに裏付けのない「不換紙幣」

金本位制が廃止されると、「持参人に払う」という約束の意味はやや不明瞭になる。金と交換する約束ではなくなり、紙幣と交換するという約束になった。金のように本質的に価値のあるものによる価値の裏付けはなくなったのである。

それでも金本位制の廃止には多くのメリットがある。第一に、需要の変動に応じて通貨供給量を調節できるようになった。よって物価をより安定させることができる。

第二に、制度自体がより効率的になった。経済に出回っている通貨の量に相当するだけの何か本質的に価値のあるものを、つねに手当てしておく必要がなくなったからだ。

本質的に価値があるのだから欲しがる人がいるはずなのに、単に準備しておくだけで使うことはできない。金本位制の場合、金準備は宝飾品にすることもコンピュータチップに使うこともできないのだ。これは非効率であり、もっと価値の低いもので代用するほうがずっと好ましい。

**このように本質的な価値を持つものとの交換が保障されていない通貨を「不換（fiat）紙幣」という。**〝fiat〟とはラテン語で「そうあれかし」という祈りである。そこには「お金であれかし」という意味が込められているのだろう。

実際には不換紙幣の場合、何をもって貨幣とするかを政府が宣言する。ある経済理論は、貨幣がどのように価値を付与されるかについて、国家が不換紙幣での納税を認める、あるいは要求するという事実をもって、不換紙幣は価値を持つと述べている。

国家に税金を納めるときに使うからには、その通貨に対して確実に需要があることになる。誰でも税金を納めなければならない。税金をある特定の通貨で納めるとなれば、人々はそれを日常の支払いにも使うだろう。なぜなら、最終的にそのお金は政府が受け取ってくれるとわかっているからだ。

# お金が生み出されるしくみ

## 近代経済における三種類のお金

国家がこれは通貨でこれは通貨ではないと宣言するのなら、それを創造しているのは国家なのだろうか。残念ながら、ことはそんなに単純ではない。おおざっぱに言うと、近代的な経済の大半には三種類のお金がある。だがそのうち圧倒的に高い比率を占めるお金は、じつは国家が直接発行するわけではなく、裏付けを与えているわけでもない。

銀行券(紙幣)

第一の種類のお金は、中央銀行が発行する銀行券(紙幣)である。[2] 銀行券は、国家に対する直接的な請求権を体現する。「持参人に払うことを約束する」という文言の意味は、持参人が国家の資源(たとえそれが単なる紙の銀行券であっても)に対して請求権を持つということだ。この第一の種類のお金は、経済に参加する誰もが持つことができる。銀行券は手から手へと渡り、そのたびに所有権が移転する。

## 準備預金

第二の種類のお金は、大方の人が日々目にすることはない。というのも、銀行同士の決済に使うために銀行が保有するお金だからだ。銀行は中央銀行に口座を開設し、そこにこのお金を預けておく。ちょうどあなたや私が民間銀行の支店の口座にお金を預けるように。

この第二の種類のお金には準備預金という名前がついている。銀行券と同じく、こちらも中央銀行、ひいては国家に対する直接的な請求権を持つ。準備預金を積んでおく主な目的は、銀行間の貸し借りを毎日の終わりに精算することにある。これについては次章でくわしく説明する。

## 預金通貨

しかし私たちが日頃最もお世話になっているお金は、第一の種類でも第二の種類でもなく、第三の種類である。このお金は、私たちが銀行口座に持っている預金の形をとっている。預金通貨は、通貨供給量の七九％、一般の人が使う通貨の九六％を占める。

だが読者はショックを受けるかもしれないが、この第三の種類のお金には国家に対する請求権がない。なぜならこのお金は、民間銀行、つまり単なる民間企業に対する借用証書にほかならないからだ。

あなたが銀行からお金を借りるとしよう。たとえば住宅ローンを借りると、銀行はあなたの口座残高に貸し出した金額を書き加える。これが第三の種類のお金、すなわち預金通貨である。

私たちは日々銀行を利用しているが、いまポケットに入っているのも銀行通帳に印字されているのも同じお金だと思っている。だが実際には両者は同じではない。

これは、現代の経済における貨幣に関して、あまり知られていない驚くべき事実の一つだと言えよう。私たちが日々使うお金の大半は、中央銀行が発行したものではないのである。

中央銀行は、たしかにお金を発行している。経済に参加する人々の需要に応じて紙幣を発行しているし、準備預金の形で銀行システムに電子的に資金を供給している。**だがシステムの中にあるお金の大半は、中央銀行ではなく民間銀行が作り出したものだ。**お金を作るといっても、印刷するわけではない。単に帳簿に記入するだけだ。

## こうして銀行が通貨を創る

いったいなぜそんなことができるのだろうか。古い経済学の教科書を読んだ人は、銀行は人々が預け入れたお金を別の人に貸し出すと理解したことだろう。銀行制度についてのこのような考え方は「貸付資金説（loanable funds model）」に基づいている。

貸付資金説は長いこと経済学説のよりどころだった。この考え方はモデル化しやすいし、直観的にも理解しやすい。だが残念ながら、現代の経済を特徴づける重要な点の多くが見落とされている。

貸付資金説では銀行は人々から預金を集め、次にそれを広く貸し出すと考える。つまり銀行は単なる仲介役を果たす。

だがじつはこの順序は逆でも差し支えない。銀行は預金を集める必要はなく、貸した相手の口座残高を貸した金額だけ単に増やせばよい。エクセルの表にゼロを一つ書き加える作業より技術的にいくらか高度ではあるものの、さほど大きなちがいはない。

銀行にこんなことができるのは、帳簿上でさきほど増やした口座残高の反対側の欄に貸し出した金額を書き入れて、帳尻を合わせるからだ。もうすこし専門的に言うと、銀行にとっての資産（貸出）と負債（預金）の増分を釣り合わせる。

一方、お金を借りた人の口座には、ほんの五秒前にはなかった金額が突然現れて預金残高が増える。この現象は、住宅ローンを借りたり、クレジットカードのキャッシング機能を使ったり、事業資金の融資を受けたりするたびに起きる。

借りたお金を返せば、当然ながら逆のことが起きる。住宅ローンを返済すれば、銀行はあなたの債務を消し込み、預金残高を減らす。言うなれば債務を返済することによって、通貨は破壊される。

## ただし無制限に増やせるわけではない

だとすれば銀行はいくらでも貸し出して預金通貨を増やせそうなものだが、なぜそうしないのだろうか。

理由の一つは、銀行が自ら制約を課しているからだ。彼らには利益を上げるという目的があるので、野放図に貸し出すのは好ましくない。**確実に返済し銀行に利益をもたらしてくれるような相手にだけ貸したいと考えている**。

それにもちろん、銀行が提示した融資条件でお金を借りたいと望む相手が必要だ。銀行は誰かに強制的に貸し付けることはできない。銀行が貸し出しに歯止めをかけた時点で通貨の創造もストップする。

だがこの通貨創造（貸し出しを介して行われるので信用創造と呼ばれる）は経済活動から切っても切り離せない重要なものであるため、社会としても、政府としても、これを民間銀行に任せきりにしておくわけにはいかない。

そこで銀行は厳格に規制されている。その一つとして、銀行は自己資本を過度に上回る取引をしてはいけないと決められている。中央銀行の重要な役割の一つは、市中銀行が貸し出す通貨の量を規制することと、貸し出しが安全かつ持続可能な方法で行われるよう監視することにある。

中央銀行には、流通する通貨の量を制限するもう一つの手段がある。経済における金利の水準に影響力をおよぼし、個人や企業の借入をコントロールするという方法だ。中央銀行が果たすこれらの役割については次の章でくわしく論じる。

# 通貨は誰にでも創れるのか

## ビットコインの登場

起業家精神旺盛な読者の中には、民間の銀行が無から通貨を創造できるなら、自分にもできるのではないかと考えた人もいることだろう。

それは正しい。あなたにも通貨を創造することができる。紙か石、あるいはコンピュータプログラムを「これがお金です」と言って何かの支払いに充てることは、じつは誰にでもできる。アメリカの経済学者ハイマン・ミンスキーはかつてこう言った。「**通貨を創ることは誰にでもできる。問題は、それを受け取ってもらうことだ**」[3]。

二〇〇八年に、サトシ・ナカモトと名乗るコンピュータ科学者（この人物がどこの誰なのか、一人なのか複数人なのかさえわかっていない）[4]が「ビットコイン：ピア・ツー・ピア（P2P）電子マネーシステム」と題する論文を発表した。

ナカモトの夢は、中央の権威から完全に独立した新しい形のお金を創ることである。中央銀行からも、政府からも、それどころか民間銀行からも独立した通貨だ。

その通貨に対する信用は、ブロックチェーンと呼ばれる基本技術が保障する。ブロックチェーンとは、プログラムされた手順に従って大勢の人が取引を検証・処理・記録する分散型データベース技術の一種で、利用者には一定の匿名性が確保される。

ビットコインと命名された暗号通貨の供給は、スタート時点ですべてプログラムによって定められており、政府や中央銀行や民間銀行が必要に応じて無から創り出すことはできない。プログラムでは、ビットコインの供給は二一〇〇万枚に達した時点で（おそらく二〇四一年頃）打ち切られ、その後は生成されない。

二〇〇九年初めにナカモトはこのアイデアを実行に移し、ビットコインが世に送り出された。まさに絶妙のタイミングだった。二〇〇七～〇八年グローバル金融危機で銀行と金融業界に対する信頼が地に堕《お》ちたまさにそのときに、既存システムに代わるものを提案したのだから。
ビットコインのブロック第一号に記述されていた文字列は「銀行救済に二度目の公的資金注入へ」だった。これは、二〇〇九年一月三日付タイムズ紙の見出しを拝借したものだ。じつに痛いところを突いたものである。[5]
誕生から一〇年以上が過ぎた現在まで、ビットコインは何かと世間を騒がせてきた。価格は急騰したかと思うと急落し、また急騰しては急落の繰り返しだ。
初めはコンピュータおたく同士の会話にしか登場しなかったが、やがて世界中のディナーパーティーで話題に上るようになり、ツイッターでＩＴ長者や政治家がネタにしたりするようになる。ネット上の掲示板レディットでは、ビットコイン関連のスレッドはネコがじゃれる動画のスレッドより多い。[6]

## ビットコインは通貨なのか

ナカモトが人々の想像力を刺激する何かを創り上げ、それが広くアピールしたことはまちがいない。だがそれはそれとして、彼はほんとうに新種の通貨と言えるものを創ったのだろうか。

大半の経済学者の答えは、おそらくノーだ。すくなくとも現在の形のビットコインではイエスとは言えない。その理由を理解するためには、貨幣とは何かに立ち戻り、二五〇年前にアダム・スミスが示した機能を再確認する必要がある。

第一に、**ビットコインは価格の変動が甚だしい**。なにしろ主要通貨の為替レートの一〇倍も変動性（volatility）が大きい。価格の乱高下のおかげで一部の人は大儲けをした。だがあなたが一〇〇ポンド貸した相手が、明日になったら二〇〇ポンドになるか一〇ペンスになるかわからない通貨で返済すると言い出したら、あなたはそれを受け取るだろうか。

ギャンブルならそういうリスクも冒すかもしれないが、日々の支払いではごめんだろう。そんなお金はまったく当てにならない。つまりビットコインは価値の変動が大きすぎて価値の貯蔵手段にはならない。

第二に、**ビットコイン建てで価格を表示する人はほとんどいない**。つまりビットコインは価値の尺度になっていない。すくなくともインターネット上のごく限られたサイトを除いては、そう言える。

店によっては、ある種の商品の代金としてビットコインを受け取るところがあるかもしれない。だがそういう店でもビットコインと既存の法定通貨との為替レートを常時チェックしているはずだし、受け取ったビットコインを最終的に米ドルか英ポンドに換えるときには為替レートを使って計算するだろう。

だがふつうの人が店でちょっとした買い物をするときにまで、いちいち為替相場を気にしたり換算したりするのは面倒きわまりない。現に二〇二一年にビットコインを法定通貨にすることを定めたエルサルバドルでさえ、値札にはビットコインと米ドルを併記している。この事実は、購買力を安定して維持できるのはドルのほうだということを雄弁に物語ると言えよう。

第三に、**交換手段として劣っている**。理由の一部は、いま挙げた二点と関係がある。価値が大幅に変動するうえ、ほとんど誰も受け取ってくれないような通貨を取引に使いたい人がいるだろうか。

だが理由はそれだけではない。取引速度が従来の技術に比べて大幅に遅く、グローバル決済システムとして求められる取引量を捌き切れないことも大きな理由だ。そのうえ、プログラム上、ビットコインの新規発行はマイニング（採掘）という作業を通じて行われることになっているが、そのためには大量のコンピュータ資源を駆使して膨大な計算処理を行わなければならず、テラワット級の電力を消費する。これだけ理由がそろえば理想的とは言い難い。

加えてビットコインにはもう一つ弱点があるが、こちらはビットコインのある特別な性質に根ざしている。それは、供給量が限られていることだ。このことは、ビットコインが金の裏付けのない金本位制に等しいことを意味する。

さきほど述べたように、ビットコインの新規発行はプログラムによって上限が設けられている。だが金本位制の歴史を見ればわかるように、このような硬直的な通貨供給方式は、時とともに需要が変化したときにまったく対応できず、激しい価格変動やインフレを招きかねないなど経済に悪影響をおよぼす。

ビットコインが魅力的な技術であることは言《げん》を俟《ま》たないし、一部の人に大金をもたらしたことも事実だ。しかし大方の経済学者は、ビットコインは貨幣とは言えないことで意見が一致している。

## 「民間通貨」の創造は容易ではない

ビットコインは国家保証のない「民間通貨」の創造のむずかしさを示す最も新しく最も注目された例ではあるが、けっして唯一の例ではない。

一八〇〇年代前半のアメリカでは中央銀行が不在の時期が長く続き、権限は各州に委ねられ、さまざまな銀行業務が自由化された。その中には銀行券発行の自由も含まれており、銀行はこぞって独自の紙幣を発行した。いわゆる「フリーバンキング」時代である。一八三〇年にアメリカで流通していた紙幣の九〇%は、こうした銀行が発行した民間紙幣だった。

　しかしこのような制度は非効率であることがわかってくる。人々は地元から遠く離れたところにある銀行が発行した紙幣を信用しなかったから、遠い取引先が使う紙幣を受け入れなかったし、逆に旅行に地元の紙幣を持っていっても通用しない。最終的にフリーバンキング制度は廃止され、国家が発行する単一の銀行券に統一された。

　こうした問題は何度となく登場している。たとえばイギリスではあちこちの地域共同体に地域通貨が存在する。このような通貨は、お金が共同体の中で回るようにし、地元での消費を促す目的で設計される。

　だがほとんどの地域通貨は目新しさで話題にはなっても、消費を活性化するには至っていない。今日の世界は狭い地域に分断されてはいないので、地域通貨はよい交換手段とはならないからだ。

　もしあなたが地元だけで買い物をするなら、何の問題もない。だがもしあなたがブリストルで惣菜屋を経営していて、カンバーランドからソーセージを買いつけ、ノーフォークから七面鳥を仕入れ、ハイランドから牛肉を買うとしたらどうだろう。

　あなたの取引先はブリストル・ポンドを受け取ってくれないにちがいない。なぜなら自分の地元では通用しないからだ。となれば、惣菜屋を営むあなたとしては、地元客からブリストル・ポンドを受け取るわけにはいかない。

国家の裏付けがあったとしても、通貨がどこでも通用するほどの信用を獲得するのは容易ではない。たとえばスコットランド銀行券は、イングランド銀行に対する直接の請求権を持っておらず、その意味では一九世紀アメリカで各州の銀行が独自に発行した紙幣に近い。

しかしスコットランド銀行券には、裏付けとなる資産が発行高と同じだけイングランド銀行に積まれている。イングランド銀行の金庫には、ジャイアントと呼ばれる一〇〇万ポンド分の紙幣と、タイタンと呼ばれる一億ポンド分の紙幣が眠っているのだ。

だから、誰かがスコットランド銀行券を英ポンド紙幣に換えてもらおうとイングランド銀行へ行ったら、スコットランド銀行は発行した銀行券を英ポンドで手当てしますという約束をちゃんと果たしている、という確信を得ることができる。

にもかかわらずイングランドへ来るスコットランド人はみな、イングランドでスコットランド銀行券を出すと相手は受け取るのを渋ると言う。

理論上は、スコットランド銀行券はイギリス国家によって完全に裏付けられている。実際、銀行預金以上にしっかりと裏付けられていると言ってよい。それでも大方のイングランド人はスコットランド銀行券をあまり信用していない。

このことは、貨幣に対する信用に関して重要だが複雑な性質を物語っている。**究極的には貨幣とは、人々が信用することに合意したシステムにほかならない。**

貨幣の信頼性は長い年月をかけてさまざまなやり方で強化されてきた。貴金属などの品物が持つ「本質的な」価値に依拠する、国家の資源や権威に頼る、あるいはコンピュータプログラムの冷徹なロジックに依存する、等々。

こうした方法はときにうまくいき、ときに失敗した。だがどれも、明示的であれ黙示的であれ、目的は変わらない。この貨幣にはほんとうに価値があるのだと人々に信頼してもらうこと、その信頼を維持し強化することである。

# 銀行とお金の未来

## 誰もが中央銀行に口座を持つ時代がやってくる？

ここまでに書かれたことから、貨幣がどんなものか理解が深まってきたと思う。だがだからと言って、貨幣がこれからもずっとそうだと考えるべきではない。貨幣の歴史は、貨幣というものが社会の状況に適応してきたことを教えている。

だから、この本が書かれてから数年後にこれを読んだら、貨幣はここに書いてあることとは姿形を変えているかもしれない。

デジタル社会が貨幣におよぼす影響を考えてほしい。私たちはすでにデジタル化がかなり進んだ社会で暮らしており、物理的な現金による取引は長期的に減少傾向にある。

この傾向は、新型コロナのパンデミックで加速した。他人との社会的・物理的接触を最小限に抑えるために、多くの人が非接触型決済やオンラインショッピングに切り替えたからだ。

本書の執筆時点でイギリスにおける現金の使用は一〇年間で七〇%減少しており、とくにここ三年間で半分に減っている。となれば、中央銀行にとっては当然の疑問が浮かび上がってくる。**中央銀行もデジタル通貨の世界に参加したらいいのではないか？**

二〇一〇年代半ばまで、イングランド銀行の職員はある特典を享受していた。イングランド銀行に口座を持てるというオプションである。中央銀行の帳簿に直接自分のお金が記帳されるうえ、自分の取引銀行のソートコード（イギリスの銀行の全支店に割り振られる六桁の番号）が「10−00−00」だと自慢もできる。

職員の大半は、実際の必要性からではなく名誉の印として、この口座に少額だけ預けている。だいたいは市中銀行に預けるほうが利率は高いし、いやしくも銀行制度を監視する役割を担うイングランド銀行の職員である以上、市中銀行の安全性をまっさきに信用しなければおかしいではないか。

もっともこの特典はすでに廃止され、二〇一七年に最後の口座が閉じられた。だがいまになって、一般市民がイングランド銀行に口座を持つ可能性が再び浮上している。過去二〇年にわたる技術の進歩の結果、中央銀行はいまや職員だけでなく国民全員に口座を提供することが可能になったからだ。

**「中央銀行デジタル通貨（CBDC）」**と呼ばれる新しい通貨が誕生したら、誰もが中央銀行に口座を持つことになる。そうすれば市民は国家に対して直接の請求権を持つお金をその口座に持つことが可能になり、もはや札束を所有したり、民間銀行が創造する預金通貨に頼ったりする必要はない。ただし中央銀行の口座で持てるのは、デジタル形式のお金だけである。

## デジタル通貨ならではのメリット

CBDCはまだ構想段階ではあるが、貨幣の歴史を通じて最大級の変革になるだろう。おそらく中でも最も大きい変化は、中央銀行の発行するお金に利息をつけられるようになることだ。[7]

ミルトン・フリードマンは、現金には利息がつかないことを理由に、紙のお金を保有する経済的非効率を早くから指摘した経済学者の一人だ。次章でくわしく述べるが、民間銀行の大きなメリットの一つは、利息を払ってくれることである。

あなたが銀行にお金を預けたら、そのお金にプラスしていくばくかの利息を受け取ることができる。だが現金で持っていたらそうはいかない。よって現金で持っていたら、あなたの資産が生んだはずの価値を失うことになる。

このことは、経済に興味深い影響をもたらす。物価はだいたいにおいて上昇基調にあるため、人々は現金をあまり手元に置かないようにして価値の目減りを防ごうとする。紙幣に利息をつける技術がまだなかった時代にフリードマンが考えた解決策は、インフレ率を紙幣の利率と同じ水準に引き下げることだった。つまりゼロである。

だがここ数十年間の技術の進歩のおかげで、利息をつけられるデジタル通貨が現実的になってきた。**CBDCは、中央銀行に対する直接の請求権を持つ点で紙幣の特徴を備えると同時に、利息をつけられるという点で民間銀行への預金のメリットも併せ持つ**。

利率は中央銀行が直接決めるため、イングランド銀行の口座に残高のある人は、現金では得られない利息をつけてもらうことができる。そうなれば現金保有に伴うコストは取り除かれることになる。

## 中央銀行が価値を直接保証してくれる

ＣＢＤＣがもたらすもう一つの大きな変化は、銀行口座の利便性の多くを、市中銀行を介さずに中央銀行が提供できるようになることだ。

大半の人が銀行支店の口座にデジタル形式で残高を維持している。インターネットショッピングの決済や他行の口座への送金には物理的な現金は適していないからだ。

しかし現行システムでは、デジタル形式の決済や送金ができるのは民間銀行が創造する通貨だけである。このためデジタル化社会に暮らす人々は、国家の裏付けのある通貨ではなく民間で創造された通貨に頼るほかない。

もちろん規制や銀行預金を保護する政府のさまざまな措置によって、民間の預金通貨も安全性は非常に高い。だが次章で取り上げるように、銀行システムには本来あるべき水準以上のリスクが存在すると考える人も少なくない。そういう人たちは、国家による直接の裏付けのある通貨を持ちたがるだろう。ＣＢＤＣはその一つの答えとなりうる。

言うまでもなく、大きな変革にはリスクがつきものだ。どんな形式であれデジタル通貨に乗り出す前に経済学者が解決しておかなければならない重要な問題の一つは、古い形式の貨幣をどうするかということである。

**誰もがCBDCを持つようになり、従来の銀行口座には預金しなくなったら、民間銀行はどうなるだろうか。**次章で取り上げるように、民間銀行は経済の円滑な運営を維持するうえで重要な役割を果たしている。

リスクは便益より大きいのか、はたして人々はCBDCを持ちたがるのかは、現時点ではわからない。だが貨幣というものは時代とともに変化してきたのだし、これからもそうだろう。貨幣は、それが使われる社会の要請や欲望に応える。国家の裏付けのあるデジタル通貨の需要があれば、それが作られる。

おそらくそう遠くない将来に、イングランド銀行の職員はかつての特典だった口座を再び持てるようになるだろう。ただしそれは職員だけの特典ではなくなり、誰もがソートコード「10－00－00」を持てるようになる。

まとめ

# 経済を支える信用のシステム

さあそれでは、お金とはいったい何だろうか。この問いに答える方法はいくつかある。第一段階の答えは、**これがお金だと決めればそれはお金になる**というものだ。金貨でも紙幣でも、宝石でも古い歯でも、タバコでもサバでもなんでもかまわない。誰もがそれはお金だと認めれば、そのときからそれはお金になる。

だが実際には、お金に適しているものとそうでないものがある。そこで第二段階として、三つの機能を果たせるものがお金になると答えることが可能だ。一八世紀にアダム・スミスが最初に定めた基準で、**交換手段、価値の貯蔵手段、価値の尺度となること**がお金の条件となる。これらの条件を踏まえると、サバより硬貨のほうがお金として使いやすいことがわかる。

しかし今日では、答えはもっと複雑になる。なにしろ今日のお金の大半は民間銀行の創造した預金通貨で占められており、それは国家に対する請求権もなければ金と交換してもらえるという約束もない。

私たちが毎日使っているお金の大半は銀行預金の形をとっており、銀行がお金を貸すときに無から生み出された預金通貨である。預金口座のお金は、要求があれば払い出しますという民間銀行の約束以上のなにものでもない。そんなお金が信用されるのは、通貨創造のプロセスを政府が規制し監視して、約束が責任をもって果たされるようにしているからだ。

ここから、最も高度な第三段階の答えを導き出すことができる。それは、**お金とは信用のシステムだ**というものである。誰もが信用するからお金として通用する。この五ポンド紙幣は五ポンドの価値があると私が信用し、あなたも信用するということだ。

では誰がこの信用を維持する役割を果たすのか。第一は、イングランド銀行をはじめとする中央銀行である。第二は、民間銀行である。これらの金融機関は、信用を維持するとともに、経済と市民の日常生活をうまく回すために必要な貨幣を創造する役割を果たしている。

だが銀行が果たす役割はこれだけではない。現代の経済においてはほかにもさまざまな重要な役割を担っている。

その過程で銀行は経済を脆弱にしてしまうこともある。経済がどのように機能するのか、ときにうまく機能しなくなるのはなぜかを理解するためには、銀行制度についてもうすこし知る必要がある。

# 第 8 章

# タンス預金が好ましくない理由は?

銀行のメリットについて、お金は銀行に預けておくほうが安全である理由について、大事なお金をまちがって捨ててしまう事故を避ける方法について。

# 銀行なんて信用できない!?

## マットレスに隠した一〇〇万ドル

二〇〇九年のこと。イスラエルに住むある女性が新しいマットレスを母親にプレゼントしようと決心した。背中を痛めている母親を心配した娘からの心のこもった贈り物である。母親を驚かせようと、娘は快適な新しいマットレスをベッドにセットし、古いマットレスはテルアビブのゴミ捨て場に運ばれた。

ところが不幸にも、母親には古いマットレスにこだわる理由があった。現金一〇〇万ドルを縫い込んであったのである。一生をかけて貯めたお金だった。それから一週間にわたって娘はテルアビブの三カ所のゴミ捨て場を回ってマットレスとお金を探したが、徒労に終わる。[1] 大切なお金は失われてしまった。

これほどの大金を失うことは稀だとしても、こんな具合に人々が現金を退蔵することはめずらしくない。年老いた人が日々の支出に必要な額以上のかなりの大金を台所の戸棚やタンスのどこかに隠しておくのはよくあることだ。

## 現金を手元に置きたくなる理由

なぜこのような現金の退蔵が広く行われているのだろうか。答えはおそらく、現金を手元に持っていることはごくふつうのことだし、人間の本能にも適っているからだろう。とくに経済が混乱に陥ったときはそうだ。新型コロナ危機が始まったとき、多くの人がトイレットペーパーを買い溜めすると同時に現金を家で蓄え始めた。イングランド銀行の調べによると、二〇二〇年の新型コロナ危機の間、一〇人に一人近い人が用心のためにいつもより多めに手元に現金を用意したという。[2]

こうした現象が起きるのは初めてではない。同じ二〇二〇年には、サフォークで銀貨一〇六九枚が見つかった。おそらく一七世紀のイングランド内戦の際にまとめて保管されたのだろうと考古学者は推測している。[3]

**こんなふうに現金を手元に置くのは、銀行不信に根ざしていることが多い。**マットレスに現金一〇〇万ドルを隠していたイスラエルの不運なご婦人も、隠したのは二〇〇七～〇八年グローバル金融危機の直後だというから、銀行は当てにならないと考えたのだろう。実際、オンライン調査会社ユーガブ（YouGov）が二〇一八年に行った調査によると、回答者の三分の二が銀行は信用できないと答えている。[4]

## お金を銀行に預けるメリット

ではなぜマットレスの下に（あるいは中に）お金を隠しておくのはよくないのか？　最も手っ取り早い答えは、あのイスラエルのご婦人のような事故を防ぐためだ。

だが銀行に預けるほうがよい理由は、それだけではない。**銀行にお金を預ければ、あなただけでなく他のすべての人々に利益をもたらす**。まずあなたは、自分のお金を遠国に送るなど経済の中で自由に動かすことができる。それに、利息を受け取ることもできる。さらに経済全体としてみれば、そのお金は効率的に活用される。

人々が銀行にいくらか不安を抱くことは当然だし、それには銀行自身にも責任の一端があるにしても、あらゆる調査データを見る限り、銀行に預けた時点であなたの現金がずっと安全になることはまちがいない。

銀行口座はすべての人に利便性と安全性を提供するだけではない。銀行口座は単にお金を保管しておく場ではなく、グローバル経済全体の円滑な運営に欠かせない存在なのである。

# 銀行の役割とは

## 銀行の歴史

紀元前二〇〇〇年頃、起業家精神に富むバビロニアの僧侶が商売のチャンスに気づく。神に奉仕する傍ら、人々が貯蔵している金《きん》を預かって保管料をとろうというのである。料金は、預かった金の量に応じて決めておく。預かった金の大半は、持ち主が取りに来るまで寺院の地下で眠っているだけで、神々の像とともに埃《ほこり》をかぶることになる。

時が経つにつれてこのビジネスはすこしずつ変化した。紀元前一八〇〇年頃になると、僧侶たちは預かった金を他の人に貸し出すようになる。結局のところ、大方の人は金を寺院に保管してもらうだけで、のべつ何かの用に使うわけではない。となれば、他人に用立ててもかまわないではないか。

抜け目のない僧侶たち本人は気づかなかったかもしれないが、彼らは世界で最も重要なビジネスの一つを生み出したのだった。寺院は、世界最初の銀行だったと言うことができるだろう。

このアイデアはすぐに広まった。そして聖職者兼銀行家はギリシャ各地で、のちにはローマ帝国で欠かせない存在となる。**寺院に金を保管するだけのビジネスに代わって、貨幣を保管し貸し出すための専用の施設が建設された。今日の銀行の前身である。**この最初期の金融業は大いに栄えたが、ローマ帝国崩壊とともに姿を消す。それでも、銀行業の基本的なモデルはこのとき確立されたのだった。

銀行と呼べるものが再興されるのはおよそ千年後のことだが、一二、三世紀にはイタリアのロンバルディアで貸金業者が通りに出現するようになる。

彼らは小さな木のベンチで商売をした。ベンチはイタリア語で〝banca〟であり、これが英語の〝bank〟の語源になったと考えられる。破産を意味する〝bankruptcy〟も同じ語源から派生した。貸金業者の資金が底をつくと、ベンチは半分に割られ、もう商売はできなくなる。このことを〝banca rotta〟と呼んだ。朽ちたベンチというほどの意味である。

貸金業者は、初めのうち種子を買う資金を必要とする農家にお金を貸していた。だがこのやり方はリスクが大きいと判明する。収穫が思わしくないと、農家は借りた金を返せなくなるからだ。そこでリスクを埋め合わせるために、収穫の一部を差し入れるよう農家に要求するようになった。つまり利子を課したわけである。

さらに貸金業者はお金を貸すだけでなく、顧客から預金も預かるようになる。初めのうち預金は返済不能になった際の担保として保管されたが、そのうち業者の自己勘定取引にも使われるようになった。

こうしてビジネスは次第に洗練されていく。一五世紀になる頃には、人々は銀行にお金を預けると、その金額の払い出しを約束する引換証を受け取るようになる。これは基本的には「為替手形」だが、今日では銀行券として認識されているものだ。

銀行はイタリアからヨーロッパ各地に広がり、一七世紀まではイングランドのバークレイズ銀行からドイツのベレンベルク銀行にいたるまで、あちこちに銀行が設立された。資金を用立てできる銀行は、当然のなりゆきとして支配層を味方につけるようになる。ロンバルディアの粗末なベンチから出発した金貸業の多くは、王族のための銀行に発展した。戦いに明け暮れる王族は戦費調達の必要に迫られていたからだ。

また今日の「中央銀行」に相当する銀行に発展し、政府に融資をする銀行も出現する。一六九四年に設立されたイングランド銀行はそれだった。

それから三五〇年ほどにわたり銀行は数も規模も途方もないペースで拡大したが、基本のモデルは一六世紀以来おおむね変わらなかった。**銀行は何らかの担保をとってお金を貸す事業**だったのである。

今日では、銀行は形式も規模もじつにさまざまだ。ロンドンのシティに本店を構える投資銀行もあれば、大通りに支店を展開する市中銀行もあり、スマートフォンのアプリ経由でお金を貸す消費者金融業者もいる。それでも基本的には、ルネサンス期のロンバルディアの銀行家がよく知っている役割は変わっていない。

## 銀行が果たす三つの役割

### お金を預かり保管する

銀行とは何かを理解するにあたっては、まずは一番わかりやすい役割から始めよう。銀行の第一の重要な役割は、やはりお金を預かって保管することである。二〇二一年の時点で平均的なイギリス人は銀行口座に五〇〇〇ポンド以上を預け入れている。[5]

もし銀行が存在しなかったら、このお金を家に置いておくか、誰か信頼できる人に管理してもらうことになるだろう。これは理想的とは言い難い。家を空けるたびに盗まれないか心配しなければならないし、預けた人が持ち逃げしないか取り越し苦労をしなければならない。

**銀行が存在するからこそ、お金を預けて安心していられる**。おそらくはこれが銀行の最も古い役割だと考えられる。その先駆となったのは、さきほど述べたように、紀元前二〇〇〇年の商売上手なバビロニアの僧侶たちだった。

イングランド銀行も、他の銀行と同じくお金を保管している。本店地下深くの金庫には、五ポンド、一〇ポンド、二〇ポンド、五〇ポンドの新札の束が数え切れないほど眠っているのだ。これらの新札は、必要に応じて国中の銀行に送られる。

だがイングランド銀行の金庫で有名なのは、金《きん》のほうだろう。イングランド銀行は政府や他国の中央銀行のために金を保管する任務をかれこれ三〇〇年以上にわたって果たしてきた。今日では金の延棒四〇万本ほど、価値にして総額二億ポンドが金庫に眠っている。

これは世界の金保有量のおよそ五分の一に相当する。延棒を縦に積み上げたら、エッフェル塔の六四倍の高さになるはずだ。横に並べればおよそ二万八〇〇〇平米になり、サッカー場一〇個分の面積になる。

## 決済を実行する

銀行の第二の役割も、第一の役割同様、わかりやすい。それは、必要な決済を行うことである。銀行があるおかげで、あなたはその日必要になるかもしれない現金を鞄に入れて持ち歩く必要がない。

さらに重要なのは、**ある銀行の支店から別の銀行の支店へかんたんにお金を移動できる**ことだ。あなたは何か支払いのあるときに、わざわざ自分の口座のある支店へ行ったり、自宅の最寄りの支店に足を運んだりする必要はない。こんなことができるのは、現代の銀行が決済の円滑な実行を可能にするシステムを運用しているからだ。

デビットカードを考えてみてほしい。イギリスでは成人のほぼ全員がデビットカードを持っていて、日々の決済に利用している。[6] 合計するとイギリス国内では毎秒八〇〇万ポンド以上の取引が行われ、銀行口座間のやりとりは一日七〇〇〇億ポンドに達する計算だ。

取引主体である個人や企業はみな銀行に口座を持っているものの、取引銀行はまちまちだ。件数が膨大なので銀行は一件ごとにリアルタイムで資金移動は行わず、一日一回まとめて口座の残高調整で清算する。これを為替決済という。

為替決済は中央銀行の重要任務の一つだ。イギリスの場合、ほとんどの民間銀行がイングランド銀行に口座を持っており、資金の移動も容易にできる。二〇二〇年にイングランド銀行は九二兆ポンド近い決済を処理した。

銀行のこの決済処理機能の重要性は、いくら強調しても足りないほどだ。もし銀行がこの役割を果たさなかったら、経済は回らなくなってしまうだろう。日々の決済がスムーズに処理されるからこそ、安心して取引を行うことができる。

## 借り手と貸し手を仲介

銀行の第三の役割は、借り手と預金者のマッチングである。**銀行は、すぐにはお金を使**

わず貯めておきたい人と使いたい人との仲介役を果たす。

原理的には、銀行がなくても貸し借りは成立する。家族か友人から借りればよいのだ。だがこのやり方は問題が多い。

まず、お金に余裕のある人が周囲にいないかもしれない。かなりの大金となればなおのことだ。それに、仮に余裕のある金持ちの友人がいたとしても、あなたには貸したがらないかもしれない。けっして薄情な友人でなくても、あなたに確実に返済できるのか不安を感じることはありうるだろう。

この状況を経済学では「情報の非対称性」と呼ぶ。これは、一方が他方より多くの情報を持っていることを意味する。すでに第2章で、市場の失敗の例として中古車市場を取り上げた。中古車ディーラーと買い手の間には情報の非対称性が存在する。

お金を借りるケースでは、借り手であるあなたのほうが使い途や返済能力について貸し手よりもよく知っている。対する銀行は、貸しても大丈夫な相手かどうかを見極め、情報の非対称性を克服しなければならない。そこで銀行は潜在的な借り手についてできるだけ多くの情報を集めることによって、良質の借り手と返済不能に陥りかねない借り手の峻別《しゅんべつ》に努めている。

銀行はそのためのさまざまな方法も開発してきた。二〇世紀の大半を通じて、相手が信用できる人物かどうかを確かめる主な方法は本人との面接や家族・友人への聞き取り調査だったが、近年ではもっと高度な方法が使われている。

いまではジムの利用料の支払状況からパブでの支出傾向にいたるまで、借り手について膨大な情報の収集が可能になったからだ。銀行はそうしたデータに基づいて融資判断を下すことができる。つまり、銀行が潜在的な借り手の信用力を高い精度で評価できるのは、リスク評価の専門知識を備えているということもあるが、より多くの情報を収集していることが大きい。

借り手のローン返済履歴、所得、支出、借入残高といった、ふつうの人には入手できない情報を銀行は手に入れることができる。これらのデータを総合的に考慮できるのだから、個人と比べ銀行は情報優位に立ち、より効率的な貸し手となることができる。

相手の返済能力が信用できるとなったら、銀行は貸出金利を決める。昔のロンバルディアの金貸しと同じく、今日の銀行も無利子で貸すようなことはしない。金利は、借りるお金の値段と考えることができる。金利には銀行がとるリスクの大きさなどが反映されており、リスクが大きいほど金利は高くなる。

銀行のこの第三の役割は、両当事者すなわち銀行と借り手だけのことのように思われるかもしれない。だがそれでは、経済における貸し出しの重要性をひどく過小評価したことになる。

**預金者と借り手を仲介することによって、銀行は遊んでいたお金を有効活用し、最も生**

産的な方法で使われるようにする。銀行が専門知識や情報を活かして信頼できる借り手を見つけたとき、それは意図せず同時に、効率的にお金を使う相手を見つけたことになる。なぜなら、経済に参加するすべての人にとってじつに幸いなことに、返済能力が高い借り手はだいたいにおいて最も生産的なプロジェクトに投資する借り手だからだ。彼らは借りたお金を投資して高いリターンを実現し、それを返済に充てることができる。

## お金を回して経済を活性化する

### 預かったお金を眠らせない

こうしたわけだから、預金者と借り手のマッチングは、単に利益を上げるだけでなく社会にとっても価値のある仕事だと言える。最も生産的に使われるところへお金を回し、それによって経済を活性化させるとともに利益を上げることは、銀行の最重要任務の一つだ。

その過程で、銀行はもう一つの役割も果たす。それは、経済の中で多くのお金が回るようにすることである。このことを理解するために、再び過去に遡ってみよう。今度は一七世紀半ばのイングランドである。

チャールズ一世と議会との政治的緊張が高まる中、資産家の多くは所有する金《きん》を預ける安全な場所を求めていた。この需要に応えたのが、ロンドンの金細工職人《ゴールドスミス》である。金匠《きんしょう》ともいう。

彼らは金を預かり、引き換えに数量と品質を明記した預かり証（金匠手形）を発行するというサービスを富裕層に提供した。預けた金を返してもらいたいときには、この預かり証を渡せばよい。

画期的なのは、金をただ眠らせておくことはないと金細工職人が気づいた点である。**本来の所有者が返却を求める前に確実に返してもらうことを条件に、他の人に貸し出して賃料をとればよい**。賃料の一部は、万一金が返ってこなかった場合の所有者への賠償に充当される。かつてバビロニアの僧侶がやっていたのと同じ手法だが、一七世紀にはもっと手広く行われた。

預かった金を貸し出すことによって、単に金庫にしまっておくより多くの利益を生み出すことが可能になる。このプロセスを介して、たくさんの建設的なプロジェクトに投資資金を回せるようになることも重要だ。

投資が生む利益はまた他の投資に回され、さらに利益を生むことになり、経済はいっそう活性化される。しかもこのプロセスで生じた利益の一部は、最初の金細工職人の金庫（金匠銀行と呼ばれた）へまた預けるために戻ってくる。金細工職人はそのお金をまた他の人に貸し出すことができ、ここでもまたサイクルが繰り返される。

お金が貸し出されると経済活動は活発化し、さらに利益を生んで、それがまた貸し出されるという具合だ。こうして慧眼の読者がすでにお気づきのとおり、経済の中を回るお金の量は増えていく。

## 万一のときのお金を必ず手元に準備

現代の銀行は、この魔法のような通貨創造のプロセスを近年一段と推し進めている。前章でみたように、今日ではほとんどの国の通貨にはもはや金の裏付けはない。銀行は必要に応じて無からお金を作り出すことができる。

それでも、一七世紀の金細工職人と今日の銀行には共通点も多い。その一つは、金《きん》にせよ、預金にせよ、短期的に預けられたものを長期的な資金として貸し出すことだ。このプロセスを「**満期変換**（**maturity transformation**）」という。

満期変換は、銀行自身にも、預金者にも借り手にも、さらには経済に参加する他の人にも利益をもたらし、経済のアウトプットを押し上げる。

ここまではたいへん結構。問題は、金細工職人が、あるいは現代の銀行が、貸しすぎることだ。預けた人が取りに来たとき、「それは貸し出していますのでいまは手元にありません」などと答えなければならないとしたら、いかにも具合が悪い。貸した相手から戻ってくるのを待つ以外に打つ手がないとなれば、なおのことだ。

そこで金細工職人が編み出した解決策は、金を全部は貸し出さず、一部を金庫に残しておくことだった。つまり一部を万一の準備に残しておくわけだ。この方式は今日に至るまで続けられている。

この方式を「**部分準備制度**（**fractional reserve banking**）」と呼ぶ。一七世紀には、借りた人の返却が遅れた場合や、預けた人が早く返してほしくなった場合に備えて、金細工職人がいつでも金を渡せるようにしておくためのしくみだった。

今日では、どの銀行も手元現金が枯渇してしまうリスクを減らすために一定の現金を準備しておくことになっている。となると、重大な疑問が湧いてくる。いったいどの程度の現金を準備しておくべきだろうか。

# 銀行はお金をいくら準備しておくべきか

## 一〇〇％準備できれば安心だが

一九三〇年代前半に、アメリカの経済学者のグループがある提案をして話題になった。銀行はいつ何時でも預金者に全額払い出せなければならない、という非常にシンプルな考えに基づく提案である。中心となった経済学者がシカゴ大学教授だったことから、この提案はシカゴプランと名づけられた[7]。

シカゴプランは、あのロンドンの金細工職人時代から維持されてきた現代の銀行制度の根本的な論理に叛旗《はんき》を翻《ひるがえ》すものだった。

部分準備制度の下では、銀行は金庫にしまってある以上のお金を経済に送り込むことになる。これが問題だとシカゴの経済学者たちは指摘した。全額の準備がない以上、銀行制度は本質的に脆弱だと主張したのである。

銀行が貸し出しをするときには必ず、二つの役割を演じることになる。預金通貨を創造して経済に送り込むこと、預金者のお金を借り手に回すことだ。この二つの役割はつねにせめぎ合うと彼らは主張した。

その原因は、**預金者全員がいちどきに預金を引き出そうとしたら、銀行システム全体が崩壊しかねない**という事実にある。すこしばかりの銀行が破綻するのではない。お金が経済に送り込まれるプロセス自体が崩壊するのである。

なぜなら、部分準備制度は定義からして預金の一部しか手当てされないのに対し、預金の全額が引き出しを要求される可能性はつねに存在するからだ。一九二九年の大暴落（これについては次章でくわしく論じる）はこの脆弱性を白日のもとにさらした、とシカゴの経済学者たちは指摘した。

この認識に基づいて提案された解決策は、民間銀行に信用創造を禁じ、預金の全額をカバーできるだけの準備金を中央銀行に積むことだった。つまり、貸し出しとすみやかな払い出しとの間にいかなる時点でも乖離がないようにする。

これなら、取り付け騒ぎは起きるはずがない。シカゴプランを踏まえて、のちに預金・決済業務と貸出業務の分離が提案され、業務範囲が狭いことから「ナローバンク」と呼ばれた。

シカゴプランを支持する人は少なからずいたし、今日でも経済学者や国際通貨基金（I

MF）などの国際機関がその当否を議論している。

だがこのプランが正式に採用されることは、ついになかった。[8] 幸いにも、人々が一斉に預金の払い出しを要求することはめったにない。おかげで銀行システムはおおむね安定している。

それでも、シカゴプランがある意味で核心を突いたことはまちがいない。よく考えてみれば、現代の銀行システムはある種のパラドクスの上に成り立っている。銀行に預けておけば安全だと私たちは信じているし、実際にもおおむねそうだ。

だが大勢の人が銀行の安全性に不信感を抱き、いっせいに預金を引き出そうとしたら、システム全体が崩壊してしまう。これは、第7章で論じた貨幣の魔術とまさに同じだ。お金は、誰もが信用するからお金として通用する。同様に銀行システムは、みんなが信用するからシステムとして機能するのである。

## 取り付け騒ぎが起きるしくみ

みんなが同時に銀行を信用しなくなることはめったにないにしても、ほんとうに稀かといえば、そうとは言えない。**預金を引き出そうと人々が銀行に押し寄せる取り付け騒ぎは、現実に起きている。** なぜ起きるのか、不朽の名作映画『素晴らしき哉《かな》、人生！』の例で紹介しよう。

主人公はジョージ・ベイリー。小さな住宅金融会社ベイリー・ビルディング&ローンを経営している。ジョージは新婚ほやほやで、ハネムーンの準備をしているところだ。そんなときに預金を引き出そうと町中の人が押し寄せてくる……。

取り付け騒ぎのきっかけは噂であることが多いが、この映画でもそうだった。町の人々はベイリー・ビルディングの債権の一部が焦げつき、他の銀行から借りようとしているとの噂を聞きつけたのだ。怒った預金者たちは、すぐにお金を払い出してくれと言い張る。ジョージは、他のお客に貸し出しているから払い出すことはできないと言うほかなかった。

残念ながら、このような場面は映画の中だけのことではない。二〇〇七〜〇八年グローバル金融危機を経験した人は、『素晴らしき哉、人生!』は予言的な映画だったと感じたことだろう。

二〇〇七年九月に大勢の人が預金を引き出そうとイギリスの銀行ノーザンロックの前に列を作り始めた。引き金を引いたのは、BBCニュースである。ノーザンロックは経営不振に陥っており、イングランド銀行から融資を受けようとしていると報道したのだ。

報道から三日と経たないうちに、ノーザンロックは一九世紀以来初の取り付けの犠牲になるところだった。多くの人が何時間も行列し、ニュースを聞きつけた人が不安に駆られてまた列に加わる。銀行が要求に応じられない可能性は仮にごくわずかだとしても、金庫の現金が払底してしまう前に自分だけは預金を引き出しておきたいという願望はあまりに強い。

長く待てば待つほど、全財産を失う可能性が高まるように感じられるものだ。こうして**人々がとにかく預金を引き出そうと決めると、その決心が自己実現的な予言となる**。一人が列に加わるごとに、銀行の準備金が枯渇する可能性は高まるからだ。

## ある程度までの預金は守られる

人々の行動は、多くの点できわめて合理的である。二〇〇七年当時、預金保険（イギリスでは金融サービス補償機構という）では二〇〇〇ポンド（約三五万円）しか戻ってこなかった。銀行が破綻した場合には、プラス三万三〇〇〇ポンド（約六〇〇万円）を上限としてその九〇%が補償されるだけである。

となれば、大口預金者は行列を作ることが完全に理に適っていた。今日では預金保険制度によって、銀行に何が起きても八万五〇〇〇ポンド（約一五〇〇万円）以下の預金は全額補償される。

それでも取り付けは起こりうる。歴史が教えるように、一度取り付けが起きれば悲劇的な事態になりかねない。『素晴らしき哉、人生！』では、ジョージの妻メアリーがハネムーンのために用意していたお金を配って人々を安心させ、取り付け騒ぎは収まった。しかしハネムーンのほうは夢と消えてしまう。

不幸なことに、多くの銀行はハネムーン費用を十分に用意していない。一九三〇年代の大恐慌の間、アメリカでは一九二九〜三三年に七〇〇〇の銀行が破綻したが、その多くはベイリー・ビルディング＆ローンと同じく取り付けがきっかけだった。[9]

# 中央銀行の役割とは

## 取り付けから市中銀行を守る

怒った預金者がお金を引き出そうと扉の外に列を作っているとき、銀行はどうしたらいいだろうか。そんなとき銀行にとって頼みの綱は「銀行の銀行」、つまりイギリスならイングランド銀行だ。
**中央銀行は「最後の貸し手（lenders of last resort）」と呼ばれる。**市中銀行がトラブルに陥ったときのために、たとえば預金者に払い出す現金が不足してしまったときのために最後の貸し手は存在する。

とはいえ無条件で助けるわけではない。中央銀行が窮地に陥った民間銀行に融資するのは一定の条件が満たされたときだけだ。

この融資条件を最初に決めたのは、ウォルター・バジョットである。ふさふさした髭《ひげ》が目印の多才な人物で、あらゆることに関して一家言あるヴィクトリア朝の紳士だった。[10] バジョットはエコノミスト紙の編集と憲法学説に関する画期的な著作『イギリス憲政論』の執筆の合間に時間を捻出し、中央銀行に関する決定書と言うべき『ロンバード街』を書き上げた。

タイトルになっているロンバード街はイングランド銀行からグレースチャーチ街に至る通りで、いまでも多くの銀行や保険会社が軒を連ねる。一九世紀半ばには貸金業者のオーバーレンド・ガーニー商会もここにあった。ロンバード街自体の名前は、かつてイタリアのロンバルディア出身の商人がここに住み着いて金融業に従事したことに由来する。

一八六六年五月、その時点でシティ最大手の貸金業者だったオーバーレンド・ガーニーが、顧客への払い出しを停止した。パニックが起き、タイムズ紙はこの日を「ブラックフライデー」と名づけたが、このときのブラックフライデーはその後一五〇年間に何度となく金融業界を襲うことになる暗黒の金曜日の一つに過ぎなかった。[11]

## 最後の貸し手としての判断

この時点のイングランド銀行は、まだ民間銀行だった。ただし金準備の管理やロンドンにおける独占的な銀行券の発行など、中央銀行ならではの特権の一部を享受していたし、他行への低利での緊急融資も行っていた。

しかしこのときイングランド銀行は、オーバーレンド・ガーニーへの支援を拒絶する。どのみち救えないとの判断からだった。この商会の苦境は一連の悪しき経営判断が引き起こしたものであり、限度を超えてリスクをとったことが原因だというのがイングランド銀行経営陣の見立てだった。

そこで彼らはオーバーレンド・ガーニーを救済する代わりに、自らの準備金を他の銀行や証券会社に用立てる。そうすることで、他の金融機関の破綻や金融システム全体の崩壊を防ぎとめた。

バジョットは、イングランド銀行が最後の貸し手の役割を果たしたと賞賛する。そしてオーバーレンド・ガーニーをめぐる狂乱をよい機会と捉え、最後の貸し手がその役割を果たすべき条件をおおまかに示した。

イングランド銀行の前副総裁ポール・タッカーは、バジョットの提言を次のようにまとめている。「パニックを避けるためには、中央銀行は支払能力のある事業者にすばやくかつ惜しみなく（すなわち無制限に）貸さなければならない。ただし、しっかりした担保を取ること、貸出金利を高くすることが条件だ[12]」。

**つまりパニックになりかかったときに中央銀行が貸してよいのは、貸したお金をしかるべき期間内に回収し、顧客へのサービスを継続できる銀行だけである。**さらに、緊急融資には高い金利を設定しなければならない。これは、他の銀行がほんとうに必要でもないのに中央銀行から借りようとする事態を防ぐためである。

こうしてみると、中央銀行は経済におけるシートベルトとすこし似ている。中央銀行は、状況によっては助けてくれるが、どんな状況でも助けてくれるわけではない。シートベルトは、衝突されたり車が道路から飛び出したりしたときには効果を発揮するが、あなたが無謀運転をしていたらつねに役立つとは限らない。

それと同じで中央銀行も、窮地に陥った銀行をずっと支えてはくれない。債権が回収できるまでの期間に限られるなど、支援は短期的である。不良債権を山のように抱え込んだ銀行や、放漫経営で苦境に追い込まれた銀行などまで、中央銀行が救うことはできない。

## 「モラルハザード」を防ぐために

以上の点を踏まえると、いつ介入すべきかの判断はなかなかむずかしい。中央銀行は、どの銀行にどんな条件で貸すのか慎重に検討する必要がある。

ここでもう一度、シートベルトの比喩で考えてみよう。経済学者のサミュエル・ペルツマン（彼もシカゴ大学教授である）は、シートベルトの着用を義務づけると自動車事故の件数が増える可能性があると述べた。

シートベルトをしているのだから安全だと考えて、無用のリスクを冒しかねないという。万一事故を起こしてもシートベルトが命を救ってくれるというまちがった考えから、無謀運転をするというわけだ。

ペルツマンはこうした行動を「リスク補償行動」と呼んだ。[13] しかし彼の指摘は、すくなくともイギリスには当てはまらなかった。一九八三年にシートベルトの着用が義務づけられると、交通事故の件数は直ちに減ったのである。[14]

だがペルツマンの指摘は、金融業にはいくらか当てはまると言えそうだ。中央銀行がいつも後ろに控えていていざとなったら救ってくれるとわかっていたら、顧客を増やし利益を上げるために民間銀行が必要以上に多くのリスクをとってもおかしくない。

**このように救済を当て込んで過度のリスクをとる行動を、経済学者は「モラルハザード（moral hazard）」と呼ぶ。**経済学者のゴードン・タロックは、運転に関するモラルハザードを減らしたいなら、シートベルトの着用を義務づけるよりハンドルのど真ん中から尖《とが》ったツノでも生やしたほうがいいと言ったことがある（これは「タロックのスパイク」として有名だ[15]）。

たしかにそんなものが自分に向かって突き出していたら、どんなドライバーもスピードの出しすぎに注意するだろう。イングランド銀行はまさかそんなことはしないが、銀行のモラルハザードを抑制すべく、融資には条件をつけている。

さらにさまざまなルールも設けて、銀行がトラブルを起こさず健全に経営されるよう努力してきた。銀行に対する規制や監督の目的はここにある。銀行が営業を継続するためにはこうしたルールを遵守しなければならない。

## 自己資本は以前の三倍に

貸出限度額は、ルールで定められているものの一つだ。また貸し出しの一部が焦げついても損失をできるだけ食い止められるよう、一定の資本を積んでおかなければならない。これが銀行の自己資本で、資産（貸出はここに含まれる）と負債（預金はここに含まれる）

の差額に相当する。

自己資本は、融資の一部が返済されなかった場合でも銀行を破綻から守ってくれる一種のバッファー（緩衝材）と考えればよい。

自己資本は株主から調達される。あなたが銀行の株式一〇〇ポンド相当を買ったら、銀行の自己資本に一〇〇ポンド提供したことになる。銀行が経営不振に陥って損失を被るようなら、あなたは一〇〇ポンドの一部または全部を失う。銀行が好業績を上げれば、配当金として利益の一部を受け取ることができる。

二〇〇七〜〇八年グローバル金融危機の前は銀行の自己資本が少なすぎた、というのが今日の一般的な認識である。この認識は、経済学者のジョゼフ・スティグリッツから元大統領のバラク・オバマにいたるまで共有されている。

**危機後に中央銀行と規制当局は自己資本比率を引き上げ、モラルハザードを抑えるために次々に政策措置を導入した**。いまではイギリスの銀行は危機前と比べて自己資本が三倍以上に増えている。[16]

それで十分だと言えるのだろうか。もう銀行に預けても大丈夫なのだろうか。銀行危機がいかに悲惨かを考えれば、中央銀行はもっと厳しい自己資本規制を定めて銀行の破綻が絶対に起きないようにすべきではないのか。

だが厳格すぎる措置は、車のハンドルのど真ん中に尖ったツノを生やすようなものだ。

これでは誰も車を運転したくなくなるだろう。同様に、高すぎる自己資本比率を要求したら、銀行は貸し出しをいっさい止めてしまい、そのほかの経済にとって有益な活動も打ち切ってしまうだろう。そうなったら、経済も、経済に参加するすべての人も、困ったことになる。

## 経済全体の状況に応じて柔軟に調整

すべての銀行に対して際限なく自己資本規制を厳格化する代わりに、今日の中央銀行はもっと柔軟なアプローチを採用している。それは、自己資本比率を変動させる方式である。速度制限になぞらえれば、道路によって制限速度を変えるが、ドライバーに過度のリスクテイクをやめさせるという目的は変わらないのと似ている。銀行の場合には、リスクの高い貸し出しを行う銀行には自己資本の積み増しを義務づけ、堅実な貸し出しを行う銀行は自己資本をそこまで増やさなくてよいというふうにする。

二〇〇七〜〇八年グローバル金融危機以降、各国の中央銀行は新しくマクロプルーデンス政策を採用するようになった。**マクロプルーデンス政策とは、経済全体や信用状況に応じて資本要件を決める政策を指す**。円滑な貸し出しが行われるようにしつつ、金融システム全体の安定的な維持を図ることが目的だ。

信用状況が逼迫していて銀行が貸し出しを渋る状況では、中央銀行は市中銀行に自己資本比率の引き下げを要請する。信用逼迫が緩《ゆる》み銀行がどんどん貸し出す状況では、逆に引き上げを求める。つまり銀行は、経済が好調のときにバッファーとなる自己資本を積み増す。こうしておけば、経済が混乱に陥ったときにバッファーを取り崩して貸し出しを続けることができる。

マクロプルーデンス政策を支える論理は次のようなものだ。景気が悪化すると、銀行は貸し出しを渋るようになり、ますます景気は悪くなってしまう。金融政策当局としてはむしろそのような時期にこそ、銀行に貸し出しを継続してもらいたい。そこでバッファーを減らすことが認められる。

逆に景気が上向きの状況では、いずれ景気が後退するときに備えてバッファーを積み増しておくことが理に適っている。経済が不調に陥ったときに貸し出す現金が手元にあるからだ。このように景気後退期に増やし景気拡大期に減らすので、カウンターシクリカル（景気変動抑制的）バッファーと呼ばれる。

## さまざまな機関が市中銀行を監督

イギリスでは、イングランド銀行の金融監督政策委員会（FPC）がバッファーの比率を決めている。委員会は、イングランド銀行総裁および行内と外部の上級エコノミストで構成される。

経済状況が大きく変化したとき、金融監督政策委員会はバッファーの比率変更を検討する。たとえば二〇二〇年三月に新型コロナ危機に見舞われた際には、委員会はバッファーの比率を引き下げた。おかげで銀行は、経済が危機的状況になり人々の返済能力が低下した時期にも貸し出しを続けることができた。

バッファーをどのような水準に設定すべきか、イングランド銀行はどうやって判断するのだろうか。だいたいにおいて経済モデルに基づいて決めており、モデル化の手法については次章でくわしく取り上げる。

だが中央銀行はそのほかにも奥の手を持っている。その一つが**ストレステスト**だ。経済危機を想定し、それに対する備えを示すよう銀行に要求する。

たとえばGDPが一〇%落ち込む状況になったら銀行には何ができるのか、貸し出しにはどんな影響が出るか、自己資本は十分に積まれているのか、失業率が五%上昇したら住宅ローンの損失はどの程度になるか、等々。こうしたシミュレーションは、金融政策当局が銀行の自己資本比率を設定する際の参考になる。

なるほど、理論上はなかなか役に立ちそうではある。そうは言っても、中央銀行に強制力がなかったらこうした政策も意味がない。そこで**中央銀行は金融における交通規則を決**

**めるだけでなく、警察官の役割も果たしている。**

イギリスでこの役割を引き受けているのは、イングランド銀行の健全性規制機構（PRA）と、独立機関である金融行動監視機構（FCA）である。両機構の任務は銀行に規則を遵守させることだ。銀行が違反したら罰金を科す。目に余る場合は営業停止処分にする。

このほか、銀行が危機に見舞われたときに金融システムの秩序を維持するという任務もある。実際に銀行が倒産したら、中央銀行は**「整理（resolution）」**と呼ばれるプロセスを実行し、顧客や他の銀行や金融システム全体に悪影響が波及しないよう細心の注意を払って破綻処理を行う。

こうしたむずかしい仕事は比較的最近のものだ。二つの機構は二〇〇七〜〇八年グローバル金融危機の直後に金融の警察官としての仕事をこなしている。その時点では政策当局のみならず一般の人々も、経済的ショックに対して銀行部門があのように脆弱であってはならないと痛切に感じたものだ。

規制を強化しそれを遵守させ取り締まる役割が果たされるようになった成果はきわめて大きい。銀行に預けたお金は以前よりはるかに安全に保護されるようになった。もちろん、マットレスの下に隠しておくのに比べればもっとずっと安全である。

まとめ

# 銀行は経済の重要なプレーヤー

イングランド銀行で働く私たちが、銀行は役に立つと言うのはまあ当然かもしれない。ただありがたいことに、そう考えるのは私たちだけではない。多くの経済学者が、銀行は単にお金を預ける安全な場所なのではなく、グローバル経済がうまく機能するうえで欠かせない存在だと考えている。

その最大の理由が、個人が銀行にお金を預ける行動が経済にもたらす大きな利益にあることはあきらかだ。**銀行は安全である**。マットレスにお金を隠しておくと捨てられたり盗まれたりする可能性があるが、銀行に預けておけばその可能性ははるかに低い。

しかも、**銀行に預けたお金は使い勝手がよい**。全世界どこにでもあるATMから引き出すことができ、スーツケースに詰め込んで持ち歩く必要はない。この経済的便益は個人にとどまるものではなく、経済全体にお金を円滑に流通させることにつながる。

同時に、銀行に預け入れられたお金には他の経済効果もある。銀行には個人や企業にお金を貸し出すという重要な役割がある。部分準備制度というしくみのおかげで、金庫にある現金の何倍ものお金を貸し出すことができ、第7章で説明したようにその過程で**通貨を創造して経済活動を活性化させる役割を果たす。**

このとき、たとえば家を買う個人や設備投資を行う企業に貸し出すなど、お金を最も生産的な使途に割り当てる点が重要だ。

とはいえ歴史を振り返ると、人々がリスクを懸念し銀行不信に陥ることはたびたびあった。それでも今日では、銀行に預けたあなたのお金は昔よりずっと安全だと断言できる。**しかも中央銀行が「最後の貸し手」として控えている。**

市中銀行は、一時的にキャッシュフローに問題を抱え流動性不足に陥ったら、中央銀行の支援を受けることが可能だ。それではしのげないほど危機的な事態となって銀行が破綻してしまったら、整理プロセスが開始され、一行の破綻がドミノ倒しのように金融システム全体に波及することがないよう、安全な破綻処理が行われる。

以上を総合すると、**銀行はお金を安全に預かると同時に、経済全体でお金がより生産的な用途に使われるように仕向ける役割を果たす**。

だが、どれほど高度で緻密な金融規制が設けられていても、銀行システムがつねにスムーズに機能するわけではない。銀行が窮地に陥る事態は起こりうる。それは多くの場合、広く経済が危機に見舞われるようなときだ。

中央銀行は経済危機の影響を軽減することはできるし、金融システムのトラブルが危機を深刻化させることのないよう努力する。だが危機そのものを完全に排除することはできない。本書をしめくくる最後の二つの章では、経済危機とその対策について論じることにしたい。

# 第 9 章

# どうして危機が起きると誰もわからなかったのですか？

経済危機とその原因について、不況が全然楽しくない理由について、経済学者と気象予報士の驚くべき類似について。

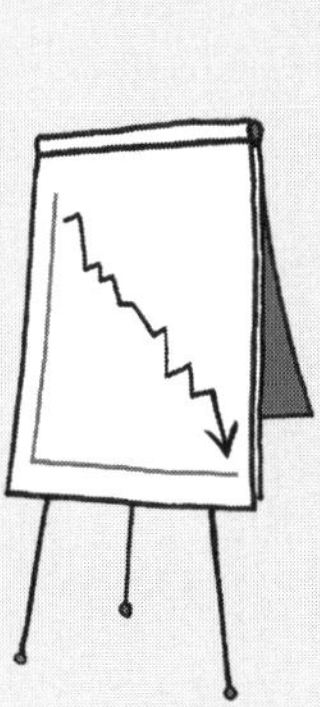

# 女王陛下からの質問

## 経済危機はなぜ起きたのか

二〇〇八年一一月、エリザベス女王はロンドン・スクール・オブ・エコノミクス（LSE）を訪れた。新校舎落成式に出席するためである。集まった大勢の人は、これはごくふつうの儀礼的な訪問だと思っていた。だが女王には別の考えがあったようだ。

当時は二〇〇七～〇八年グローバル金融危機のまっただ中だった。一九三〇年代以来最悪の危機である。女王には近代的な校舎よりもっと気にかかることがあったのだろう。新校舎を一通り見学すると、女王は居並ぶ経済学者のほうに向き直り、国民がずっと疑問に思っていたことをじつに率直に口にしたのだ。

**「どうして危機が起きると誰もわからなかったのですか？」**

この質問を経済学者たちは次の一〇年間議論し続けることになる。大学の講堂で、あるいは経済誌への寄稿で、あるいは新聞のコラムで、あるいはテレビ対談で。危機を予見していた一握りの学者は、一夜にして経済界の有名人になったものだ。

では女王の質問への答えは？　二通りある。一つはあの危機に固有の答え、もう一つはどの危機にも共通する答えだ。

まずは一つ目からいこう。二〇〇七〜〇八年グローバル金融危機の根本的な原因は、たくさんの銀行が不良債権を抱えてしまったことにある。つまり貸したお金が返ってこなくなった。とうてい返せそうもない人にまでどんどん住宅ローンを貸し付けたのだから当然だろう。

全員とは言わないがほとんどの経済学者はそのことに気づかなかった。点と点を結んで全体を描くことができなかったし、銀行は経済の他の部分と深く結びついていて、ローンが何件か焦げついただけで住宅市場の外にまで影響が波及することを理解していなかった。

女王から直接質問されたLSEの経済学者の一人、ルイス・ガリカノは、のちにガーディアン紙にこう語っている。「**女王陛下には、危機的な事態に至ったのは、貸し出しに関わったすべての人が自分の仕事つまり貸し出しを熱心に続けたからだと申し上げた**」[1]。

## 二つの金融危機とその影響

二つ目の答えはもうすこし複雑だ。どの危機にも共通する答えを見つけるには、危機の長い歴史を紐解く必要がある。そうすれば、危機とはどういうものか、なぜ予見できないのかがわかってくるだろう。

過去七〇年間のどの一〇年をとっても、必ず一度は経済危機が起きていた。中でも最も有名なのは、一九二九年一〇月二四日木曜日にニューヨーク証券取引所で起きた出来事である。そこで取引されるアメリカ企業の株が、九時の取引開始から数時間のうちに一〇％近く下落したのだ。[2]

その日は「暗黒の木曜日」と呼ばれたが、その後に「暗黒の月曜日」が、さらに「暗黒の火曜日」がやってくる。株式市場は五日間で二五％もの大暴落に見舞われた。[3] その後一世紀近くにわたって、「暗黒の月曜日」の下落幅は記録に残っている限りで最大級となっている。

株式市場の大暴落は、史上最悪の経済危機を引き起こした。大恐慌である。大量失業が発生し、人々を不幸のどん底に突き落とした。貧困、政情不安、炊き出しの長い列が常態化する。[4]

相当数のニューヨーカーは株取引ともウォール街とも無縁だった。まして当時ヨーロッパに住んでいた五億二六〇〇万の人々は言うまでもない。それでもみな巻き添えを食う。[5]証券取引所の立会場で起きたことが、アメリカ人だけでなく世界中の大勢の人の生活に影響を与えたのだ。世界の一人当たりGDPは、一九三〇～三二年に二〇％近く縮小している。[6]

時計の針を一九八七年一〇月一九日へ進ませよう。この日の朝、ウォール街の株式仲買人たちは、一九二九年の大暴落のときに同業者が浮かべたのと同じような驚愕と動揺の表情を浮かべていたにちがいない。株式市場はまたしても大々的な暴落に見舞われた。下落幅は二三％で、株式市場では一兆ドルが吹き飛ぶ。[7]

この日もまた「暗黒の月曜日」として知られるようになる。多くの人が一九二九年を思い出したことだろう。バラエティ誌は一九二九年一〇月三〇日の朝と同じ見出しを打った。「ウォール街、大暴落」。

**とはいえ一九二九年を除いては、金融危機が経済全体に波及することはなかった。**アメリカのGDP成長率は一九八八年と八九年にそれぞれ四％を記録している。一九八七年でさえ成長率はプラスだった。[8]経済はまずまず好調だったと言ってよい。

## 正直なところ、予測はむずかしい

この二つのケーススタディから、金融危機というものがいかに複雑で予想外で偶発的なものかがよくわかるだろう。危機は何の予兆もなく起きるように見えるし、経済の一分野だけで収まる場合もあれば、経済全体に波及する場合もある。そして金融危機と経済危機は性質がかなりちがうように見える。

経済危機とは経済規模が縮小することであり、GDPが落ち込むことである。経済が六カ月以上にわたって縮小傾向にあれば、景気後退と呼ばれることになる。経済危機は証券市場にとどまらず広い範囲に深刻な打撃を与える。そう、ふつうの人々の支出や投資の決定にも影響を与えるのである。

だが、銀行・金融部門で発生した危機がつねに経済危機につながるわけではない。過去一〇〇年に起きた金融危機のうち、景気後退を引き起こしたのは半分にとどまっている。だから女王の質問に答えるためには、金融の世界ともっと広い経済全体とを結びつけるリンクは何だったのかを掘り下げて分析しなければならない。

また、金融危機にせよ経済危機にせよ予測がなぜむずかしいのかも説明しなければならない。歴史を振り返ると、経済学者が大規模な経済危機をまったく予測できなかったケースが何度もある一方で、予測したにもかかわらず起きなかったケースもあることがわかる。

**経済学者が正しかったときよりまちがっていたときのほうが多かったことは、認めざるを得ない。**これらすべてを勘案すると、次の危機を予測するのはじつに気の重い仕事になる。あえてやろうとする人がいるだろうか。

# 何が経済危機の引き金となるのか？

## 一生に八回は経験することになる

八五年生きるとすると、その人は生涯に八回の経済危機を経験する可能性が高い。これは、イギリス人が生涯に引っ越す回数の二倍に当たる。

本書を書いている私たち自身は、イングランド銀行のエコノミストとしての比較的短いキャリアの間にすでにイギリスで早くも二回の危機に遭遇している。ただし、二回が二回とも世界規模に発展したわけではない。二回の危機はまったく性質がちがっていた。

ちょうど一九二九年の危機と一九八七年の危機がまったくちがっていたように、アメリカでその後に起きた一三回の株価暴落もそれぞれにちがっていた。多くの場合、経済は徐々に拡大し徐々に縮小するが、ときには急激に冷え込んでから急速に回復することもある。

**危機はなぜ起きるのだろうか。火種となりうる要因はいくつもある。金融市場での投機、銀行の取り付け騒ぎ、金利の上昇、住宅価格の下落、貿易戦争、原油価格の変動、戦争、飢餓、社会不安、パンデミック、あるいはこれらの同時発生、等々。**

だがどの危機にも共通する要因となると、あまり多くない。とりわけ金融危機についてそう言える。金融市場が突然しゃっくりをするのはいまに始まったことではない。

記録に残っている金融危機の中で最も古いものの一つは、紀元三三年に古代ローマで起きている。発端は土地価格の下落だった。土地を担保に借金をしていた地主たちが返済できなくなって、貸し手は金貸しをやめてしまったという。

だがここ数十年はしゃっくり程度では済まず、金融の世界で起きたことが広く波及する例が多くなった。ときには全面的な経済危機につながるケースもある。金融市場が経済に密接に組み込まれるようになったため、金融の世界の問題が経済の他の分野にまですぐに広がってしまう。

## ニュートンも大損した「南海泡沫事件」

金融危機の発生から拡大への過程を理解するには、ある有名な事例に注目するとよいだろう。それは、一七二〇年に起きた南海泡沫事件である。

元凶となった南海会社は、スペインが南米に持つ植民地との貿易を目的として一七一一年に設立された。貿易といっても、アフリカ人奴隷を運んで鉱山や農場で働かせるというものだ。

当時、イギリスはスペインと数年におよぶ戦争の最中で、政府は戦費を調達する必要があった。そこでイギリス政府が考えついたのが、国債を南海会社に引き受けさせる見返りに等価での株式発行を許可し、政府が国債の利息を南海会社の株主に払うというスキームである。

このうまい話を成立させようと、南海会社は大臣や議員にたっぷりと鼻薬を嗅がせた。一七二〇年までに、南海会社は政府が発行した国債三〇〇〇万ポンドすべてを引き受けている。[9]

南海会社が奴隷貿易に手を染めた時点で倫理に反する点はさておくとしても、この計画は経済的にも問題が多かった。南アメリカはスペインとポルトガルの植民地であるから、ここから利益を上げることがそもそもむずかしい。

さらに問題なのは、大西洋を横断する奴隷貿易はきわめてリスクの高い冒険的事業であることだ。輸送中の死亡率はおそろしいほど高く、人間という「財産」の損失ひいては利益の喪失につながる。奴隷貿易が個人投資家に巨額の利益をもたらす可能性はあるにしても、政府の資金調達の基盤とするにはあまりに危ういと言わざるを得ない。

にもかかわらず南海会社の株には需要が殺到し、貴族や政治家から中流の下のロンドンっ子にいたるまで株を買おうと押し寄せた。国王の愛妾ケンダル女公爵や初代ロンドンデリー伯爵トマス・ピットも買ったと言われる。

南海会社の株価はあっという間に一〇〇〇ポンド近くに達した。今日で言えば二〇万ポンド（約三六〇〇万円）である。[10] 市場が過熱する中、南海会社に限らず株投機が大流行になる。実力以上の高値と知りつつ、値下がりする前に売り抜けるだろうとの甘い見通しで買う人も少なくなかった。銀行から借りて株を買う人、老後資金を投じる人もいた。

**だが株式市場は突如として暴落したのである。南海会社には自分たちが払った価値などまったくないことに、誰もが突然気づいたのだった。**

これが、経済学で言うミンスキー・モーメントだ。第7章に登場したハイマン・ミンスキーに由来する。ミンスキーの業績は二〇世紀後半の大半の時期にほとんど忘れられていたが、二〇〇七〜〇八年グローバル金融危機の際に再評価された。

ミンスキー・モーメントは、自分たちが投資した株には思ったほどの価値がないと市場参加者がみな気づいた瞬間に訪れる。[11] 投機がピークに達してもはや持続不可能になる転換点がミンスキー・モーメントであり、何らかの出来事が下落に転じる引き金となって人々がパニックに陥る。

南海泡沫事件の場合には、南海会社はたいして儲かっていないことに人々が気づいた。銀行家が頭を抱えていたり、投資家がコーヒーハウスの黒板の前で動揺していたりしたら、ミンスキー・モーメントが近づいている。

当時でさえ、これほど大幅で突然の株価暴落が起きると広範な経済危機を引き起こす可能性は十分にあった。一七二〇年には多くの人が老後のための貯金を失い破産している。当時としては賢明な投資家だったアイザック・ニュートンでさえ、二万ポンド、現在の価値にして四〇〇〇万ポンド（約七億二〇〇〇万円）ほどの損失を被ったと推定される。

彼は**「天体の運動は計算することができるが、人間の狂気は計算できない」**とのちに回想している。[12] ここで彼が「狂気」と言ったのは、経済学者が群衆行動と呼ぶものに当たる。群衆行動とは、人々が他人の行動や選択に基づいて自分の意思決定を行うことを意味する。

大勢が破産すれば、経済全体に波及的な影響を与えずにはおかない。ロンドンの銀行は融資が返済されなくなると次々に倒産した。すると銀行株以外の銘柄にも直ちに悪影響がおよび、投げ売りされるようになる。

この種の危機の元凶となるのは、だいたいにおいて投機的な売買だ。価値があると信じ込んだ資産に大量の資金が投じられ、過大評価だったと気づいた瞬間にバブルが破裂する。同じ筋書きが一九二九年、一九八七年、二〇〇七〜〇八年に繰り返された。

## クマのぬいぐるみ投機「ビーニーベイビーズ・バブル」

このような投機バブルはめずらしいものではないし、必ずしも経済危機を誘発するわけでもない。たとえば「ビーニーベイビーズ・バブル」を考えてみよう。

ビーニーベイビーズはぬいぐるみで、値段は五ドルぐらいだ。一九九〇年代後半に人々はこのぬいぐるみシリーズのいくつかのバージョンは品薄だから今後値上がりすると信じ込み、一気に収集熱が高まる。

ぬいぐるみは実際に値上がりした――すくなくとも一時的には。この頃はｅＢａｙ《イーベイ》でビーニー一個が五〇〇〇ドル以上で売られたものである。値段が上がれば上がるほど人々はなんとかして手に入れようとし、ますます値段は上がった。

コレクターは一喜一憂し、よからぬ輩は密輸団を組織し、七七歳の男が一二〇〇ドル相当のビーニーを盗んでつかまり、レアなバージョンに人々が殺到した際には大勢の子供たちがけがをするという過熱ぶりだった。製造元であるタイ社は一時的に世界最大級の玩具メーカーにのし上がり、創業者は世界の富豪ランキングで八七七位になる。

**だが大方のバブルがそうであるように、上がったものは必ず下がる。二〇〇〇年になるとコレクターたちは憑き物が落ちたように、このぬいぐるみには値段ほどの価値はないと気づく。**多くの人がビーニーを売りに出し、投資対象の選択を考え直すようになると、ぬいぐるみは値下がりする一方となった。多くの人が長年ためてきた貯金を失い、中には一〇万ドルを失った家庭もあったという[13]。

ただし、ビーニーベイビーズ・バブルは経済全体に拡大はしなかった。バブルに関与したのはごく一部の投資家に限られ、金融システムの他の部分とはつながりがなかったからである。

だがこの一件は、根拠なき投機行動がいかに伝染しやすいかということは如実に示したと言えよう。このタイプのバブルはじつにひんぱんに見受けられる。ごく最近の例で言えば、ベースボールカード、時計、住宅、ハイテク株などのバブルが発生した。

この種の投機行動はなぜ起きるのか。経済学者のリチャード・シラーはその原因を分析しノーベル経済学賞を受賞した。彼の説明は、こうだ。市場が上り調子で活気づいてくると、投資家は乗り遅れまいとする。たとえそれが合理的な行動でないと知っていても、である。

この現象をシラーは「**根拠なき熱狂**」と名づけた。あなたの友人たちがある特定の投資、たとえば暗号通貨の投資にむやみに熱中し、この先もっと値上がりすると口をそろえて言ったら、あなたもやってみようかという気になるだろう。友人全員がそろいもそろってまちがっている可能性を考えるのはむずかしい。

そこであなたも仲間入りすることになる。人間は値上がりしている間は自信過剰になってリスクを恐れなくなるものだ。そこで市場が上昇基調のときには投資家は通常の二倍、三倍の資金を賭けやすい。そこでますます上昇に拍車がかかることになる。

## 予測不能の衝撃「ブラックスワン」

とはいえ、投機だけが経済危機の原因だと考えるのは正しくない。経済学者が「ブラックスワン」と呼ぶ事象がある。**ブラックスワンとは、まさに黒い白鳥のように、発生しうるとわかってはいてもきわめて稀で予測不能かつ深刻な影響をおよぼす事象を指す**。

新型コロナのパンデミックは、古典的なブラックスワンである。感染拡大を食い止めるために講じられた措置は、経済全体を大幅に縮小させる結果を招いた。九〇以上の国が国境を封鎖し、世界人口の半分以上がその影響を受けている。こうなると金融市場の不安定化は避けられない。二〇二〇年三月一二日に株式市場は一〇％近く下落し、二〇〇八年以来の大幅な下げを記録した。[14]

ロックダウンがいつまで続くのかわからないなど不確実な要素が多く、しかも人々は新たな大流行の波や変異型の登場を恐れたため、経済に対する先行き信頼感が低下する。

そうなると、たとえ消費に回せるお金を持ち合わせていても、使わずに貯めておこうと考える人が増える。並行して、多くの企業が端的に言って売るものがなくなってしまう。レストランや店は閉められ、工場は閉鎖され、輸出品を積んだ貨物船は出港できない。

これは最悪の状況である。お金を使う機会がないうえに、使う意欲もないのだ。二〇二〇年だけで、世界ＧＤＰは四％近く落ち込んだ。一九三〇年代の大恐慌以来の落ち込みである。[15]

新型コロナの例一つとってもわかるように、経済を混乱に陥れる要因は投機だけではない。グローバル経済の円滑な運営を妨げるような事象が発生すると、しばしば危機に直結する。パンデミック、戦争、一次産品（原油・小麦など）の供給不足などは経済活動を妨げ、危機を招く原因となる。

# 経済危機が引き起こす問題

## 経済に広がる悪影響

経済危機は高いものにつく。二〇〇七〜〇八年グローバル金融危機は、均せばアメリカ人一人当たり七万ドル、イギリス人一人当たり二万一〇〇〇ポンドの損失となった。[16] イギリスで言えば、大人も子供も一人一台のフォード「フィエスタ」を買ってお釣りが来る金額である。

もちろん実際にはこんな具合に損失が均等に分布したわけではない。七万ドル以上の損失を被った人もいるし、もっとずっと少ない損失で済んだ人もいる。危機によって損失の総額もまちまちだ。

また危機のきっかけが何だったたか、どんな対策が講じられたかによって、深刻な影響を受ける経済分野もちがってくる。また危機と同時に現れる影響もあれば、数年後に顕在化する影響もある。

景気信頼感の低下

このように危機がもたらす影響はさまざまだが、繰り返し現れるものもいくつかある。危機の最も直接的な経済への影響として第一に挙げられるのは、景気信頼感の低下だ。**先行きに信頼が持てなくなると、人々は支出を減らす**。

たとえば景気が悪くなると男性はまっさきに下着の購入を先送りするという説がある。アラン・グリーンスパンＦＲＢ元議長は不況の兆候を知るためにこの「メンズ下着指数」を好んで参照したという。

もっとも、不況になったときに人々が買い控えるのは下着だけではない。支出を減らしたくなるのは、景気が悪くなると持ち家など大切な資産の価格が下落するため、財産が減ったと感じられて心細くなるからだ。

こうした支出の切り詰めは企業の倒産につながりかねない。大企業から家族経営の小さな店にいたるまで、どんな事業者も景気後退の影響を免れない。人々が財布の紐を締めれば企業の収入は減り、賃金や電気代などを払うのが困難になる。

手元現金が枯渇して払えなくなったり、銀行から借りられなかったりすれば、事業を打ち切らざるを得ない。中には廃業や倒産を防ごうと、賃金引き下げを行う企業もあるだろう。だが**賃金を減らされた労働者は支出を減らすので、他の企業も立ち行かなくなる恐れがある。**

危機が経済にもたらす波及的な影響の具体例を二〇〇〇年代後半のアイスランドに見ることができる。当時どの国もそうだったように、二〇〇九年のアイスランドも二〇〇七～〇八年グローバル金融危機の余波に苦しんでいた。

GDPは八％落ち込み、アイスランド・クローナは前年から五〇％も下落する。[17] アイスランドのマクドナルドはクローナ安のせいで、ハンバーガーに必須の牛肉、チーズ、野菜類を輸入できなくなった。これでは経営は成り立たない。

というわけで首都レイキャビクに三つあったマクドナルドの店はそろって閉店し、現在に至るまで営業は再開されていない。今日では、同国最後のビッグマックとフライドポテトはガラスケースに密封されて南アイスランドの美術館に陳列されている。姿を消したビッグマックは、経済危機の長期的な影響の象徴と言えるだろう。

多くの企業が破綻し、閉じられた扉は二度と開くことがない。イギリスでは、音楽・映像販売のHMV[18]、家具のMFI、そしてあのピック＆ミックスのウールワースが二〇〇七～〇八年グローバル金融危機の餌食になった。

この種の倒産や廃業は、経済に第二の影響をおよぼす。それは、失業である。企業が倒産したら従業員は職を失う。それが一社や二社ではなく経済全体に広がったら、おぞましいことになる。大恐慌の際には、アメリカ人労働者の四人に一人が失業した。

不況時に職を失ったら、新しい職を見つけるのは非常にむずかしい。失業の分布には偏りがあり、一般に若年層や未熟練労働者が最も強く打撃を受ける。二〇〇七～〇八年グローバル金融危機の際には一八～三〇歳の労働者の失業率が最も高く、実質賃金の下落幅も最も大きかった。[19]

景気が回復したら多くの人が再び働き始めるが、必ずしも前と同じ職業に復帰するとは限らない。二〇〇七～〇八年グローバル金融危機の際には、失業した元銀行員が学び直しをして理科の先生になった例もある。[20]

だが第3章で取り上げたように、**失業が長期におよぶと、せっかく身につけたスキルも忘れたりアップデートできなくなったりする。**そうなると再就労の可能性は低くなってしまう。つまり経済危機の余波は数十年にわたって人々を苦しめる恐れがある。

不況があまりに長引いた場合、スキルの低い労働者は再就職できる可能性がきわめて低く、仮にできたところで賃金水準が低すぎると気づいて働く意欲をなくし、求職活動すらやめてしまうかもしれない。

## 格差の拡大

この状況は、経済に第三の影響をおよぼす。それは、格差の拡大である。景気が悪化すると所得格差は拡大し、貧困が広がる。グローバル金融危機後の二〇〇九〜一〇年には、所得最上位層一％の所得は一二％近く増えたのに対し、残り九九％の所得はおおむね横ばいだった[21]。

言い換えれば、景気回復の恩恵はすべての人に行き渡るどころか、最上位層にしか届かなかったわけである。このパターンは一九二九年の大暴落後の大恐慌のときにも見られ、所得合計に占める最上位層五％の比率は、一九二〇〜二八年におおむね四分の一から三分の一に上昇した。

なぜ不況は格差拡大につながるのだろうか。理由はいくつかある。その一つは、低所得層は教育水準が低いケースが多く、一度解雇されてしまうと容易に次の仕事を見つけられないことだ。また低所得層は貯金が少ないため、失業すると景気回復まで食いつなぐことが困難になる。

**こうした格差拡大は所得階層間だけでなく、世代間でも起きる。**たとえば二〇〇七〜〇八年グローバル金融危機後のイギリスでは、親より所得の多い子供の比率が低下した。

こうなると親世代と子世代の所得格差は一段と拡大し、相続財産が資産形成で重要な要素を占めるようになる。よって不況は将来世代の社会的移動を長期的に阻むことになる。人々が社会の中での地位をどの程度改善できるかを示す社会的移動性の高さが、経済を活性化し成長させる重要な要素であることを忘れてはならない。

## 社会全体への悪影響

とはいえいま挙げた経済的問題は、経済危機の影響のごく一部に過ぎない。**不況は、社会のあらゆる面、たとえばライフスタイル、精神状態、さらには人間関係にも影響をおよぼす**。経済の健全性が健康におよぼす影響を考えてみてほしい。不景気が精神状態に悪影響をおよぼすことははっきりしている。

二〇〇七〜〇八年グローバル金融危機後に失業率が上昇すると、イギリスでは男性の自殺率が一五％以上も上昇した[22]。さらに肉体的な健康にも悪影響をおよぼす。景気後退期には心臓発作や脳卒中が増えることがデータで確かめられている。

健康への悪影響は大人だけでなく子供にもおよぶ。経済不安の中で育つ子供たちはストレスや悩みの多い環境に長い間置かれるため、メンタルヘルスに問題を抱えるリスクが高くなる。前回の不況では、カウンセリングなどを必要とする子供が急増した[23]。

不況と離婚に密接な関係があることは、おそらくその一因だろう。家計の苦しさを耐え難しいと感じるのか、不況後には離婚が増える傾向が認められる。二〇〇三～〇九年に全般的に減少傾向にあった離婚件数は、二〇一〇年には五％増を記録した。[24]

もっともその一方で、不況下では離婚後の交際の機会は増えるようだ。調査によると、不況のときは最初の出会いで相手を求める傾向があるという。不景気は人を孤独にするのだろう。[25]

## プラスの影響もいくらかある

以上のように、経済危機とその後の景気後退が社会と経済におよぼすさまざまな影響は、失業率、成長率、賃金といった単純な数字にはとどまらないことがわかる。生活のあらゆる面に影響がおよぶと言っても過言ではない。

その中にはプラスの影響もある。たとえば大気汚染がそうだ。新型コロナ危機の最中の二〇二〇年前半に中国の製造業の大半が操業を停止すると、大気汚染はみごとに激減した。一部の都市では死亡数の減少にもつながっている。

実際、過去の景気後退の中には平均寿命を押し上げたケースもある。大恐慌の間は、アメリカでは失業率の高い地域ほど死亡率が下がった。おそらくタバコの支出を控えたとか、出勤者の減少が交通量の減少につながり交通事故が減った、といった理由からだろう。

景気後退が経済の健全化に寄与するケースもある。経済危機が起きると多くの場合、利益率が高く経営状態の良い企業が生き残ることになるからだ。これは、オーストリアの経済学者ジョセフ・シュンペーターの言う「創造的破壊」の一種である。**不健全な企業は退場させられ、まずまずの企業は生き残りをかけて経営効率化の努力を迫られ、優良企業は生き残る**。こうした状況になれば、不健全な企業に流れていたリソースが優良企業に回るようになるし、新事業の発足に使われるようにもなる。

創造的破壊の例を一つ挙げよう。テック企業やIT関連企業など新興企業の占める比率が高いアメリカの株式市場ナスダックでは、インターネット関連企業の株価が数年にわたって上がり続けた末に二〇〇〇年前半に急落した。

その結果、実力以上の高値がついていた企業は資金調達ができなくなり、次々に姿を消している。その一方で、投資熱のせいではなく真の価値が評価されていた企業は成長が加速した。たとえばeＢａｙがそうだ。同社のビジネスモデルは大勢の消費者の購買行動を変えたと言ってよい。

# 危機の発生を予想するために

## 経済モデルを使って精度を上げる

ここまでに論じたことから、女王の質問に答える手がかりは何か得られただろうか。一つ言えるのは、経済危機の発生を予想するには、いくつかの予兆に目を凝らさなければならないということだ。

その一つ目は、グローバル経済が混乱する兆候である。それは投機バブルかもしれないし、急速に拡大するパンデミックかもしれないし、債務が膨れ上がるといった持続不能な不均衡かもしれない。

二つ目は、個人か企業かを問わず、景気信頼感が低下する現象である。いったん低下し始めると経済システム全体に広がる恐れがある。経済学者の役割の一つは、これらの情報を収集し、それに基づいて予想することだ（ただし予想はしばしば外れる）。

もし私たちがあのときロンドン・スクール・オブ・エコノミクスの新校舎落成式に居合わせたら、**経済に何が起きるかを予想するのは天気を予想するのとよく似ている**と女王陛下にお答えしただろう。

経済学者も気象予報士も、いつ豪雨になるか、いつ暴落が起きるか、正確に予想することに関してはあまり成績が良くない。それでも気象予報士は、気候や季節の大きな流れは的確に予想できるし、経済学者も、経済の大きな動向を予想することには長けている。

気象予報士は、北半球では一二月より八月のほうが気温は高いことを知っている。イギリスに住んでいる人は、三月になったら分厚いコートはあまり要らなくなること、冬になったらサングラスはあまり必要ないことを知っている。

同様に、経済学者は経済がいま好況なのか不況なのか、言い換えれば景気循環のどの局面なのかを知っているし、これからだいたいにおいて拡大していくのか後退していくのか予想することもできる。

だが、一二月半ばにサングラスが必要になる日が稀にあったり、八月にひどく寒い日が稀にあったりするように、景気循環も予想外の動きをすることがある。また、景気が後退局面に入りそうだということはわかったとしても、それがいつなのか、何がきっかけになるのかを正確に予想することはできない。

**では予想の精度を上げるために、できれば危機の出現をピンポイントで見通すために、経済学者はどんなツールを使うのだろうか。経済モデルである。**

天気と同じく経済は複雑であり、複雑すぎて全体像を完全に把握することはむずかしい。なにしろ何億もの個人や企業や政府が絶えず相互にやりとりしているのである。そこで経済をよりよく理解するために、経済学者は気象予報士と同じくモデルを使う。

モデルとは現実の世界を単純化したものであり、第2章で述べたとおり現実の世界と同じではない。それでも、政策の影響や経済を構成するさまざまな要素の相互作用を理解するうえで有用である。

## 予兆を示す膨大なデータ

気象モデルであれ、経済モデルであれ、モデルの構成要素は二種類ある。第一はデータ、それも膨大な量のデータである。イングランド銀行では一〇〇以上のデータセットを活用しており、各データセットに一億以上のデータが含まれている。

モデルに投入されるデータの中で最も重要なのは、危機の予兆を示すデータである。たとえばリスクの高い借入の急増（実際に大恐慌や二〇〇七～〇八年グローバル金融危機の前に急増した）、住宅価格の下落などがそうだ。

最近では、危機の予兆を見極めるために一部の経済学者は目新しいデータに注目するようになった。景気が下り坂に差しかかったことを示す奇妙な兆候はいろいろとある。

たとえば**段ボール消費量の急減**がそうだ。非耐久財の多くは段ボール箱に詰めて出荷されるので、段ボール消費量が増えたら非耐久財の生産が増えたと見込まれる。となれば、雇用も増えるはずだ。逆に段ボールの需要が減り始めたら、景気信頼感の低下を示すと解釈できる。

同様のパターンは高額商品の需要にも見られる。たとえば**キャンピングカーの販売台数**は一九八九年、二〇〇〇年、二〇〇六年に落ち込んだが、どのケースもその直後に景気後退に見舞われている。

じつを言えば、景気が下り坂であることを示す最も正確な短期的指標の一つは、**ニューヨーク・タイムズ紙やワシントン・ポスト紙で「景気後退（recession）」という言葉が使われた記事の数**である。この指標にエコノミスト紙は「R指数」と名づけた。記事の数が増えるほど、景気後退が近づいている可能性は高い。じつに単純な指数だが驚くほど正確で、実際に一九八一年と二〇〇一年の景気後退を的中させた。[26]

この精度の高さは、危機というものが自己実現的な性格を備えていることの表れかもしれない。大勢の人が心配し始め、景気について話したり書いたりするほど、景気は悪くなっていく。

## 「合理的経済人」という仮定の限界

モデルの第二の構成要素は、仮定である。経済学者も気象予報士も、経済あるいは気象がどのように動くかについていくつかの基本的な仮定を設け、その仮定に基づいて次に何が起こるかを予想する。

天気予報では、一年のさまざまな時期について、ある気象要因が他の要因とどのように相互作用するかを仮定する。何度も繰り返し見られる天気のパターンに基づく仮定なので、信頼性が高い。

同様に、経済モデルにも仮定が使われる。単純化したモデルでは、ある変化に対応する要素は一つのみと仮定する。たとえば電気自動車の価格が下がれば買う人が増える、というふうに。だがこれでは、賃金の低下や自動車ローン金利の上昇といった、人々が自動車を買い控える要因は無視されることになる。

多くの経済モデルにまず必ず置かれる（が異論の多い）仮定は、人間は合理的だというものである。つまり、経済主体である個人も企業も政府も自分の利益になるように行動し、第1章で取り上げた「効用最大化」の実現をつねにめざすという仮定だ。この仮定に従い、たとえば景気が悪くなると人々はこの先失業するかもしれないと考えて貯金に回す額を増やす、というふうに経済学者は考える。

こうした「合理的経済人」の仮定がモデルの精度を大きく損なうことは、すくなくともこれまではあまりなかった。**だが今日では、人間は不合理に行動するとの証拠を数多く挙げ、したがって従来の経済モデルは誤りだと主張する経済学の一分野が大流行だ。それが、行動経済学である。**

行動経済学者は人間の実際の経済行動をつぶさに観察・分析し、人間は従来の経済モデルの仮定するような経済合理性ではなく、感情に基づいて行動すると結論づけた。行動経済学を支えるのは人間の不合理性に関する鋭い観察だが、実際にも不合理な行動はどこででも見られる。たとえば締め切りが迫っているのにパブでもう一杯注文する、冷蔵庫にたっぷり食材があるのをわかっていながらテイクアウトのピザを買う、等々。

この不合理性のせいで、経済モデルはたびたび的外れなものとなる。たとえば南海泡沫事件の際に経済モデルが存在したとすれば、おそらく、投資家は買い注文を出せば株価上昇に拍車をかけるだけだから買うのをやめると合理的に判断する、と仮定されていただろう。

あるいはビーニーベイビーズ・バブルの頃の経済モデルだったら、あのようなものを投資対象と考えて何時間も列を作るような不合理なことはしない、と仮定されていただろう。だが実際には人々は仮定に反する行動をとり、多くの場合に大損を喫した。

## それでもモデルはないよりはまし

こうしたわけだから、モデルには往々にして誤りがあると心得なければならない。もう一度天気予報の話をしよう。

一九八七年にＢＢＣの気象予報士マイケル・フィッシュは、ハリケーンが近づいてくるとのある視聴者からの通報を笑い飛ばした。だがその夜、イギリスは風速一一五キロという一七〇三年以来の大型ハリケーンに見舞われ、数十万世帯が停電し、一八人が死亡したのである。

気象予報士と同じく、経済学者もモデルを鵜呑みにすると読みを誤ることになりかねない。二〇〇七年にイングランド銀行は翌年の経済成長率を一～四・五%と予想し、「国際金融市場の混乱」は考えていないなどと述べた。二〇〇八年のニューヨーク証券取引所での大暴落をまったく予想できなかったのである。[27]

元チーフエコノミストのアンディ・ハルダンはこれを「マイケル・フィッシュ・モーメント」だと揶揄した。じつのところ経済学者のこれまでの成績は、マイケル・フィッシュよりはるかにお粗末だ。なにしろ一九九〇年代以降に世界で起きた過去一五三回の景気後退のうち、一四八回を予想できなかったのだから。[28]

こうなると読者は、ではなぜ経済学者はいまだにモデルに頼って予想をするのかと言いたくなるだろう。答えはこうだ。

モデルはいまもなお、私たちが持ち合わせている最善の手段なのである。**モデルはどれも正しくはないにしても、一部のモデルは役に立つ**。それに欠点のあるモデルにしても、何もないよりはずっとましだと多くの経済学者は考えている。

まとめ

# 女王陛下への手紙

二〇〇九年七月二二日、経済学者たちは女王に手紙を書き、あの質問に対する熟考に熟考を重ねた回答を記した。[29]

手紙では、六月一七日にイギリス学士院で検討した結果として、一部の経済学者が実際に危機を予測できたことが説明されている。

**問題は、何が危機の引き金となったのか、いつ起きるのか、どの程度深刻な危機なのかがわからなかったことだ。**雨が降ると予想できても、何時に降り始めてどの程度の雨量なのかを正確に予想できない気象予報士とまさに同じである。

真実を語るなら、次のようになるだろう。多くの政策担当者は金融市場でのリスクの大きい行動に懸念を表明していた。返済能力のなさそうな人にまで銀行がどしどし住宅ローンを貸し付けるのは好ましくない、と気づいてはいたのだ。

だが彼らは、住宅価格の下落や銀行の抱える不良債権を経済全体の問題と結びつけて全体像を描くことができなかった。銀行部門における不良債権がこれほどの規模に達したらグローバル経済を混乱に陥れるかもしれない、とは想像できなかった。

女王陛下宛の手紙には、危機の形成過程で起こりうる小規模なリスクはモデルを使って予測できていたとも書かれている。

だがその小規模なリスクが経済の他の部分にどんな影響をおよぼすのか、最悪の場合の危機の規模がどの程度なのかは、あいにくなことに予測できなかった。**経済学者が頼りにするモデルでは、点と点を結び合わせることができなかったのである。**

思慮深い回答ではあるが、あまり役に立つ答えとは言えない。女王の知りたかったのがあの危機の原因だけでなく、次の危機がいつどのように起きるかだったとすれば、なおのことである。

仮に点と点を結べるようになって危機の予測能力が向上したとしても、危機は一つひとつみなちがうものだ。だから、未来の危機が過去の危機と同じ展開になることはまずない。

正直に言えば、経済および経済主体の複雑さを考えると、いつ何が原因で危機が起きるかを予測するのは困難である。経済は、必ずしも経済学者の予想するとおりには動かない。なぜなら人間は合理的ではないからである。

となれば、女王の質問に対する最善の答えは最も短い答えだということになるだろう。すなわち、**危機の予測は困難である、なぜなら経済も人間も複雑だから**、という答えだ。

経済学者の役割は危機を予測し防ぐことだけではない。複雑な現代の世界において、すべての危機が予測可能だと考えるのは無謀に過ぎる。経済学者には危機を防ぐだけでなく、危機が起きてしまってから対策を練る役割もある。

人間が経済になにがしかの影響をおよぼすことは可能であり、政府と中央銀行はそのための操作レバーをたくさん持ち合わせている。危機を食い止めるためのレバー、対応するためのレバー、過熱を防ぎつつ好調を維持するためのレバー、等々。

これらのレバーを操って経済を円滑に運営することは、金融政策当局が果たすべき重要な役割の一つだ。次章ではこれについて述べる。

# 第10章

# 中央銀行がどんどんお金を刷ることはできないの？

量的緩和について、どこにも通じていない橋が必ずしも無駄ではない理由について、『ロード・オブ・ザ・リング』だけがニュージーランドの輸出品ではないことについて。

# 金融危機後の経済政策

## 世界中で大量にお金が創られている

スペインのテレビドラマ・シリーズ『ペーパー・ハウス（La casa de papel）』では、天才的な銀行強盗団がスペイン造幣局に侵入し、人質をとって立てこもる。彼らの目的は、紙幣を印刷することだ。数百枚程度ではない、何十億ユーロも、である。

首謀者の「教授」が熱く語るところによれば、この方法なら誰からも盗むことにはならないという。なぜなら誰かの銀行口座から頂戴するのではなく、紙幣を新しく印刷して持っていくだけだからだ。だから倫理的に正当化できるという。

このドラマの魅力は、言うまでもなく強盗団の奇想天外な着想にある。ただし実際には、彼らの目論見はここ一〇年ほど世界の中央銀行が合法的にやっていることとさほどかけ離れているわけではない。

中央銀行は文字どおり輪転機を回すわけではなく、まして銃を振り回したりはしないが、**このところ世界中の中央銀行は、スペインの強盗団がかわいく見えるほどの規模で貨幣創造を行ってきた**。

二〇〇七〜〇八年グローバル金融危機から現時点までに、イングランド銀行は一兆ポンドを新たに創造し、英国債をはじめさまざまな金融商品を購入した。この金額を大人から子供まですべてのイギリス国民に均せば、一人当たりおよそ一万五〇〇〇ポンドになる。

このような措置を講じたのはイングランド銀行だけではない。アメリカの中央銀行である連邦準備制度理事会（FRB）は七兆ドルを、欧州中央銀行（ECB）も同等額のユーロを創造した。どれも虚空から捻《ひね》り出したように見える。[1]

中央銀行が通貨供給をこれほど桁外れに拡大するのはなぜだろうか。この点を理解していただくために、本章では中央銀行が経済運営に際して操作するレバーについて説明したい。

これらのレバーが人々の生活にどのような影響を与えるのか、中央銀行が紙幣印刷レバーに手をかけることを押しとどめる条件は何か。また、政府が経済に影響を与える他の方法として、税制や公共事業などの政府支出も検討する。

経済政策について知るためには、時代や国境を越えて旅する必要がある。まずは一九九〇年代の日本から始めよう。

# バブル崩壊後の日本

## 金利を介して経済の安定を図る

一九八〇年代の日本経済は絶好調だった。グローバル資本主義の寵児であり、ウォークマンをはじめとするハイテク・ガジェットから自動車にいたるまで、ありとあらゆるものを世界に送り出していた。

だが一九九〇年代初頭にバブルが崩壊する。正確には、二つのバブルが崩壊した。不動産バブルと株式バブルである。その結果、個人も企業も支出を手控えるようになって経済成長に急ブレーキがかかった。

景気が悪化すると、インフレ率は下がる。第6章でみたように、需要が減退すれば物価はあまり上がらなくなる。それどころか、下がることもある。**日本銀行には経済を刺激し物価を押し上げる方策が必要だった。**彼らの使命は、他の多くの中央銀行と同じく、物価の安定を図ることである。そのためには経済全体にわたって健全な支出が必要だ。

だがどうやってこの任務を遂行するのか。日銀は他の中央銀行と同じく、資金調達のコストや利用可能性に影響を与えることによって、すなわち「**金融政策**（**monetary policy**）」を通じて責務を果たそうとした。一九九〇年代に金融政策を実行する手段といえば、金利である。

中央銀行は「銀行の銀行」という特別な地位を占めている。中央銀行は、市中銀行が資金不足に陥った際に貸し出す条件を決めることができる。また、市中銀行が中央銀行の口座に積んでいる預金につける利息を設定することもできる。あなたが大通りの支店に預けたお金と同じように、市中銀行が中央銀行に預けたお金にも利息がつく。

中央銀行がこれらの条件を変更すると、さまざまな経路を通じて経済に波及効果が広がる。この経路には、「**金融政策効果波及経路**（**The Monetary Transmission Mechanism**）」という堅苦しい名前がついている。

以下ではこの経路について説明する。少々込み入っているが、重要なことなので、我慢しておつきあい願いたい。

## 金融政策効果の五つの波及経路

第一に、金融政策は、中央銀行が市中銀行に適用する貸出金利・預金金利の変更を通じて波及する。中央銀行が市中銀行に適用する金利を上げ下げすれば、市中銀行が個人や企業に課す貸出金利・預金金利も上下する。

最も直接的に影響を受けるのは、変動金利型住宅ローンだ。このタイプのローンはその名のとおり、中央銀行の金利操作に応じて金利が変動する。このほかに、間接的な影響もある。市中銀行は顧客争奪戦を繰り広げており、競って魅力的な金利を設定しようとするが、中央銀行が金利を変更すると、市中銀行の利幅に影響が出てくる。

中央銀行の決定をそのまま顧客に課す金利に反映させれば利幅は確保できるにしても、他行がそうしなかったら競争に負ける恐れがある。最終的には中央銀行が設定する金利は、クレジットカードから銀行預金、企業融資、貯蓄口座にいたるまで、経済におけるあらゆる金利に影響をおよぼすことになる。

**こうして金利が変化すると、人々の経済行動も変化する。金利は、いま使うか、支出を先送りして貯金するかの選択に影響を与えるからだ。**

たとえばあなたがいま一〇〇ポンド持っているとしよう。だが明日になればそのお金は一一〇ポンドになるとする。これはたいしたちがいではない。あなたは今日使うかもしれないし、使わないかもしれない。だが、明日になれば二〇〇ポンドになるとしたら、どうだろう？　あなたの選択は変わってくるのではないだろうか。

これは極端な例にしても、金利が経済におよぼす影響の一端がおわかりいただけたと思う。金利が上がれば貯金しておきたくなり、その分だけ支出や投資に回す意欲は乏しくなる。したがって中央銀行が金利を引き上げると、貯金をする人が増え、支出する人や投資する企業が減るので、経済の成長ペースは鈍くなる。

逆に金利を引き下げれば、貯金に回す人は減り、支出する人や投資する企業が増えるので、成長ペースは加速する。創造性に乏しい経済学者は、このプロセスを金融政策の効果波及の金利経路と名づけている。

### 資産価格

第二に、金利は資産価格と密接な関係があり、金融政策の効果は資産価値の変化を通じても波及する。資産には株式などの金融資産もあれば、不動産などの実物資産もあるが、金利が下がるといずれも上昇する傾向にある。

**保有資産の価格が上がった人は、支出を増やしがちだ（これを資産効果という）**。その端的な例が、持ち家が値上がりするとその分だけ借金を増やし、それを消費に回すケースである。

このように低金利は資産価格を押し上げ、資産効果を介して人々の支出を増やすので、やはり経済を後押しする。このプロセスを金融政策の効果波及の資産価格経路という。

所得効果

第三に、金融政策は経済学者が所得効果と呼ぶものを通じても波及する。この効果は、預金者と借り手では異なる点に注意してほしい。

借り手にとっては、金利が下がればローン金利の支払いが減ることになる。つまりポケットにある現金は増える。さきほど述べたように、人間はお金があれば使いたくなるものなので、消費が増えて経済成長を後押しする。逆に預金者にとっては、金利が下がれば銀行預金につく利息は減ることになる。つまり収入がその分だけ減るので、財布の紐を締める。

実際には、大方の人が預金者であると同時に借り手でもある。たとえば銀行口座にお金を預ける一方で、住宅ローンを借りているというふうに。**よって個人の所得効果がどうなるかは、預金と借金のバランス次第ということになる。**

広く経済全体における所得効果の度合いも、預金者と借り手のバランスによって、またそれぞれの集団が所得の増減に応じて支出をどう変えるかによって決まる。所得変動に対する感応度が両者同じであれば、預金者と借り手では支出が逆方向に同じだけ変化するので、打ち消し合うことになる。したがって、経済における支出は変化しない。

だがデータによると、預金者が支出を手控える以上に借り手は支出を増やすことがわかっている。つまり金利引き下げによる所得効果は経済における支出を増大させる。

## 銀行システム

第四に、銀行システム自体を通じて金融政策が経済に働きかける経路が存在する。金利が下がると、銀行はより低利での融資が可能になる。よって経済全体における貸し出しが増える。

まず、人々は貯金に回すより支出や投資を増やそうとするため、借入需要が増える。同時に、銀行は貸したがる。というのも貸出コストが下がると同時に、借り手が担保に入れる資産の価値が高まる（資産価格経路を思い出そう）からだ。

前章で述べたように、**貸し出しが増えれば通貨供給量が増え、支出や投資が拡大するので、やはり経済活動は活性化される**。するとさらに需要は増え、インフレ率を押し上げることになる。

## 為替相場

最後の第五に、金融政策は為替相場という経路を通じても波及する。この経路は、イギリスのように規模は小さくてもグローバルに開かれた経済にとって重要な意味を持つ。**中央銀行が金利を引き下げると、その国の通貨価値は下がる傾向がある。**たとえばイングランド銀行が利下げをすれば、ポンド安になる。イギリスが利下げをしても、アメリカがしなかったら、ポンド建ての資産をドル建てにスイッチするほうが金利差によってリターンが大きくなるからだ。

こうして多くの人がポンドを売ってドルを買おうとし、低金利のイギリスから高金利のアメリカへ大量の資金が流れ込む。この需要の変化は、ポンドでドルを買うときの値段、つまりポンドの対ドル為替レートを変化させる。

一ドルを買うために払うポンドの額が増えるとき、ポンド安になったという。ポンド安になるとイギリスでは輸入品の価格が上昇する。すると第6章でみたように、インフレ率が押し上げられる。

## 効果が出るまでには時間がかかる

ここまではおわかりいただけただろうか。だが、最後の最後に厄介なことが待ち構えている。これらの経路を通じて金融政策の効果が波及するまでには時間がかかることだ。金融政策当局はクリック一つでインフレ率を上げ下げできるわけではない。

このことは、動く標的を狙う狙撃手といくらか似ている。狙撃手は引き金を引く瞬間に標的よりすこし先を狙わなければならない。発射されてから弾丸が標的に到達するまでに時間がかかるため、標的がその間に動いてしまうからだ。

同様に、金利を動かしてもその影響が現れるまでには時間がかかる。**したがって政策当局は経済の現状ではなく経済の先行きを読んで政策を打ち出さなければならない**。

このタイムラグがどの程度なのかはよくわかっていないし、時代や状況によってもちがう。それでもだいたいにおいて、金融政策がインフレに影響をおよぼすまでに六カ月から二年かかると考えられている。

だとすれば、過去に起きた何らかの原因で現在インフレ率が高いとしても、それが一時的だと予想されるなら、中央銀行は何もすべきではない。もし目の前のインフレに対応して利上げをしたら、その効果が現れる頃にはインフレは収まっているだろう。すると、必要もないのに経済を収縮させてしまうことになる。

## 日銀のゼロ金利政策

## 金利引き下げの限界

日銀のエコノミストたちは、こうしたことをすべてよく理解していた。インフレ率が下がると、彼らは金利を引き下げた。日銀が市中銀行に貸し出しを行うときの基準金利すなわち公定歩合は、一九九一～九五年に六％から〇・五％まで引き下げられている。

これは思い切った措置だ。これほどの低金利は日本の金融史上かつてないことだった。だがそれでも十分ではなかった。物価はいっこうに上がらないどころか、下がったのである。

**事ここに至って日銀は新たな問題に直面する。もはや政策の選択肢が尽きてしまった。恐れられていた金利の「ゼロ金利制約」に達したからだ。**これ以上金利を引き下げることはできない。

それまで、ゼロ金利制約は理論上の概念に過ぎなかった。薄暗い部屋で学者たちが議論し、誰も読まないような専門誌に論文を書くような類の事柄だったと言ってよいだろう。理論的には金利はゼロ以下には下げられない。なぜなら、ゼロ以下になったら預金に利息がつくのではなく利息をとられることになるので、みんな現金で持つようになるからだ。現金で持っていても利息はつかないが、とられることはない。[2]

経済の中で金利の高い資産が他にあるなら、大方の人は現金で持つのは少しだけにして、残りは金利の高い資産で運用するだろう。だがあらゆる金利が下がり始めたら、現金保有の魅力が相対的に増してくる。

そして金利がゼロになったら現金と預金は基本的に同等になり、金利がマイナスになった瞬間に誰もが現金で持ちたがるはずだと理論は教えている。預金を全部引き出してしまえば金利をとられずに済むのに、金利を払ってまで預けておくのは愚の骨頂である。

## 実質マイナス金利になることも

賢明な読者はすでに「何を言っているのか」とお思いだろう。金利はゼロ以下になりうる。現に、ユーロ圏とスイス、日本がそうなったし、英国債の一部もマイナス金利になったではないか、と。

実際問題として、金利の下限はゼロではなく、ゼロをいくらか下回る。では理論がまちがっているのだろうか。そうとも言えない。現実の世界は理論よりすこしばかりややこしいというだけだ。現実の世界では、現金の保有にコストがかかる。

自分が大企業の経営者だと想像してほしい。年収を全額五〇ポンド紙幣でもらったら、どういうことになるだろうか。おそらく倉庫と警備員が必要になるだろう。それに、海の向こうの国にいる人に支払いをするときには、山のような札束は扱いに困る。

現金は、用途によっては使えない。たとえば年金基金は長期にわたって加入者に年金を支払う責任がある。金利連動型の年金の場合、支払額は金利に応じて変動するため、金利と連動しない現金で保有するのは具合が悪い。金利動向がよりよく反映される国債で運用すれば、支払額との乖離を防ぐことができる。

現金保有のこうした欠点やコストを考えると、たとえマイナス金利になってもやはり銀行に預けようと考える人や、他の資産で運用しようと考える人が出てきてもおかしくない。たしかにコストをかける価値はある。

**現在では金利の下限はゼロではなく、すくなくともある程度はゼロを下回ることができるとされている。**それでも、下限は必ず存在する。どの程度までマイナスに進むのかは現在も経済学者の間で議論が続いている。国や時期によってもちがうし、一国の銀行制度がどの程度堅牢か、また現金保管のコスト（倉庫や警備員など）がどの程度かにも左右されるだろう。国によっては、マイナス一％を下回る可能性もある。

## 次なる一手「量的緩和（ＱＥ）」

だが一九九〇年代の日本ではマイナス金利にまだ不確実な要素が多く、そもそも金利を実際にマイナスにできるのかもはっきりしなかったうえに、金融システムの他の部分への副作用もよくわかっていなかった。

それに、たとえ金利をマイナスにできたとしても、すでに脆弱な銀行システムの利益を一段と圧縮し、預金者（日本の貯蓄率は当時きわめて高かった）にダメージを与えかねないという懸念も強かった。

そこで日銀は、マイナス金利ではなく別の手立てを考えることにする。画期的なアイデアを思いついたスペインの銀行強盗団より数十年早く、日銀は紙幣の印刷に等しいことを始めたのである。

紙幣の増発は、システムの中を流通する通貨量を増やし、景気縮小に歯止めをかけることが目的だ。日銀の手法には「量的緩和（ＱＥ）」という名前がついている。もうすこし具体的には「資産購入プログラム」と呼ぶことができるだろう。

ＱＥは実際にはどのように働くのだろうか。単純に紙幣を印刷して配るわけではない。**中央銀行は、民間で保有されている資産を買い取る。通常は、国債などローリスクの資産が対象になる。**中央銀行がこの種の安全資産を好むのは、むやみにリスクをとりたくないという理由からだ。私たちセントラルバンカーは慎重居士《こじ》の集団なのである。

購入した資産の代金を支払う際には、現金で払うのではなく、市中銀行が中央銀行に開設している口座の残高にその分を書き加える。

自画自賛を承知で言えば、これはじつによくできたメカニズムである。中央銀行は買った国債の分だけ市中銀行の口座残高を増やす。市中銀行は売った国債の分だけ口座残高が増える。一度も紙幣は印刷していないが、全体として見ればゼロからお金の量が増えたことになる。

二〇〇〇年代半ばまで、日銀はこの量的緩和を大規模に実施した。当時これは例外的な手法とみなされ、日本経済の特殊性ゆえの政策だと考えられていた。したがって議論の対象として興味深くはあっても、他国に必要になるとは誰も予想しなかったのである。一部の経済学者は、金利がゼロ下限制約に達して量的緩和に頼らざるを得なくなるのは五〇年に一度あるかないかだと述べたほどだ。[3]

**だが読者もご存知のとおり、この見通しはまちがっていた。二〇〇八年になると、グローバル経済の状況はいやになるほどかつての日本と似てきたのである。**不動産市場の急落は、思ったほど健全ではなかった金融部門を介して経済の他の部門に波及した。

各国の中央銀行は次々に利下げを行い、気づいたときにはゼロ金利制約に達する。いまや経済的ショックに対処する主な武器としての金利操作の余地を失ったのは、日銀だけではなくなったのである。

## 追随したFRBの金融政策

日本経済と量的緩和に強い関心を抱いて研究を深めていた一人が、経済学者のベン・バーナンキである。彼は一九八〇年代と九〇年代の大半を通じて大学の教授職にあり、アメリカの大恐慌の原因究明を主な研究テーマの一つにしていた。

経済モデルにもっと現実的な金融システムを組み込めば政策対応を改善できるはずだと考えたバーナンキは、非伝統的な政策を導入した日本がどうなるのか興味を持って見守り、たくさんの論文を書き、講演もした。そうこうするうちに二〇〇七年にグローバル危機が迫ってくる兆候が現れたとき、バーナンキは新しい仕事に就いていた。FRBの議長である。

いざ危機に見舞われたとき、バーナンキは蓄積してきた知識に基づき、FRBは日本の処方箋におおむね従うべきだと主張する。ただし細部にいくつかの修正は加えた。[4]

二〇〇八年に入るとFRBは金融資産の購入を開始し、新たに創造した通貨を経済に供給する。最初は抵当証券、続いて国債が購入対象になった。世界各国の中央銀行が追随し、ついに量的緩和はグローバルな現象となる。

バーナンキは量的緩和を支持はしたものの、この手法にいくつか解決すべき問題があることは認識していた。彼には経済学者としてはジョークのつもりの有名な発言がある。**「量的緩和の問題点は、現実には効果が認められるが、理論的には効果が説明できないことである」**というのだ。[5]

この発言自体は量的緩和の批判ではない。むしろ、量的緩和は金利を押し下げインフレ率を上向かせる効果的な手段だが、なぜ効果的なのか経済学者はまだ理解していないことを率直に認める発言だったと考えるべきだろう。

科学的だという点で経済学とは対極的な医学の世界にも、同じような現象は存在する。重大な手術を行うときは患者に全身麻酔をかける。患者は深い眠りの中にいて、手足を切断されても内臓を摘出されても気がつかない。

ところがじつはごく最近まで、全身麻酔のメカニズムはよくわかっていなかった。全身麻酔が脳の機能を一時的にシャットダウンすることはわかっていたし、データでも確かめられており、それをテストし高い精度で微調整することもできた。だが麻酔が効くしくみはわかっていなかったのである。[6]

だからと言って、あなたが万一緊急手術を受けなければならない事態に立ち至ったとき、麻酔はいやだと拒絶するだろうか。たぶん、しないだろう。量的緩和に関して、経済学者も同じような立場に置かれている。通貨供給量の増加がインフレ誘導につながることに関してはしっかりした理論があり、すでに本書でも取り上げてきた。

だが日銀が直面したのは別の問題だった。当時の主流的な理論では、**金利がこれ以上は下げられないゼロ金利制約に達したら、人々はもうお金を使いたがらない**とされていた。通貨供給を増やしても貯めておくだけで、使わないというのである。

金利がゼロのときには、新たに印刷した紙幣をたとえば国債（こちらも利率はゼロである）と交換しても、二種類の紙切れを交換したのと同じで、人々の行動を変えることはできない。この状況を「**流動性の罠**《わな》（**liquidity trap**）」と呼ぶ。

## なぜ量的緩和は機能するのか？

主流的な理論では通貨供給を増やしても役に立たないことになっているのに、なぜ経済学者は量的緩和に活路を見出したのか。主流的理論を新しい角度から見直すとともに、二〇〇七〜〇八年グローバル金融危機前に時代遅れとされていたいくつかの理論を再評価して組み合わせた結果が量的緩和だった、というのが答えである。

シグナル効果

一九九〇年代〜二〇〇〇年代の標準的な経済モデル、いわゆる新ケインズ派のモデルでは、**量的緩和がうまくいくとすれば、その唯一の理由は経済と金利に関する人々の予想に働きかけるからだ**とされていた。

予想というものは強力な要素である。なぜなら今日の決断は、将来予想、たとえば景気は上り坂なのか下り坂なのか、金利は上がるのか下がるのか、といった予想に基づいて下されるからだ。たとえば市中銀行が返済期間三〇年の住宅ローンの金利を決めるときには、中央銀行の決める政策金利を一カ月後、六カ月後、一年後……という具合に三〇年にわたって予想し、この予想に基づいて金利水準を定めることになる。

このように、将来に予想される短期金利が今日の長期貸出金利を決定づけるわけだ。このことは、人々のインフレ予想が実際のインフレ率に影響を与えることといくらか似ている（第6章参照）。

新ケインズ派のモデルでは、事実上この金利予想だけが問題になる。コロンビア大学の経済学者マイケル・ウッドフォードは一連の論文の中で、長期金利を低水準に維持する最善の方法は信頼性の高い約束をすることだと主張した。中央銀行は予想以上の長期にわたって金利を低水準に据え置くと明確に約束することが大切だという。

彼の論文は大きな影響力を持ち、この約束は「フォワードガイダンス」と呼ばれるようになる。ウッドフォードの当初の理論では、経済を支えるためにわざわざ量的緩和を行う必要はなく、長期的な低金利の維持を約束するだけで十分だとされていた。

ただし後に発表した論文では、ウッドフォードも量的緩和をいくらか認めるようになった。とはいえそれも、金利に何が起きるかについて経済にシグナルを送る役割を果たすと考えたからに過ぎない。

つまるところ**量的緩和は、中央銀行が多くの債務を引き受けることを知らせる役割を果

**たす**、というのがウッドフォードの考えだった。しかもその債務の価値は金利と密接に結びついている。となれば、約束を守らずに利上げをすれば中央銀行自身が莫大な損失を被ることになる。中央銀行としては、大損を被るのはじつに具合が悪い。

よって量的緩和は、中央銀行が低金利据え置きを世界に向けて発信するもう一つの手段だと言える。このように新ケインズ派の分析では、つねに決め手となるのは将来の金利に関して発されるシグナルだった。

## ポートフォリオ・リバランス効果

なるほど完全に筋は通っている。しかしこの理論は、現実の前に崩れ落ちた。グローバル金融危機後の二〇〇〇年代後半に経済が大不況に陥ったとき、経済学者たちはある重大なことに気づく。新ケインズ派の分析は金融市場の効率性と合理性が大前提になっていたということである。

だが実際には金融市場はそうではなかった。そこで彼らは、量的緩和のメカニズムを解き明かす手がかりを求めて、金融危機前にはほとんど無視されていた別の理論に注目する。

ウッドフォードの理論では、金利がゼロのときは現金と国債はほとんど同じだということになっている。現金と国債は単に種類の異なる金融資産であって、果たす役割はおおむね同じだという。

だが両者が実質的に別物だとしたらどうだろうか。二〇世紀半ばに経済学者のジェームズ・トービンらは、人々が資産を「不完全代替財」とみなす世界を想定した。ここでポイントは、人々は金利以外の理由から不完全代替財を持ちたがることである。

この前提に立つと、ある資産と別の資産との交換（量的緩和の場合には通貨と国債との交換）には多大な波及効果があることになる。

国債と現金はあなたにとって同じではないとしよう。誰かが国債の買い取りを申し込んできた場合、あなたの手元には必要以上に現金が増え、国債は減ることになる。そこであなたは増えたお金を何かに使う。するとその何かの価格は上昇する。かくして中央銀行は物価の押し上げに成功するというわけだ。

二〇〇七〜〇八年グローバル金融危機後には、多くの点でトービンは正しかったこと、予期に反して新ケインズ派のモデルは完全には正しくなかったことが広く認識されるようになる。

今日では、量的緩和の効果は複数の要因に由来すると考えられている。シグナルを発する効果はたしかにある。**だがそれだけでなく、経済の中で保有される国債と現金の量を調整する働きもあり、こちらはポートフォリオ・リバランス効果と呼ばれる**。

こうして量的緩和は低金利下で支出や投資を促し、インフレ率を押し上げる方向に作用する。二〇〇八年以降、金融危機後の景気後退に見舞われたグローバル経済の立ち直りを促すために、中央銀行は量的緩和策を講じるようになった。

# 金融政策は中央銀行の仕事

## ニュージーランド中央銀行の衝撃

ここまで読んだ読者は、冒頭の質問「中央銀行がどんどんお金を刷ることはできないの?」に答えるのはかんたんだと感じたことだろう。答えは「できる」だ。量的緩和は紙幣を印刷するわけではないが、通貨供給を増やすことはまちがいない。それが停滞する経済に好ましい効果をもたらすこともわかっている。

だが、無制限に続けられるわけではない。通貨供給を増やし続けることはできない。その理由を理解するために、すこしばかり時空を越え、一九八〇年代のニュージーランドを訪れてみよう。

一九八〇年代といえば、ピーター・ジャクソン監督による映画『ロード・オブ・ザ・リング』シリーズのおかげでニュージーランドが世界の観光スポットになるよりだいぶ前のことだ。ニュージーランドは地球の下のほうにある人口密度の低い小さな島国という認識で、まずもって過小評価されていた。

だが忘れられたような国だったニュージーランドは、一九八九年に衝撃波をグローバル経済に発信したのである。もっとも、ニュージーランド市民の大半は何が起きたか気づいてもいなかった。

**衝撃波の発生源となったのは、中央銀行にあたるニュージーランド準備銀行が法改正により政府から独立した機関となり、物価安定政策としてインフレ率を一定水準に維持することが法律で定められたことにある。**

この時点ではさして注目されなかったものの、二〇年と経たないうちにこの方式はきわめて優れていると評価され、先進国の中央銀行が次々に追随するようになった。

一九六〇年代から七〇年代にかけてのニュージーランドは多くの国と同じく高インフレに悩まされており、七〇年代の大半を通じてインフレ率は二桁に達していた。同国が抱えていた大きな問題は、金利を中央銀行が決められないことにあった。決めるのは政治家だったのである。

政治家は低インフレを維持したいと主張しておきながら、その目的を達成するために利上げを行うべき時期が来ても、利上げを躊躇《ちゅうちょ》し、さらには反対した。利上げは不人気な政策だとわかっていたからだ。

利上げをすれば景気が悪くなるので有権者の支持は得られない。この状況を理解した市民は、政治家が主張する以上にインフレは進むと予想した。すると第6章で論じたとおり、こうした予想がインフレを一段と押し上げることになる。当時の優秀な経済学者数人がこの現象を分析し、「インフレ・バイアス」と名づけている。

アメリカの経済学者にしてチェスのグランドマスターでもあるケネス・ロゴフがこの問題に対して提案した解決策は、意思決定を政治家から取り上げることだった。**金融政策の意思決定は中央銀行が行うべきであり、インフレ水準の明確な目標値を設定すべきである**、と。

このアイデアは一九八〇年代を通じて次第に支持されるようになったが、ニュージーランドが実際に導入するまでどの国も試そうとしなかった。結果は感動的なほどすみやかに表れた。数年のうちにインフレ率は誘導目標水準まで下がり、驚くほど安定し、予測可能になったのである。

## 決めるのは政治家でなくエコノミスト

他国も次々に追随した。イギリスでは、一九九七年の総選挙で勝利した労働党が政権発足後一週間足らずでイングランド銀行に政策運用の独立性を与えるとともに、インフレ率を安定的に低水準に維持する権限を付託した。[7] この目標を達成するために、意思決定を行う金融政策委員会が新たに設置され、インフレを目標値に誘導するための手段とそのための金利設定について完全な裁量権が委ねられた。

ただしイングランド銀行は、目標が達成できずインフレが高くなりすぎたり低くなりすぎたりした場合、議会に対して説明責任を負うと定められている。だが政治家がそこに至るまでのプロセスに干渉することはできない。かつてとは大ちがいである。

イングランド銀行が独立性を獲得する前にチーフエコノミストを務めていたアンディ・ハルダンは、こんな愚痴をこぼしたことがある。金利動向を示す確実な予兆となるのは「ミセス・サッチャー（当時の首相だった）が補欠選挙で負けて不機嫌になっていないかどうかだ」と。[8]

**独立した中央銀行がインフレ目標値を掲げる金融政策運営、いわゆるインフレターゲティングが成功を収めたことはあきらかだった。**世界のインフレ率は、一九七〇年代～八〇年代には平均して一〇％を上回っていたが、九〇年代には五％まで下がり、二〇〇〇年代には三％に、二〇一〇年代には二％に落ち着いたのである。[9]

## もちろん無制限にお金を刷ったりはしない

このことは、「中央銀行がどんどんお金を刷ることはできないの？」という質問とどう関係するのだろうか。大きな権限は大きな責任を伴う。中央銀行に独立性が保障されたということは、中央銀行は自国通貨の価値を守り、インフレを低い水準で安定的に維持する任務を負ったということだ。

この重い責任を負った以上、金利を決めるにしても、量的緩和を行うにしても、無制限に行うわけにはいかない。後者は紙幣印刷ボタンに手をかけるようなものだから、なおのことである。

インフレ率が本来あるべき水準を下回った場合には、通貨の量を増やすこと、すなわち量的緩和を強化することが意味を持つ。より多くの通貨が出回ればインフレ率を目標水準まで押し上げることが可能になるだろう。

だがこの措置でインフレ率が高くなりすぎたら、第6章で論じたように問題を引き起こすことになる。多くの人の購買力を減らし、事業コストを増やして、人々の負担を大きくするからだ。

こうしたわけだから、中央銀行はある程度まで紙幣を印刷することはできるが、無制限にはできない。無制限に印刷したら、経済はまたもや悲惨な高インフレ時代に突入し、中央銀行はインフレ目標を達成できなくなるだろう。

**通貨供給を増やすときには緻密な匙《さじ》加減が必要だ。その適切な判断を下すことこそイングランド銀行が日々取り組む課題であり、その際に政府から直接指示を受けることはない。**

だからと言って、経済運営の指針を定め安定化を図るうえで政府の閣僚が何の役割も果たさないというわけではない。経済運営で政府が果たす役割を理解するために、今度は一九九〇年代の日本の例を取り上げることにしよう。

# 財政政策は政府の仕事

## 日本の「ハコモノ」行政とは?

日本には「ハコモノ」という言葉がある。この言葉は主に庁舎・学校・公民館・博物館・競技場など公共施設を指すが、ここでは道路・橋梁・ダムなども含めて考えることにしたい。ハコモノを英語で言うなら、"white elephant"（白い象）がぴったりだろう。これは、使い途がないのに維持費ばかり高くつく無用の長物を意味する。

日本では一九九〇年代から二〇〇〇年代にかけて、さかんにハコモノ行政が話題に上るようになった。低迷する経済に刺激を与えようと、日本政府が公共事業に大金を投じたからである。

大規模なインフラ整備に巨額の政府予算が割り当てられ、一九九一～二〇〇八年に大規模施設の建設を伴う公共事業に配分された予算は六・三兆ドルに上る。かくしてダム、道路、橋梁が次々に建設された。

その中には沖縄本島に近い島とすこし離れた古宇利《こうり》島を結ぶ全長一九六〇メートルの橋もあった。だが総事業費二七〇億円をかけたこの立派な古宇利大橋を渡った先にあるのは、人口四〇〇人に満たない小島なのである。

中央銀行の金融政策に政治家が口出ししないほうがよいことは、いまや常識となっているが、こうした公共事業プロジェクトを実施する権限は政府にある。**政府には徴税する権限とその税金を使う権限があり、歳入や歳出を通じて政府が経済に影響をおよぼす政策のことを「財政政策（fiscal policy）」という。**

大規模な政府支出を伴う公共事業プロジェクトは、ときにハコモノと揶揄されるとしても、経済に好ましい影響を与えることが可能だ。

実際、近代において最も重要な経済学者の一人であるケインズは、古宇利大橋の建設プロジェクトを支持しただろう。彼はかつて、政府が古い瓶に紙幣を詰めて適当な深さに埋め、民間企業に掘り出させ、報酬を払ってまた埋めさせれば失業はなくなると言ったことがある。

## 公共事業で政府支出を増やす

どうしてそうなるのか。答えを知るためには、そもそも政府がなぜお金を使うのかをまず理解する必要がある。政府がお金を出すべき対象はいくつもある。一つは、外部性が原因で民間では不十分になりがちな事業に補助金を出すことだ。教育はその代表格である。もう一つは、規模が大きすぎて民間では行えないようなインフラ整備、たとえば道路、海底トンネルなどに投資することだ。さらに、社会の不平等を是正するために経済のある部分から別の部分へ再分配することも政府支出の対象となる。

このほかに、政府は必要に応じて経済に刺激を与えるために支出することもある。これを**「景気刺激策」**と言ったり、**「財政出動」**と言ったりする。

政府がお金を使うときは、私たちが使うときと同じで、誰かから何かを買う。警察官の制服、病院の医療機器、公営バスのタイヤ、等々。橋梁建設のためのコンクリートと鉄筋も買うし、建設に携わる人々の賃金も払う。

政府支出は、第4章で示した式「GDP＝C＋I＋G＋(X−M)」の「G」にあたる。「G」が増えればGDPは増え、「G」が減ればGDPは減る。よって政府支出は必要なときに経済を支える役割を果たす。

そうは言っても、この最後の主張に対しては異論が少なからずある。財政政策を使って経済に積極的に刺激を与えることが果たして望ましいのかどうかについては、不確実な要素がかなり多い。

財政政策は**「効きが遅いうえにあまりに政治的である」**と従来は考えられてきた。[10] たしかに、実務的な制約があるため効果が現れるのは遅い。たとえば大規模なインフラ・プロジェクトに着手すると決まっても、場所の選定、設計、各種手続きなどがあり、実際に資材調達や工事が始まって景気刺激効果が現れるまでに時間を要する。

政治的な視点から言えば、財政政策の採用には金融政策と同じ問題が持ち上がる。政治家というものはつねに今日使うことに熱心で、その埋め合わせは将来に先送りしようとする。これでは、政府債務の長期的な持続可能性は甚だしく損なわれてしまう。

## 財政出動の効果はどれくらいか

ケインズ派の見解

仮にこれらの問題点を克服できたとしても、財政出動に実際にどれほどの効果があるのかについては激論が交わされている。その中心にあるのは**「財政乗数（fiscal multiplier）」**という概念である。これは経済思想におけるケインズの最大の貢献の一つだ。政府支出は、とくに不況下では支出額を大幅に上回る効果（乗数効果）が期待できると彼は主張した。

さきほどの穴掘り事業を考えてみよう。穴掘りは経済活動ではあるが、さして生産的とは言えない。それでも穴掘りの賃金を手にした人はポケットの中の現金が増えるので、それを使うだろう。

仕事にありつく前から生活必需品を買うお金が不足していた場合には、とくにそうだ。彼らの支出はモノやサービスに対する需要を押し上げ、穴掘りとは別の分野での経済活動を増やす。

たとえば家族のためにパンを一斤追加して買ったら、パン屋は受け取ったお金の一部を使うだろう。するとそのお金を受け取った人は……という具合に続き、一つひとつのステージでより多くの経済活動が始まり、政府の当初支出以上に経済のアウトプットが拡大する。

この見方に従えば、政府支出はその何倍もの効果を生む。そこで「乗数」という言葉が使われたわけだ。ケインズの理論は一九三〇年代、四〇年代を通じて大いにもてはやされ、大恐慌への対応策としてフランクリン・ルーズベルト大統領が打ち出したニューディール政策に決定的な影響を与えるに至った。

**実際、ニューディール政策には巨額の連邦予算が投入されている。ケインズ派の政策の信奉者によれば、政府支出の乗数は多くの場合に一より大きい**。したがって、投じた予算以上の効果が得られる。たとえば一ポンド支出すると経済は一・五ポンド拡大する、というふうに。

## アンチ・ケインズ派の見解

だがアンチ・ケインズ派は必ずしもそうはならないと反論し、最終的に得られる景気刺激効果が政府支出を下回るケースもあると主張する。つまり一ポンド支出しても経済は九〇ペンスあるいはそれ以下しか拡大しないという。

そうなる理由は主に三つある。第一は、金融政策を担当する中央銀行の存在である。政府支出によって経済が上向きになった場合、インフレになるのがふつうだ。インフレ率が上昇したと判断したら、中央銀行はどうするか。インフレを鎮めるべく利上げをするはずだ。金利が上がれば個人は消費を控え、企業は投資を控える。すると、政府支出がもたらす効果の一部を打ち消すことになる。

第二は、政府が使うお金はどこから来るのかということと関係がある。何に使うにせよ、政府はそのお金をどこかから調達しなければならない。そのどこかとは、究極的には納税者である。そこで納税者は、税金をとられるということは自分が使える分が減ることだとすぐに気づく。納税者の支出の落ち込みが政府支出より大きくなるようなことがあれば、財政乗数は一を下回ってしまう。

このことも関連するが、景気刺激効果が政府支出を下回る第三の理由は「リカードの等価定理」と呼ばれる考え方である。一九世紀の経済学者デービッド・リカード（第5章で出てきた）によって提唱された。この定理によると、政府が支出を増やすと、人々はいずれ増税が行われると先読みし、それに備えて今日の支出を控える。そうなると、政府が狙った景気刺激効果は完全に打ち消されてしまうという。

以上三点、とくにリカードの等価定理に対しては異論も多い。今日では多くの経済学者が、現実の世界ではこの定理は成り立たないと考えている。

まず、税金を払う人と政府支出からお金をもらう人は同じではない。加えて、大方の人は今日お金を使おうというときに二〇年後の政府の増税のことなど考えないうえ、人々の行動は往々にして経済合理性があるとは言い難い（リカードの等価定理は経済主体が合理的であることを前提にしている）。これらを考え合わせれば、読者も等価定理に疑いを抱くことだろう。

## 何にどう使うかで効果は大きく変わる

財政乗数は、経済学において最も議論を呼ぶテーマの一つだ。もしあなたが経済学者の一群とディナーパーティーを開くようなことがあったら、財政乗数の数値はいくつだと思いますか、と質問を投げかけてみるとよい。

あとは彼らが大論戦を繰り広げるのを見物しながらゆっくりデザートを味わうことができるだろう。[11] 一以下から二以上までと、乗数の推定値は幅が広い。二以上ということは、支出をするたびに二倍以上の景気刺激効果をもたらすということだ。

とはいえ大方の経済学者は、乗数の値は政府が何に支出するのか、どのようにその資金を手当てするのか、その時点の状況はどうか、といったことに左右されるという点で一致している。

**金利がきわめて低くインフレ率も低い状況、すなわち一九九〇年代に日本が置かれた状況では、財政乗数はかなり高い**と考えられる。金融政策当局つまり中央銀行は、インフレ率が上向くことを歓迎するので、財政政策の効果を損なうような利上げは行わないはずだ。

ケインズ自身も、個人支出が低迷している状況では、景気を刺激する手段として政府支出はとりわけ効果を発揮すると示唆していた。政府は、個人が使わないことにしたお金を経済に流し込む役割を果たすわけだ。そう考えれば、流動性の罠に落ち込んだ日本で小島にむやみに立派な橋が作られたとしても、ばかげているとは言えない。

言うまでもなく、政府支出が何に使われるのかということは重要である。一般に、経済成長を何年にもわたって支えられるような大型インフラ整備は、日々の些事に使ってしまうより、あるいはごく少数の人しか望まない橋を作るより、景気押し上げ効果が大きい。ついでに言えば、穴を掘ってまた埋め返すよりも。

## 税制を経済政策に活用する

政府が経済対策としてできることは、財政出動だけではない。もう一つの手段として、税制を使うことができる。

私たちはみな何らかの形で税金を払っている。モノを買うときには消費税を払うし、毎月の給料からは所得税を天引きされる。国庫を潤す二つの主な手段が借金（国債の発行）

と税収である。

徴税の歴史は古い。第7章で取り上げた古代メソポタミアの粘土板を読者は覚えているだろうか。そこに刻まれていたのは納税の記録だった。かつてベンジャミン・フランクリンは「この世で確かなものは死と税金だけだ」と言ったが、この言葉は思うよりずっと真実に近いかもしれない。

政府はさまざまな理由から支出するが、同様にさまざまな理由から徴税する。負の外部性を正すため、大型プロジェクトの資金調達のため、社会の集団間で再分配するため、等々。

一部の税金は「累進的（progressive）」である。つまり、高所得層ほど税率が高くなる。また一部の税金は「逆進的（regressive）」である。つまり、低所得層ほど税率が高くなる。また政府は景気を刺激するため、あるいは過熱気味の景気を抑えるために税制を使うこともできる。

**税金は、経済に関する限り政府支出とは逆向きに作用する**。政府支出が需要を増やして経済活動を活性化させるのに対し、税金は減らす。税金は人々のポケットや給与からお金を取り上げるので、その分だけ使えなくなるからだ。逆に減税が行われればポケットにお金が戻ってくるので、需要を押し上げる効果がある。

理論上は、減税も政府支出の増加と同じく使うためのお金を経済の中に増やすのだから、政府支出と同様の乗数効果が期待できるはずだ。そして政府支出の場合と同じく、この乗数はどれほどの数値なのかについて、経済学者の間で激論が闘わされている。

## 自動的に経済を安定させるしくみ

以上の点から、政府が経済を安定させるには支出と税金をうまくバランスさせることが重要だと言える。じつは状況によっては、政府はほとんど何もする必要がない。というのも政府の政策は、景気が減速したときには自動的にアクセルが踏まれ、景気が過熱気味のときには自動的にブレーキがかかるように設計されているからだ。

そのしくみを説明しよう。経済が不調になると、自動的に社会保障関連の政府支出が増える。また失業者が増え失業給付も増えるので、全体として通貨供給が拡大する。同時に多くの人の所得が減って個人消費が減るため、自動的に税収が減り、適用される税率も下がる。つまり、まさに経済が必要としているときに刺激を与える。

逆に経済が好調なときは、政府が何もしなくても社会保障関連の支出が減る。雇用率が上昇して失業給付も払う必要がなくなる。そして人々の所得も消費も増えるので、自動的に税収が増える。つまり、経済が必要とするブレーキをかける。

これらのことはすべて自動的に起きる。大臣が法律の条文を変える必要もなければ、新しい政策を発表する必要もない。このメカニズムは**経済の「自動安定化装置《ビルトインスタビライザー》」**と名づけられている。

# 財政出動に必要な資金はどうするのか

## 国債の発行

ここまで読んできた読者には一つの疑問が浮かんだことと思う。政府は無制限に減税を行って支出を増やし、経済に刺激を与え続けることができるのか、という疑問だ。

当然ながら答えはノーである。中央銀行とはちがい、政府は紙幣を印刷することはできない。中央銀行の独立性の意義はまさにそこにある。

したがって、財政政策について第一の重要な質問が「経済を刺激するにはどうすればいいか？」だとしたら、第二の質問は必然的に「刺激を与えるために必要な資金はどうするのか？」となる。

**政府支出が税収を上回った場合、差額は借金で埋め合わせるほかない。政府はそのために国債を発行する。国債は国家の借用証書である。**

国債は、通常は大手金融機関が購入する。彼らは、かなりの長期にわたって安全に資金を運用する必要があるからだ。たとえば年金基金は、あなたが定年退職するまで預かった資金を運用する。生命保険会社も払い出すのは数十年先になるので、その間は安全な資産で運用する。

政府が借金を返済できなくなると、その結果は悲惨なものになる。二〇〇一年一二月二六日にそれが起きた。アルゼンチン政府が公的債務のデフォルト（債務不履行）を宣言したのである。まったくうれしくないクリスマスプレゼントだった。

三年以上にわたる不況の末、期日が到来した九五〇億ドル以上を償還できなくなったアルゼンチン政府は、債権者に対し、全額ではなく一ドルにつき三〇セントのみ返済することを提案している。この提案を拒否した債権者は訴訟を起こし、本書の執筆時点でもまだ係争中だ。

アルゼンチンがデフォルトするのはこれが初めてではないし、最後でもなかった（二〇二〇年に九回目のデフォルトを宣告した）。アルゼンチンの歴史には残念ながらたびたびデフォルトの汚点がついている。これほど信用できないとなれば、アルゼンチンにお金を貸す人はそのリスクに対して高い利息を要求することになる。

かくしてアルゼンチン国債の金利は他の国債と比べて五〇％近く高い。信用できる国の国債金利がゼロに近いのとは対照的だ。こうなるとアルゼンチンは資金調達が困難になり、経済を支える有用なプロジェクトを実行に移せなくなってしまう。

## 国家はどの程度まで借金ができる？

もちろんデフォルトを起こすのはアルゼンチンだけではないが、だいたいの国はなんとか債務を返済している。おかげで、借入コストを最小限に抑えることができる。

もっとも、政府にとってどの程度までの借金なら許容範囲かということに関しては、いまなお答えは出ていない。経済学者は、継続的な財政赤字の可否について意見が割れている。財政赤字とは、政府支出が税収を上回ったときの両者の差額を意味する（この反対、すなわち税収が支出を上回るときの差額は財政黒字である）。

健全な家計がそうであるように、ある時点に達したら生活を切り詰めて借金を返済すべきである。とはいえ国家の財政と家計は同じではない。

まず、政府は死なない（個々の政権は死亡宣告をされるかもしれないが）。だから、借金をどんどん先送りすることが可能だ。これに対して個人はせいぜい八〇年程度しか先送りできない。

加えて、経済効果に期待することができる。たとえば、政府が新しい高速道路を建設するとしよう。総工費は一〇億ポンドだが、最終的には二〇億ポンドの経済効果が期待できるとする。政府はこの費用を国債で賄《まかな》う。そして償還期日が到来したときには、経済は拡大して税収は増えている。つまり高速道路の建設自体が必要な費用を生み出すわけだ。このケースでは、債務の総額は増えても、経済規模に対する債務の比率は下がっている。

また、経済自体の規模も長期的には拡大していくので、経済規模すなわちGDPに対する債務の比率は自然に低下する。言うまでもなく、新たな債務の拡大ペースがGDP成長率を下回ることが条件だ。たとえばある国の経済が年二%成長し、金利は一%だとしよう。この場合、この国の政府は経済規模の一%までなら、借金をしても政府債務の対GDP比は下がる。

じつのところ、政府が債務を返済しようとして大幅増税をしたり支出を大幅削減したりすれば、経済成長に急ブレーキがかかるので、財政健全化の試み自体が自殺行為となる恐れがある。経済成長率がゼロになってしまったら、政府債務ははるかに大きな負担となってのしかかってくるだろう。

## 過度の緊縮政策は逆効果

実際にそうなったのが、二〇〇九年のギリシャである。当時はユーロ圏の多くの国が国債の利払いに汲々とする状況だった。二〇〇七〜〇八年グローバル金融危機を受けて、金融機関の救済や経済再建に大規模に予算を投じたためだ。

とりわけギリシャの状況は深刻だった。ギリシャの財政不安が他国に飛び火することを恐れたEUは国際通貨基金（IMF）、欧州中央銀行（ECB）とともに緊急支援を行うが、このとき厳しい財政緊縮策の実施を条件にした。

そこでギリシャ政府は公的債務を減らすために支出を削減し、増税を行う。**だがこの政策で経済成長にブレーキがかかり、債務返済に必要な税収基盤が縮小してしまった。**当時IMFの専務理事だったクリスティーヌ・ラガルドはのちに、IMFは財政乗数を見誤っていたと認めている。

実際には一・七に近かった乗数を一以下だと考えていたため、ギリシャ政府に不要な緊縮策を指導したという。[12] 財政乗数が一を上回る場合、財政出動は支出を上回るプラス効果を挙げる一方で、緊縮政策はマイナス方向に同様に作用する。

とはいえ今日では熱烈なケインズ派の経済学者でさえ、ある時点で政府の債務が大きくなりすぎて返済できるのか疑問視されるようになったら、財政健全化を考えるべきだと認めている。アルゼンチンのように信用を失ってしまったら、国債金利が上昇し、借入コストは膨らむ。そのツケは現在または将来の納税者が払うことになるのだ。国債金利の上昇は、それ自体として重大な問題である。
もっとも富裕国の場合、債務の対GDP比はかなり高くなるまで問題視されない。しばしば議論の対象になるのは、債務がGDPの一〇〇%に達したらどうなるのか、ということである。イギリスの場合、過去一〇〇年間の半分近い期間は債務が対GDP比一〇〇%を上回っていたが、返済能力に関して深刻な懸念は生じていない。

まとめ

## 慎重な判断で国の経済を守る

『ペーパー・ハウス』のクライマックスは、スペイン造幣局に強盗に入ることの経済効果を「教授」が得々と説明するシーンである。彼を追跡してきた真面目な刑事に対して、教授は即席の経済史講義を披瀝《ひれき》する。「二〇一一年に欧州中央銀行はどこからともなく一七一〇億ユーロを作り出した。俺たちがやっているのも同じことだ。額がすこし大きいだけで」。

刑事は懐疑的だったが、教授は自信満々だ。「無からお金を作ることを中央銀行は〝流動性の供給〟という。俺たちがやるのも流動性の供給だ。ただし銀行のためにやるんじゃない。ホンモノの経済のためにやる」。

教授の言ったことは正しいのだろうか。本書では基本的に銀行強盗は推奨しない。だが紙幣の印刷がさまざまな経路を経て経済活動を支える効果を挙げる点では、彼はまちがっていない。その過程で、紙幣の増発は低すぎるインフレ率を押し上げる働きもする。

**実際、政府支出や税制政策と並んで中央銀行の紙幣増発は、近年では経済の安定を維持する手段の一つとなっている。**金利という通常の手段を使う余地がなくなったときは、とくにそうだ。

だが紙幣の増発には自ずと限界がある。中央銀行が際限なく紙幣を印刷したら、経済の中にお金が増えすぎてインフレ率が急上昇するだろう。モノの値段はおそろしい勢いで上がり、新しく印刷された紙幣の価値はあっという間に下がってしまう。

そうなれば、人々の暮らしは良くなるどころか悪くなる。スペインの強盗団がいかにスマートで魅力的に見えようと、イングランド銀行の紙幣増発は明確な目的に限定されている。

イングランド銀行の使命は、民主選挙で選ばれた議員が採択した法律に定められており、それに従って物価の安定をめざしている。こうした使命のもとでは、この先も紙幣が無制限に印刷されるようなことはない。

終　章

# あなたも経済学者

# 生活の中の経済学

## 市民パネルに参加したシャーリーン

二〇一九年七月の暖かい夜のこと。三五歳のシャーリーン・メインズはサウサンプトンのコミュニティ・センターの外で短い列に並んでいた。[1] このセンターでは平日は、イギリス婦人会の会合、ヨガのレッスン、地方巡業するコメディアンのショーといったものが行われる。

だがこの火曜日に開催されたのは中央銀行が主催する集まりだった。シャーリーンはその参加者としてやってきたのである。もっとも彼女自身はなぜそんな気を起こしたのか、われながらふしぎだったたが。

イングランド銀行はイギリス各地で年に十数回、市民パネルを開催している。会の目的は、一般の人々がイングランド銀行の政策担当者と円卓を囲み、経済に関して自身の体験や思うところを語り合うことだ。

この夜の二五人ほどの参加者には知らされていなかったが、イングランド銀行からはほかならぬ総裁のマーク・カーニー自身が出席していた。慈善団体で働く介護士のシャーリーンは、職場でチラシを見てふとした好奇心から応募したのだが、六時が近づく頃には後悔し始めていた。

ロンドンから三〇〇キロ離れたリバプールで生まれ育ったシャーリーンにとって、経済政策の担当者などという人間は別世界の生き物だった。いったい何を話せばよいのか。時間が迫るにつれてシャーリーンは緊張してそわそわした。

まず、経済学者について彼女はいい印象を持っていなかった。シャーリーンがあとで語ったところによると、経済学者は**「上から目線で、お高くとまっていて、退屈」**だというイメージを抱いていたという。そこで初めのうちシャーリーンは「お上品」な声で話したものである。

経済学に対して抱くイメージはもっと悪かった。複雑すぎて理解できないような概念の詰まった学問であるうえ、政策担当者は聞き慣れない専門用語を振り回す。それにあのモデルとやらも理解不能だ。

経済学があまりにややこしいせいで、彼女はイギリスのＥＵ離脱の是非を問う国民投票を棄権してしまった。自分には十分に理解したうえでの判断ができないと感じたからである。

# 誰もが日々の生活で使っている経済学

　だが会が始まって数分と経たないうちに、シャーリーンの抱いていた印象は変わり始める。気取って話す必要はないと彼女は気づいた。それに、思っていたのとはちがって経済学者たちとは意外にも共通の話題があった。たとえば彼女もイングランド銀行の元総裁もサッカーはエバートンのファンだった。

　また経済学についても、思っていたよりずっと単純だということがわかった。用語は難解だが、扱っている対象は彼女が日々遭遇する事柄ばかりである。じつのところ、シャーリーンは生活の中で経済学を理解していたのだと気づかされた。ただ、使う言葉が経済学者とはちがうだけである。買い物に行くときも、家賃を払うときも、転職先を探すときも、そうとは意識せずに経済学を活用していた。

　市民パネルからの帰り道、もうすこし経済学を勉強してみようかとシャーリーンは考える。そして、インターネットで経済関連の記事を読むようにした。また、社会人向けの夜のクラスを受けることにした。

　それは、人生を変える決断となった。数年後のシャーリーンは長期失業者の支援を目的とした慈善団体を運営することになる。自身の経験からこの事業を思いついたという。**経**

**済学の理解が深まったことは自分自身のキャリアにとっても他人に力を貸すうえでもとても役に立っている**と彼女は話す。

経済学が好きになった彼女は政治にも興味を持つようになり、いまではある政党の地方支部長を務め、選挙区では評議員として活動している。経済政策が日常の問題や家族や地域社会に与える影響について、シャーリーンはよく同僚と話す。

シャーリーンの経験はけっして特別なものではない。経済学者に対する評価が低いのは彼女だけではない。イギリスのある調査で「最も信頼できる職業は何ですか」という質問に答えてもらったところ、経済学者は下から二番目だった。経済学者より下だったのは政治家だけである。[2]

その一方で、経済学を正しく用いれば生活の質を向上させることが可能だと信じているのも彼女だけではない。二〇一九年の調査では、五〇％近い回答者が経済学をもっと知りたいと考えていることがあきらかになった。[3] ただ多くの人はどこから手をつければよいのかわからず戸惑っている。

ここまでおつきあいくださった読者が、シャーリーンと同じようにもうすこし経済学を勉強してみようかという気になったとしたら、とてもうれしい。経済学は見かけほどとっつきにくいわけではない、という彼女の意見に読者もきっと同意してくれるだろう。

経済学の理論を専門用語を使って教えることも可能だが、ふだんの生活に引き寄せて説明することも十分に可能だ。

# 経済学の旅を振り返って

私たちの経済学の旅は、**第1章**の最も基本的な原理から始まった。**需要と供給の法則**である。経済学者は人間の行動を理解するために、選択は直接間接に効用を最大化する願望に左右されると仮定している。この仮定がひどく乱暴であることは認めざるを得ない。シャーリーンなら、抽象的すぎると言うだろう。

休暇に気前よくお金を使うか使わないかを決めるとき、私たちは暗黙のうちに効用のトレードオフを天秤にかけている。かかるお金と得られる満足とを勘案するわけだ。市場とは、社会全体に散らばるこうした無数のトレードオフが積み重なった結果にほかならない。

続く**第2章**では、市場は必要なときに必要なものを供給することにかけてすばらしい威力を発揮することを学んだ。ただし、そうはならないケースもある。市場は機能不全に陥ることもあるのだ。一部の人にのみ良い結果をもたらし、それ以外の大多数の人に悲惨な結果をもたらすといったふうに。こうした例は気候変動のように地球規模で起きることもあれば、日常生活のレベルで起きることもある。

今度あなたがハッピーアワーに仲間とパブへ行ったら、**市場の失敗**に思いを馳せてほしい。ビールをピッチャーで頼むと、あなた自身はグラス一杯分も飲めないかもしれない。ピッチャーは仲間とビールを分け合えるよう割安に提供されるのだから、言わば公共の利益に供するものである。だがまさにその理由から、誰もがふつう以上に速く飲んで人より一杯でも余計に注ごうと躍起になる。これはまさに「コモンズの悲劇」のピッチャー版だ。この場合、仲間の誰かが必ず損を被ることになる。

**第3章**では、**労働市場**を扱った。なぜある人は他の人より高い報酬をもらっているのか？　働きたい人がみな働ける経済を実現するのはなぜむずかしいのか？　答えは、需要と供給の相互作用にある。どこにどれだけ雇用が創出されるのかを決めるのは、需要と供給の兼ね合いにほかならない。とはいえ労働市場は非効率であり、どうがんばっても求人と求職の間には「摩擦」が存在するため、一定の失業はつねに生じることになる。

この原則は、就職活動中の人にだけ当てはまるわけではない。結婚相手を探す人にも当てはまる。たとえ世界にちょうど見合う数の独身者がいたとしても、全員がうまく結婚に至るわけではない。なぜなら求人と求職と同じで、恋愛のマッチングは容易ではないからだ。あなたが毎日バーへ行っても相手が向かいのバーへ行っていたら出会えない。

なるほどマッチング・アプリのおかげで条件に合う相手を見つけることは容易になった。経済学者の言う「マッチング効率」が上昇したわけである。それでも、恋愛市場における摩擦を完全に排除することはできない。


**第4章**からはマクロ経済学に足を踏み入れ、まず**経済成長**を取り上げた。私たちは五〇〇年前の祖先と比べると途方もなくゆたかになっている。これは、経済規模が拡大したからだ。生産されるモノが増え、そのゆたかさを多くの人が享受できるようになった。

自分には関係ないと感じた読者がいるのではないだろうか。けっしてそんなことはない。あなたも経済全体とまったく同じように、つまり土地、労働、資本、技術の相互作用によって、あなた自身の生産量を増やすことができる。

たとえばあなたが新しいノートパソコンを買うとしよう。新しい製品でバッテリー駆動時間が長くなったら、あなたの生産性は向上する。まず、充電にかかる時間を減らすことができる。また、たとえばテラスに持ち出して仕事をすれば、リラックスして捗《はかど》るかもしれない。このように資本と労働を組み合わせると生産を増やすことができる。あなた個人の経済規模は拡大したのである。

続く**第5章**では、なぜ服の大半が外国で生産されるのかを問題にし、**比較優位**について学んだ。比較優位をひらたく言えば、相対的に得意なことに集中すればすべての人に利益をもたらす、ということになる。この原理も日常生活と無縁ではない。

たとえば持ち寄りパーティーをするとしよう。あなたと友人はデザート担当で、ティラミスとクレーム・ブリュレを持参することになった。じつは友人は専門の学校に通うほどお菓子作りが好きで、なんでも得意だ。彼女はこの方面に「絶対優位」を持っている。だから、両方とも彼女に作ってもらうほうがいいのかもしれない。でも持ち寄りパーティーだからあなたも何か作らなければならないし、彼女にも両方を作る時間はない。

では、どうするか。あなたは、彼女の通った学校がフレンチ専門だったことを思い出した。それなら彼女にはクレーム・ブリュレを作ってもらうほうがいい。彼女はフランス風のお菓子に、あなたはティラミスに比較優位を持つ。こうして誰もが満足する結果が得られるわけだ。

さて、あなたはティラミスの材料を買いに行って、前に作ったときより値上がりしているようだと感じなかっただろうか。その原因は**インフレ**である。インフレとはモノやサービスの値段が全般的に上がる現象を言う。**第6章**ではこのインフレを取り上げた。

インフレは日々の生活で下す経済的な判断すべてに関わってくる。たとえば二〇二〇年初めに世界各地でトイレットペーパー騒動が起きた。パンデミックで品不足になるのではないかと大勢の人が恐慌を来して殺到したためだ。これは、典型的なデマンドプル・インフレである。

ここまでに取り上げた例はすべて、お金というものが存在しなかったら意味をなさない。モノを買ったり売ったり交換したりできるのはお金が存在するからだ。だが実際のところ

## お金とは何なのか？

**第7章**で論じたように、お金とは信用のシステムにほかならない。

このことを具体的に説明するなら、店で支払いをするときになって友人が財布やカードを忘れてきたとわかったら、いくらかお金を貸してあげることと似ている。たぶんあなたは、返済を確約する借用証書を書けとは言わないだろう（もしそうしたら、友人はあなたをずいぶん堅苦しい人間だと思うにちがいない）。あなたは、友人が必ずお金を返すに決まっていると無条件に信用する。お金の信用システムはまさにこれだ。

友人を信用するのは、二〇ポンドと書かれた紙に二〇ポンドの価値があると信用するのと同じだと言える。友人を信用するのと同じように、二〇ポンド札を発行した中央銀行をあなたが（そしてすべての人が）信用する限りにおいて、二〇ポンド紙幣は二〇ポンド紙

幣になる。

とはいえ、人々はつねに銀行を信用するわけではない。**第8章**では**銀行の役割**を取り上げた。読者がこの章を読んで、お金はタンスにしまっておくより銀行に預けるほうがいいと感じたなら幸いである。

大勢の人が銀行を信用しなくなりお金を引き出そうとすると、取り付け騒ぎが起きる。市中銀行が窮地に陥ったとき、救済するのが中央銀行の役割だ。だがいつも助けるわけではない。どんな大失敗をしても必ず中央銀行が助けてくれるとみなが考えるようになるのは好ましくない。この点で中央銀行は、無数の人が毎日行っているようにトレードオフを勘案して判断を下している。

中学生か高校生だった頃を思い出してほしい。毎朝、バスに間に合うように支度して家を出なければならない。だが両親が家にいるとわかっている日は、たぶん目覚ましが鳴ってもなかなか起きなかったのではないだろうか。なぜなら、バスに間に合わなかったらパパかママが車で送ってくれるとわかっているからだ。これは、毎朝の習慣におけるモラルハザードに当たる。

モラルハザードがどのような連鎖的な影響を引き起こすか予想するのはむずかしい。**第**

**9章**では、多くの経済学者が二〇〇七〜〇八年グローバル金融危機を予想できなかった原因を探る。

経済学者の名誉のために言えば、**危機がいつ起きるか予想する**のはむずかしい。人間は、経済学者が想定するようにつねに合理的に行動するとは限らないからだ。現実の世界で起きる出来事は、経済学者が想定する合理的な行動と実際の行動とのせめぎ合いの結果だと言える。

新規開店したレストランの外に長い列ができていたら、このことを思い出してほしい。この人たちは、ほんとうに料理がおいしいから並んでいるのか、それとも長い行列そのものが「おいしい」というメッセージを発しているだけなのか。

後者の可能性があると気づいたら、何時間も並ぶ価値があるのか自ずと判断がつくはずだ。列を作っている人の中には、単に大勢が並んでいるから自分も加わったという人がいることだろう。それは群衆行動にほかならない。それなら、すぐに座れる隣のレストランに入るほうがいいだろう。そちらのほうがたぶん安い。それに、おいしいかもしれない。

最後の**第10章**では、私たち**エコノミストの役割**を取り上げた。エコノミストは経済を分析し説明するだけではなく、経済をよりよく運営しようと努力する。そのために政府と中央銀行はさまざまなレバーを操作する。政府支出を増やして低迷する経済を刺激する、金利を微調整する、そしてときには通貨供給を増やす、等々。

こうした決定があなたの生活に与える影響はすぐには目につかないかもしれない。それでも影響があることはまちがいない。イングランド銀行の金融政策委員会が金利を上げる（または下げる）決定を下せば、次の海外旅行のときに為替レートが変化したことに気づくだろう。あるいは金利変動型住宅ローンの返済額が変わるだろう。そして金利の状況によって、いま使うお金を増やすか貯金に回すかの判断もちがってくるはずだ。

## 人生に役立つ経済学

### 世界を理解し、世界を変える

こうしたわけだから、シャーリーンが気づいたとおり、経済学は何かと役に立つ。経済学の専門用語に慣れていなくても問題はない。あなたはふだんの生活で経済学者のように考えたことが何度もあるにちがいない。ただ、気づいていないだけだ。

経済学はあなたが世界を理解する役に立つだけでなく、世界を変える役にも立つ。何かを買う、または買わない選択をするたびに、あなたはそれを売る人や作った人にシグナルを送っている。自分はこの品物に満足している、満足していない、というシグナルだ。一杯のコーヒーを、フレッドを、ビーニーベイビーズを買うことによって、あなたはそれぞれの市場に影響をおよぼしている。

経済学はもっと直接的に世界を変える力も与えてくれる。経済学を理解していれば、もっと自信を持って昇給を要求できるようになり、気候変動にもっと効果的に対処できるようになる。それだけではない。民主政治にもっと建設的に参加できるようにもなる。

## 経済学でよりゆたかに、健康に、幸福になる

経済学の理解が深まるほど、自分を取り巻く社会についての理解も深まるはずだ。私たちがこの本を書こうと思い立ったのは、シャーリーンがサウサンプトンのイベントで気づいたように、経済学を知らない人が多すぎると感じたからだった。

各種の調査では、イギリスの一般の人は経済学についてごくささやかな知識しか持ち合わせていないことがわかっている。そして、経済学に「とっつきにくい」、「わかりにくい」、

「複雑すぎる」、「理解できない」といった印象を抱いているという。[4]

さらにショッキングなのは、二〇一七年五月、総選挙の直前に行われた調査の結果だ。この調査によると、**イギリス人の半分以上は、自分の支持した政策が経済におよぼす影響を理解しているかどうか自信が持てない**という。[5]

これほど多くの人が経済学を理解していないのは、大いに問題だと言わねばならない。これは単に、あなたが比較優位を持たないデザート作りを引き受けてしまうとか、レストランの長い列に並んだ挙句に失望するといったことにとどまらない。自分自身にとって、あるいは長年貯めたお金にとって不利益をもたらす経済政策に賛成票を投じてしまうかもしれないのだ。

逆に経済学を理解していれば、買い物でも得をするし、仕事でも多くを得られる。政治についての判断力も高まり、生活をよりよいものにできるだろう。経済学を理解することで、よりゆたかに、健康に、幸福になることができると信じる。

## 新しい経済学

本書が経済学についてすこしばかりの知識をもたらすだけで終わるのではなく、読者が触発され、さらに理解を深めていくことを願っている。本書を読み終えた読者は、経済学のイロハを理解したことと思う。たとえば需要と供給、インフレ、景気後退、等々。

だがこの小さな本では言及できなかった経済学の分野もある。たとえば**ゲーム理論**がそうだ。ゲーム理論はチェスに勝つ方法から政治家が核戦争を避ける方法にいたるまで、二人以上のプレーヤーの意思決定・行動を分析する。**開発経済学**も扱っていない。開発経済学は低~中所得国の経済を健全化する問題に取り組む。

経済学のこうした新分野はどれもこれまでに取り上げた原理（効用最大化、需要と供給、市場原理と市場の失敗など）の上に組み立てられているが、新しい刺激的な角度から光を当てるところがちがう。

こうした新しい分野は、図書館で埃をかぶった教科書の定義がもはや経済学に当てはまらないことを教えてくれる。経済学は私たちを取り巻く世界に一段と深く関わるようになるとともに、次々に新しい分野を生み出している。

それに、私たちが大学で経済学を学んでいたそう遠くない昔と比べても、この学問を取り巻く文化は大きく変化した。今日ではポッドキャストやインターネット経由で経済学を手軽に学ぶことができるし、一般向けの経済入門書もたくさん出ている——この本もまさにそうだ。

盤石《ばんじゃく》と信じられていた経済学説の多くに対してさまざまな視点から反論がなされている。経済学はそうした反論を受けて立たなければならない。

経済学をめぐって実り多い議論が起きるためにも、経済学は経済学者を必要とする。数字と専門用語が大好きな長々しい肩書きの学者だけでなく、アマチュアの経済学者が必要だ。

職業的な経済学者がとらわれがちな非合理性（私たちもときにアニマルスピリッツに駆り立てられる）を門外漢の視点から鋭く指摘できるような経済学者、私たちとはちがった経験をしてきて、型にはまった考えを打ち破り、新鮮なアイデアを持ち込んでくれるアマチュアの経済学者を経済学は求めている。

だからこの本を閉じたら、読者は世の中をいっそう注意深く観察し、知識を深め、よき経済学者になってほしい。**誰もが経済の参加者であり、経済を変え、経済によって変わることができる**。それは、すべての人にとってよりよい社会を作ることにつながると信じる。

終章

●なぜ経済学は一般の人に理解されないのか？

→P408～412

●日々の生活の中で経済学はどのように活用できるか？

→P412～419

●私自身にとっても、私の生活にとっても、
経済学はなぜ重要なのか？

→P419～423

●インフレが悪いなら、なぜデフレをめざさないのか？
→232〜236

●コスト圧力はどのように物価を押し上げるのか？
→P236〜242

●需要圧力はどのように物価を押し上げるのか？
→P236〜242

第7章

●お金の条件とは何か？
→P258〜263

●お金の価値を裏付けるのはどんなしくみか？
→P263〜268

●経済の中に出回っているお金はどこから来るのか？
→P269〜274

●なぜ自分でお金を創ってはいけないのか？
→P274〜282

●通貨の未来はどうなるのか？
→P282〜287

第8章

●銀行はどんな仕事をしているのか？
→P292〜303

●銀行は経済成長にどのように役立つのか？
→P303〜306

第4章



第5章



第6章

第2章

●市場はいつもうまく機能するのか？
→P084〜092

●あるモノを1社しか生産しないケースがあるのはどんなときか？
→P092〜104

●独占が容認されるのはどんなときか？
→P101〜104

●あるモノの生産が多すぎたり少なすぎたりするのはなぜか？
→P105〜111

●どうすればちょうどよい量を生産できるか？
→P111〜117

●適切な判断を下すために必要な情報を
人々が持ち合わせていないとどうなるか？
→P117〜121

第3章

●労働市場とは何か、どのように機能するのか？
→P126〜130

●なぜ仕事が見つからないのか？
→P130〜140

●なぜ私はこの賃金なのか？
→P140〜146

●生涯所得を増やすにはどうすればいいか？
→P146〜151

付録

# 経済学に関する51の質問

序章



第1章

# 謝辞

本書は大勢の人々からの知識や情報やサポートを受けなければ世に出ることはなかった。その意味で、まさにチームの努力の賜物《たまもの》だと言える。

何よりもまず、万事を取り仕切りプロジェクトを進行させてくれたイングランド銀行広報部のアンドリュー・ヘブデンに感謝する。彼がいなかったら、誰もが気軽に読めるような本に仕上げることはできなかっただろう。

ヘブデンの同僚であるジェームズ・ベル、セバスティアン・ウォルシュ、マイク・ピーコックにも心から感謝する。イングランド銀行が本の出版に意欲を示し、私たちに執筆の機会が与えられることになったのは、彼らの尽力のおかげだ。

そして言うまでもなく、イングランド銀行総裁のアンドリュー・ベイリーにも、プロジェクトの後ろ盾となり、またすばらしい序文を書いてくれたことに感謝する。

それから、シャーリーン・メインズにもお礼を言わなければ。彼女はイングランド銀行の市民パネルに参加し、会の感想や経済学者と経済学に対する見方について率直に語ってくれた。

本を書くとはどういうことか辛抱強く教えてくれた有能な編集者ローワン・ボーチャーズにも深く感謝する。ペンギン・ランダムハウスのジョアンナ・テイラー率いるチームのプロフェッショナルな仕事ぶりと献身にも感銘を受けた。私たちをペンギンのチームに引き合わせてくれたイングランド銀行のエージェントを務めるPFDのアダム・ガントレットにも感謝したい。

イングランド銀行では、私たちは経済学の最高レベルの専門家に囲まれて仕事をするという幸運に恵まれている。さらに幸運なことに、彼らはじつに寛容で、本書の執筆を助けるために快く時間と専門知識を提供してくれた。本書で取り上げる重要なトピックについて専門家としての彼らの知識や情報に頼ることができたし、興味深いたくさんの事例とその文化的背景を教えてもらうこともできた。こうしたわけだから、読者が本書のケーススタディに興味を持ち、何かを学べたと感じたならば、それはここに掲げる諸氏のおかげである。

ウィル・アベル、レナ・アナイ、ニコラス・バット、シヴ・ショウラ、ルパート・ド・ヴィンセント＝ハンフリーズ、エイデン・ドーガン、レベッカ・フリーマン、トム・キー、サイモン・カービー、ルイス・カークハム、サイモン・ロイド、アンドレ・モレイラ、ダグ・レンドル、ハリー・リグ、オースティン・サンダース、サイモン・スコレー、ブラッド・

スパイナー、ライランド・トーマス、ボロムス・ワーネンキルチョ、カールトン・ウェッブ、ありがとう。

また、ファクトチェックをしてくれた人々にもお礼申し上げる。入念なチェックで私たちの仮定や数字を裏付け、あるいは訂正してくれた。彼らの努力がなかったら、読者はあちこちで疑問を感じたことだろう。

リアン・オーバード、マルティナ・バベット、ランディップ・ベインズ、ジェームズ・バーカー、ジュリオ・ビアンキ、マーク・ビレネス、フランセス・キャシディ、ジョゼフ・チルバーズ、ジェームズ・クレイ、ザラ・コー、ケイラン・コルベット、ジェム・デービス、ダニエラ・ドノホー、ベン・デヴィー、ニコル・エドマンドソン、イーサン・ファイサル、キャロライン・フォスダイク、マーレン・フローメル、フランセス・ファーネス、ジョー・ガンレイ、ベン・ハリス、ヒマリ・ヘティヘワ、サダンシュ・ジャイン、ルイーズ・ジョンストン、フォルカン・カラボーン、ベンジャミン・キング、マルティナ・クノポヴァ、トメ・コッタ・キリアク、トム・ラパージュ、ジェイソン・リー、オーウェン・ロック、ザカリー・モリス＝ダイヤー、デブラ・オコーナー、バーソロミュー・オラム、アミーラ・オスマニ、マニシャ・パテル、アンジャム・パーベス、ゲリー・ピム、ミロ・プランケット、カイル・リチャーズ、ピエール・サノネ、エド・シェッツ、ハリー・スリープ、ケティ・テイラー、ロバート・タイラー、アンナ・トー、トーマス・ヴィガス、ダイラン・ヴィスァームバラン、カイ・ウォーカー、ドナ・ウェスタン、ソフィア・ホワイトサイド、クリストファー・ワイルダー、ありがとう。

本書全体にわたって、同僚や友人との会話からも多くを得ることができた。彼らは専門家の目と直観でもって、私たちが脱線したり、学術的になりすぎたりすることを食い止めてくれた。また多くの人が私たちを現実の世界に引き戻してくれた。皆さんすべてにお礼申し上げる。

アダム・バーロー、デービッド・ボームスラグ、マイケル・ベネット、サラ・ブリーデン、リチャード・バトン、マシュー・チャヴァス、チャーリー・ディオス＝ハンター、アンドリュー・ギンバー、ラシュミ・ハリモハン、リッチ・ハリソン、マギー・イリングワース、ベン・キング、リジー・レヴェット、ジェームズ・モンティル＝ド＝ビズー、イザベル・サンチェス、リアノン・ソワーバッツ、モ・ワジ、ありがとう。

そして最後になったが、ここまで読んでくださった読者の皆さんにも心からありがとうと言いたい。この本を興味深く楽しく読んでいただけたら、これにまさるよろこびはない。

# 索引

## い

**う**



**え**



**お**



**か**

## く



## け

## こ



## さ

## そ



## た



## ち

## つ



## て



## と

**ふ**



**へ**



**ほ**



**ま**

## ろ



## わ

# 原注

## 序章 経済学はどこにでも


1 'Public houses and bars, licensed clubs, licensed restaurants, unlicensed restaurants and cafes, and takeaway and food stands, London, 2001 to 2020', www.ons.gov.uk

2 'Sea level rise in London, UK', www.open.edu, 4 February 2020

3 スミスは自身を道徳哲学者だと述べている。グラスゴー大学では道徳哲学を教えていた。そもそも当時は経済学者という言葉は現実には存在しなかった。

4 'The art and science of economics at Cambridge', www.economist.com, 24 December 2016

5 'Change is needed in the next generation of economists', www.ft.com, 4 October 2021

6 経済学という言葉がふつうに使われるようになったのはこの頃である。ただし、"economics"は"economic science"の略語だった。

7 'A First Look at the Kalman Filter', julia.quantecon.org?

8 この点についてくわしく知りたい読者は以下を参照されたい。Kate Raworth, *Doughnut Economics* (Random House Business, 2017).〔『ドーナツ経済』 黒輪篤嗣訳、河出文庫〕

9 'ING-Economics Network Survey of the Public's Understanding of Economics',www.economicsnetwork.ac.uk, May 2017

10 'Public Understanding of Economics and Economic Statistics', www.escoe.ac.uk, 25 November 2020

11 www.annamarialusardi.com, 30 October 2020

12 Rethinking Economics Survey, yougov.co.uk, 2016

13 Andy Haldane's speech on 'Everyday Economics', www.bankofengland.co.uk, 27 November 2017

14 その後の統合の結果、この言葉は広くイギリス全体を意味することになった。

15 'The history and the founding of the Bank of England', www.bankofengland.co.uk

16 モンタギュー・ノーマンの言葉。イングランド銀行の元チーフエコノミスト、アンディ・ハルダンの以下のスピーチで引用された。'Thirty years of hurt, never stopped me dreaming', www.bankofengland.co.uk, 30 June 2021

17 読者も参加できる。以下を閲覧されたい。www.bankofengland.co.uk/get-involved

18 こんなに歳をとってしまったとは、私たち自身にも信じられない。


## 第1章 食べたい朝ごはんを選べるのはなぜ？


1 この最後の選択は私たち自身が直面したものだ。

2 'Spending decisions that show our limitations', www.ft.com, 6 April 2018

3 'Happy hour specials boost alcohol sales', www.bevindustry.com, 17 October

2018
4 ロンドン以外であれば、4杯いけるかもしれない。
5 厳密には、価格弾力性では価格変動率(パーセンテージ)が問題になる。だがそうなると、レジ袋の例には問題が生じる。価格は0から5ペンスに引き上げられたので、変動率は無限大になってしまうからだ。とはいえ、価格のわずかな変化が行動の大きな変化につながるという肝心の点に影響はない。
6 'Drug goes from $13.50 a tablet to $750, overnight', *New York Times*, 20 September 2015
7 'The price elasticity of demand for cigarettes in the UK, 2001-2011', academic.oup.com, 1 October 2013
8 'Smoking and Health: Report of the Advisory Committee to the Surgeon General of the Public Health Service', www.cdc. gov, 11 January 1964
9 'Statistics on Smoking - England 2019', digital.nhs.uk, 2 July 2019
10 'Comparison of trends of self-reported consumption and sales in England, 2011 to 2018', jamanetwork.com, 28 August 2019
11 とはいえタバコの価格はさらに高くなった。
12 「一人当たり食肉消費量(meat consumption per capita)」は、肉の消費量と気候変動の関係性を示す。Guardian Datablog, 2016
13 'How China could change the world by taking meat off the menu', Time.com, 22 January 2021
14 'Does everyone really order the second-cheapest wine?', Alex Mayyasi, www.atlasobscura.com, 3 May 2018
15 Alfred Marshall, *Principles of Economics* (Macmillan, 1890)〔『経済学原理』馬場啓之助訳、東洋経済新報社〕
16 'Giffen Behavior and Subsistence Consumption', www.aeaweb. org, 4 September 2008
17 Milton Friedman, 'A Friedman doctrine - the social responsibility of business is to increase its profits', *New York Times*, 13 September 1970
18 'All eyes on shale as $50 oil makes U.S. wells profitable again', www.bloomberg.com, 28 January 2021
19 'Euro 2020 final tickets offered for £70,000 per pair for England's clash with Italy', www.thesun.co.uk, 11 July 2021
20 ノーベル賞受賞経済学者ゲーリー・ベッカーは、結婚するという意思決定は市場になぞられることができると述べた。結婚では、将来のアウトプットの最大化と労働の専門化のメリットの活用を図る。よってこの状況において恋愛の果たす役割は、取引費用と生産の監視費用を削減し、より生産的な結果をもたらすことにあるという。たいへん結構。だがそんなことをバレンタインカードに書いたらどうなるか、試してみるといい。
21 Adam Smith, *The Wealth of Nations* (W. Strahan and T. Cadell, London, 1776).〔『国富論』高哲男訳、講談社学術文庫〕

## 第2章 経済学は気候変動問題を解決できる？


1 'The Tragedy of the Commons', Garrett Hardin, *Science*, Vol.162, 13 December 1968

2 George Box, *Empirical Model Building and Response Surfaces* (Wiley-Blackwell, 1986)

3 Smith, *The Wealth of Nations*

4 'Vaccine monopolies make cost of vaccinating the world against COVID at least 5 times more expensive than it could be', www.oxfam.org, 29 July 2021

5 'Most popular social networks worldwide as of July 2021, ranked by number of active users', www.statista.com, 16 November 2021

6 授業料に関する方針はイギリス国内でも地域によって、また学生の出身地によって異なる。たとえば本書の執筆時点で、スコットランド人学生がスコットランド内で大学に進む場合には授業料は無料となる。

7 'What's a degree got to do with it? The civic engagement of associate's and bachelor's degree holders', Mallory Angeli Newell, *Journal of Higher Education Outreach and Engagement*, Vol. 18, No. 2, June 2014; and 'The relationship between graduates and economic growth across countries', Department for Business, Innovation & Skills, Research Paper No. 110, August 2013

8 'UK dependency on fossil fuels 1970–2020', www.statista.com, 8 September 2021

9 'Carbon footprint of electricity generation', Postnote update number 383, Houses of Parliament, June 2011

10 私たち自身がすぐにこの問題に直面することになるだろう。

11 例に示したようにこの方法で正確な数字を決めるのはむずかしい。

12 'How do emissions trading systems work?', www.lse.ac.uk, 11 June 2018

13 'The Market for Lemons', George Akerlof, *Quarterly Journal of Economics*, August 1970

14 'Amazon deletes 2,000 reviews after evidence of profits for posts', www.ft.com, 4 September 2020

15 この点は経済学とよく似ている。


## 第3章 どうすれば賃金は上がる？


1 'The impact of the Mariel Boatlift on the Miami Labor Market', *Industrial and Labor Relations Review*, Vol. 43, No. 2, www.jstor.org, January 1990

2 'Women's employment', ourworldindata.org, March 2018

3 'Vacancies by industry', www.ons.gov.uk, 16 November 2021

4 'The Relation between unemployment and the rate of change of Money Wage Rates in the United Kingdom, 1861–1957', A. W. Phillips, www.jstor.org,

November 1958
5 ごめんね、ジャック。
6 'The degrees that make you rich … and the ones that don't', Jack Britton, Institute for Fiscal Studies, www.ifs.org.uk, 17 November 2017
7 'The Career Effects of Graduating in a Recession', www.nber. org, 11 November 2006

**第4章** ひいひいおばあちゃんの代より私たちのほうがゆたかなのはなぜ？

1 'Car ownership in Great Britain', David Leibling, RAC Foundation, Figure 2, p. 4, www.racfoundation.org, October 2008; '1970 vs 2010: 40 years when we got older, richer and fatter', Michael McCarthy, *The Independent*, www.independent.co.uk, 23 September 2015
2 経済学者が「現在のお金に換算して」と言ったときの正確な意味は、以下を参照されたい。Chapter Six, Office for National Statistics, 'Average household income, UK: financial year 2020', Figure 2, www.ons.gov.uk
3 'Poverty, wealth and place in Britain, 1968 to 2005', Table 8, p. 16, Joseph Rowntree Foundation, www.jrf.org.uk
4 'A millennium of macroeconomic data', www.bankofengland. co.uk
5 'Life expectancy at birth in the UK', data.worldbank.org
6 'Remarks at the University of Kansas', Robert F. Kennedy, www.jfklibrary.org, 18 March 1968
7 'Changes to National Accounts: Inclusion of Illegal Drugs and Prostitution in the UK National Accounts', www.ft.com, 29 May 2014
8 'The value of adult and childcare, household housing services,nutrition, clothing and laundry, transport and volunteering', www.ons.gov.uk, 2 October 2018
9 この例は以下に拠った。Mariana Mazzucato, *The Value of Everything* (Allen Lane, 2018)
10 'Growth is good for the poor', David Dollar and Aart Kraay, *Journal of Economic Growth*, Vol. 7, No. 3, www.jstor.org, September 2002
11 'GDP per capita', 'Life expectancy at birth', 'Mortality rate, infant', data.worldbank.org
12 'The world economy over the last two millennia', ourworldindata.org
13 'Population total, United States and China', data.worldbank.org
14 'Macroeconomic Effects of Japan's Demographics', www.imf.org, 28 November 2018
15 'The Effect of Population Aging on Economic Growth, the Labor Force and Productivity', www.nber.org, July 2016
16 'U.S. Census Bureau, Population Estimates and Projections, 2020', www.

census.gov
17 'Labour Force by sex and age', stats.oecd.org; 'World Development Indicators', data.worldbank.org
18 'Labour Force by sex and age', stats.oecd.org
19 'Women at work, the key to global growth', www.spglobal.com
20 Ha-Joon Chang, *23 Things They Don't Tell You About Capitalism* (Penguin, 2011).〔『世界経済を破綻させる23の嘘』田村源二訳、徳間書店〕
21 'The happiness-income paradox revisited', Richard A. Easterlin, Laura Angelescu McVey, Malgorzata Switek, Onnicha Sawangfa, and Jacqueline Smith Zweig, www.pnas.org, 2010
22 'High income improves evaluation of life but not emotional well-being', www.princeton.edu, August 2010
23 'Easter Island's Collapse: A Tale of Population Race', sites. uclouvain.be
24 'Changes in the global value of ecosystem services', www.sciencedirect.com, May 2014
25 'Natural Capital and Environmental Net Gain', www.nic.org.uk, February 2021
26 'NGFS climate scenarios for central banks and supervisors', www.ngfs.net, August 2020
27 'Full cost of California's wildfires to the US revealed', www.ucl.ac.uk, 7 December 2020

## 第5章 私の服の大半がアジア製なのはなぜ?

1 ビリー・シリーズの本棚は世界中でよく売れている商品であるため、ブルームバーグがビリー・ブックケース指数を開発した。この指数を見れば、同じ本棚の価格を国別に比較することができる。これはビッグマック指数と同じく、購買力平価(PPP)を計測する方法の一つだ。こうした指数があれば、同じ金額を払ったときに国によってその商品をいくつ買えるか知ることができる。
2 'What are the triathlon "world records" for each distance?', *Triathlon Magazine*, 22 November 2021
3 公式の自転車レースに40キロという距離はない。現在、1時間で走破できる距離の世界記録は55・1キロなので、ここから40キロなら43分56秒と推定できる。以下を参照されたい。Taylor Dutch, 'Another world record for Joshua Cheptegei, this time in the 10,000 meters', *Runner's World*, 7 October 2020; 'Men Freestyle World Records', fina.org ; 'Cycling's World Hour Record', Bikeraceinfo.com
4 Adam Smith, *The Wealth of Nations*, 1776.〔『国富論』高哲男訳、講談社学芸文庫〕
5 'Results: Tokyo 2020 Olympic Games', triathlon.org, 26 July 2021
6 'The dark future for the world's greatest violin-makers', www.bbc.com, 8 July 2020
7 'The Silk Roads', www.nationalgeographic.org

8 John Maynard Keynes, *The Economic Consequences of the Peace*, 1919.〔『平和の経済的帰結』 早坂忠訳、ケインズ全集第2巻、東洋経済新報社〕
9 'Trade and Globalization', ourworldindata.org, October 2018
10 'Average annual income of employees working for urban nonprivate units in China in 2020', National Bureau of Statistics of China, www.statista.com; 'National Occupational Employment and Wage Estimates United States', www.bls.gov, May 2019
11 'World Trade Statistical Review 2021', p.11, World TradeOrganization, www.wto.org
12 'Supplier List', www.apple.com, 2021
13 'Globalization in transition: The future of trade and value chains', www.mckinsey.com, 16 January 2019
14 'The Multifibre Agreement', www.fibre2fashion.com; 'Statistics on Textiles and Clothing', Eurostat, 2019; Irene Brambilla, Amit Khandelwal and Peter Schott, 'China's Experience under the Multi-Fibre Arrangement (MFA) and the Agreement on Textiles and Clothing (ATC)', National Bureau of Economic Research, 2010.
15 'Bra Wars and the EU's China syndrome', www.politico.eu, 31 August 2005
16 'In focus – Trade protectionism and the global outlook', Monetary Policy Report, www.bankofengland.co.uk, November 2019
17 'Traffics, trains and trade; the role of institutions versus technology in the expansion of markets', www.nber.org
18 'RCEP: A new trade agreement that will shape global economics and politics', www.brookings.edu, 16 November 2020
19 'WTO's World Trade Statistic Review 2021', www.wto.org, Table A23
20 'Share of selected countries and regions in cross-border services exports in 2019', www.statista.com, April 2021

## 第6章 どうしてフレッドはもう10ペンスでは買えないの?

1 すまない、カエルのカーミット君。君のことまで悪く言うつもりはない。
2 フレッド指数というものさえ存在する。この指数を使うと、フレッドの将来価格を予想することも可能だ。www.vouchercloud.com/resources/the-freddo-index
3 'How have prices changed over time', www.bankofengland.co.uk
4 'What's in every CPI basket around Europe?, www.vouchercloud.com
5 'Inflation basket of goods highlights seven decades of changing UL lifestyles', www.theguardian.com, 15 March 2015
6 'Making sense of consumers' inflation perceptions and expectations', www.ecb.europa.eu, 2021
7 'The Nokia 3310 just turned 20 years old – here's what made it special', www.

techradar.com, 1 September 2020; 'Buy iPhone 12', apple.com
8 現在のくじは、49の数字ではなく59の数字から選ぶようになっており、当選確率が下がっている。これもシュリンクフレーションの興味深い例と言えるだろう。
9 第8章を読めば、インフレ以外にもさまざまな理由から賞金をベッドの下にしまっておくのは損なやり方であることがわかるだろう。
10 経済学者のフィリップ・ケーガンは、ハイパーインフレを物価上昇率が月50%に達することと定義した。これは、年率に換算すると13000%になる。彼より慎重な経済学者はもっと低い数字が適切だとし、年30%に近づいたらハイパーインフレだと主張する。
11 'The magnitude of menu costs: Direct evidence from large US supermarket chains', www.jstor.org, August 1997
12 もっとも、自分の孫から利子を取り立てるおばあちゃんはいないだろう。
13 'Inflation, annual percentage of consumer prices, OECD total', stats.oecd.org
14 'The Counter-Revolution in Monetary Theory', Milton Friedman, 1970
15 John Maynard Keynes, *A Tract on Monetary Reform* (1923).〔『貨幣改革論』中内恒夫訳、ケインズ全集第4巻、東洋経済新報社〕
16 実際にはラテン語で"Cogito ergo sum"(コギト・エルゴ・スム)と言ったらしい。だがさしもの経済学でも今日ではラテン語は追放されている。

## 第7章 そもそもお金って何?

1 'The gold standard: revisited', www.cbc.ca, 27 July 2011
2 厳密には硬貨は造幣局で作られている。だが硬貨の占める割合は小さく、全体像の理解には不要なためここでは割愛した。
3 Hyman Minsky, *Stabilizing An Unstable Economy* (Yale University Press, 1986)
4 一部ではサトシ・ナカモトは集団だと考えられている。
5 おそらく、ブロック第1号が生成された日を特定するために新聞の見出しを流用したのだろう。それにしても辛辣ではあった。
6 たぶん多い。
7 この点は、中央銀行が未来の通貨を考えるときに重視する決定事項の一つに過ぎない。中央銀行が通貨に利息を払うべき根本的な理由は存在しない。

## 第8章 タンス預金が好ましくない理由は?

1 'Daughter throws away mattress stuffed with mother's $1 million life savings', www.theguardian.com, 10 June 2009
2 'Cash in the Time of Covid', www.bankofengland.co.uk, 24 November 2020
3 'Lindsey hoard: Coins stashed during Civil War declared treasure', www.bbc.co.uk, 14 August 2021
4 'Ten years after the financial crisis – two-thirds of British people don't trust

banks', yougov.co.uk, 29 August 2018
5 'Household income, spending and wealth in Great Britain', www.ons.gov.uk, October 2020
6 'UK Payment Markets Summary', www.ukfinance.org.uk, June 2021
7 Benes and Kumhof, 'The Chicago Plan Revisited', www.imf.org, August 2012
8 採用されたのはもっと控えめな改革だった。1935年銀行法が制定され、預金業務と投資業務を分離して、預金者の資金でとるリスク低減が図られた。なお現代の米国中央銀行の連邦準備制度もこの同じ銀行法によって定められている。
9 'The Great Depression: An Overview', www.stlouisfed.org
10 とはいえ、最後の貸し手の役割をもっと早くに実行した人物もいる。アメリカの初代財務長官アレクサンダー・ハミルトンがそうだ(彼はミュージカルでも有名である)。彼は1700年代後半にその役割を果たした。
11 'The Demise of Overend Gurney', www.bankofengland.co.uk, 2016
12 'Last Resort Lending, Market-making and Capital', www.bankofengland.co.uk, 28 May 2009
13 'The Effects of Automobile Safety Regulation', Sam Peltzman, *Journal of Political Economy*, 1975, Vol. 83, No. 4, pp. 677-725.
14 'Road traffic accidents before and after seatbelt legislation', www.ncbi.nlm.nih.gov
15 'Anything Worth Doing is Not Necessarily Worth Doing Well', link.springer.com, 31 January 2012
16 'Financial Stability Report', www.bankofengland.co.uk, December 2021

## 第9章 どうして危機が起きると誰もわからなかったのですか？

1 'I did not stammer when the Queen asked me about the meltdown', Professor Luis Garicano, www.theguardian.com, 18 November 2008
2 'What Caused the Stock Market Crash of 1929-And What We Still Get Wrong About it', www.time.com, 24 October 1929
3 'Stock Market Crash of 1929', www.federalreservehistory.org
4 'Employment and unemployment in the 1930s', Robert A. Margo, *Journal of Economic Perspectives*, Vol. 7, No. 2, 1993, pp. 41-9.
5 'World Population by region', ourworldindata.org
6 'Understanding the depth of the 2020 global recession in 5 charts', blogs.worldbank.org, 15 June 2020
7 'Breaking a fall', www.economist.com, 16 October 1997
8 'GDP growth', data.worldbank.org
9 *The South Sea Bubble; An Economic History of its Origins and Consequences* (Helen Paul, 2011)
10 'Review of Economic Bubbles', *International Journal of Information Management*,

August 2016
11 ミンスキーの著作は20世紀を通じてほとんど忘れられていた。だが2007-8年グローバル金融危機の際には、主だった経済学者の多くが危機の原因を知ろうと彼の著作を買いに走った。ノーベル賞受賞経済学者ポール・クルーグマンも、金融危機に関してLSEで行った著名な講演を「ミンスキーを再評価する日」と名づけている。
12 'Newton's financial misadventures in the South Sea Bubble', Andrew Odlyzko, royalsocietypublishing.org, 29 August 2018
13 'The Beanie Baby bubble of '99', thehustle.co, 19 May 2018
14 'US Stocks Fall 10% in Worst Day Since 1987 crash', www. ft.com, 12 March 2020
15 'GDP growth (annual %)', The World Bank, data.worldbank.org
16 'The financial crisis at 10: Will we ever recover?', www.frbsf. org, 13 August 2018; 'Measuring the macroeconomic costs and benefits of higher UK bank capital requirements', www. bankofengland.co.uk, 1 December 2015
17 'GDP growth (annual %) – Iceland', The World Bank, data. worldbank.org; www.sedlabanki.is
18 HMVは2013年に再建事業会社ヒルコ(Hilco)に救済され、現在も事業を継続している。
19 'Unemployment by age and duration', www.ons.gov.uk; 'Real Wages and Living Standards in the UK', www.cep.lse.ac.uk, 2017
20 'Disillusioned bankers quit the City for the rewards of teaching science', www. theguardian.com, 23 November 2008
21 'Striking it richer: The evolution of top incomes in the US', eml.berkeley.edu, 2 March 2012
22 'Suicides in England and Wales', www.ons.gov.uk, 2021
23 'Child mental health in England before and during Covid-19', www.thelancet. com, 11 January 2021
24 'Divorces in England and Wales', www.ons.gov.uk, February 2014
25 'The Recession. Isn't it romantic?', www.nytimes.com, 11 February 2009
26 'Don't mention that word', www.economist.com, 28 June 2001
27 'Inflation Report, February and November 2007', www.bankofengland.co.uk
28 'How well do economists forecast recessions?', www.elibrary.imf.org, 5 March 2018
29 'Letter to the Queen from the British Academy', www.ma.imperial.ac.uk, 22 July 2009

## 第10章 中央銀行がどんどんお金を刷ることはできないの?

1 'Credit and Liquidity Programs and the Balance Sheet', www. federalreserve. gov and www.ecb.europa.eu

2 忘れられがちだが重要なドイツの経済学者シルビオ・ゲゼルは、まさに現金から事実上の利息をとるシステムを提案した。紙幣にスタンプ(印紙)を貼る欄を設け、期日までに一定額を納めないとその紙幣は無効になる。この一定額はゲゼル税と名づけられた。多くの経済学者がこのアイデアをさまざまな観点から議論したものである。その中にはアーヴィング・フィッシャーやジョン・メイナード・ケインズもいた。
3 European Central Bank, www.ecb.europa.eu, September 2003
4 日本は新たに創造した通貨の大半を市中銀行からの資産購入に充当した。だが一部の銀行は金融危機後に経営が悪化しており、せっかく手元現金が増えても使わずにそのまま寝かせておいた。そこでバーナンキらは量的緩和の手法を改善し、中央銀行が市中銀行を介さず企業や個人から直接購入して現金が直接経済に投入されるようにした。
5 'Bernanke cracks wise; The best QE joke ever!', www.cnbc. com, 16 January 2014
6 'Scientists unveil how general anesthesia works', www.sciencedaily.com, 27 April 2020
7 当初の数値目標は、小売物価指数(RPI)上昇率を2.5%に誘導することだった。その後、消費者物価指数(CPI)上昇率を2%に誘導することに改められた。
8 'Thirty years of hurt, never stopped me dreaming - speech by Andy Haldane', www.bankofengland.co.uk, 30 June 2021
9 'Inflation: A tiger by the tail?', speech by Andy Haldane, www.bankofengland.co.uk, 26 February 2021
10 'Fiscal Policy Reconsidered', A. S. Blinder, brookings.edu, 20 May 2016
11 もっとも、そんな論戦はたぶん楽しくないだろう。
12 'IMF calls time on austerity - but can Greece survive?', www.bbc.co.uk, 11 October 2012

## 終章 あなたも経済学者

1 著者によるシャーリーン・メインズのインタビュー、2021年10月20日。
2 'Leave voters are less likely to trust any experts - even weather forecasters', yougov.co.uk, 17 February 2017
3 'ING-Economics Network Survey of Public Understanding of Economics 2019', www.economicsnetwork.ac.uk, November 2019
4 'Public Understanding of Economics and Economic Statistics', www.escoe.ac.uk, November 2020
5 'YouGov/Ecnmy Survey Results', yougov.co.uk, May 2017

## イングランド銀行

The Bank of England

イングランド銀行はイギリスの中央銀行。イギリス国民の幸福と便益に資することを目的として、1694年に創設された。イングランド銀行の役割はその後に多少変化したが、紙幣の印刷、金利の決定、金融部門の監督と規制という仕事は変わっていない。2017年以降、銀行スタッフはシティ・オブ・ロンドンから飛び出してイギリス各地を回り、市民の経済学の理解を深めるという任務を与えられている。学校での講演や市民パネルの開催を精力的に行ってきたが、いまここに楽しい入門書の出版が加わったわけである。

## ルパル・パテル & ジャック・ミーニング

Rupal Patel & Jack Meaning

ルパル・パテルとジャック・ミーニングはイングランド銀行のエコノミスト。パテルの仕事は経済危機を防ぐことだ。だから読者は、危機が起きたとき誰を責めればよいか、いま知ったことになる。ミーニングは読者のポケットにいま入っているポンドの価値を守ることが仕事だ。このため、金利に関するたくさんの長々しい会議に関わっている。

## 村井章子

むらい あきこ

翻訳家。上智大学文学部卒業。訳書に、アダム・スミス『道徳感情論』(日経BP)、ジョン・スチュワート・ミル『ミル自伝』(みすず書房)、ミルトン・フリードマン『資本主義と自由』(日経BP)、ダニエル・カーネマン『ファスト&スロー』(早川書房)、ジェイコブ・ソール『帳簿の世界史』(文藝春秋)、アビジット・V・バナジー、エステル・デュフロ『絶望を希望に変える経済学』(日本経済新聞出版社)、トマ・ピケティ『自然、文化、そして不平等』(文藝春秋)他多数。

# イングランド銀行公式《ぎんこうこうしき》
# 経済《けいざい》がよくわかる10章《しょう》

2023年8月26日　第1刷発行

著　者　イングランド銀行、ルパル・パテル、ジャック・ミーニング
訳　者　村井 章子
装　画　アダム・ドーシー
装　丁　石間 淳
本　文　松山 千尋(AKICHI)
発行者　徳留 慶太郎
発行所　株式会社すばる舎
東京都豊島区東池袋3-9-7 東池袋織本ビル　〒170-0013
TEL 03-3981-8651(代表)　03-3981-0767(営業部)
FAX 03-3981-8638
https://www.subarusya.jp/
印　刷　ベクトル印刷

落丁・乱丁本はお取り替えいたします

ISBN978-4-7991-1152-9